让 我 们 一 起 追 寻

N: 89.

1453: THE HOLY WAR FOR CONSTANTINOPLE AND THE CLASH OF ISLAM AND THE WEST
AUTHOR: ROGER CROWLEY

地中海史诗三部曲

# 1453
## 君士坦丁堡之战

### 1453:

The Holy War for Constantinople and
the Clash of Islam and the West

**ROGER CROWLEY**

〔英〕罗杰·克劳利 / 著

陆大鹏 / 译

社会科学文献出版社
SOCIAL SCIENCES ACADEMIC PRESS (CHINA)

《今日美国》夏季最佳图书
《旧金山纪事报》夏季最佳图书

克劳利引人入胜的叙述……读之更像生动的小说。人物……描摹极其细致，全都是基于历史文献，栩栩如生，跃然纸上。

——《洛杉矶时报》

克劳利对君士坦丁堡攻城战的重述极富戏剧性，激动人心。

——《旧金山纪事报》

出神入化……罗杰·克劳利为一个古老而永远引人入胜的故事注入了新活力。《1453》融合了军事史的令人着迷的细节和对宗教意象的丰富指涉，这些意象对战争的双方都有极大影响。

——《经济学人》

节奏轻快，是了解伊斯兰教和基督教之间长期敌对关系的入门必读书。

——《科克斯书评》

献给我挚爱的简，她在追寻攻城战
历史时在海墙处受伤。

君士坦丁堡是一座美名远播的都市，愿大慈大悲和慷慨大度的真主将它变为伊斯兰的都城。

——哈桑·阿里·哈拉维，12 世纪阿拉伯作家[1]

我要讲述的是弥天大祸的故事……君士坦丁堡的故事，皆是我亲眼所见。

——希俄斯岛的莱奥纳德[2]

# 中文版序

　　《1453》《海洋帝国》和《财富之城》这三本书互相关联，组成了一个松散的三部曲，叙述地中海及其周边地区的历史。读者可以从其中任意一本读起。这三本书涵盖的时间达四个世纪之久，从 1200 年到 1600 年，这是不同文明和互相竞争的各大帝国为了领土、宗教信仰和贸易控制而激烈地冲突的年代。这场冲突的参与者包括拜占庭帝国（信仰基督教的罗马帝国继承者）、奥斯曼土耳其帝国（他们复兴了伊斯兰"圣战"的精神），以及西班牙的信仰天主教的哈布斯堡皇朝。同样是在这个时期，威尼斯从一个泥泞的潟湖崛起为西方世界最富庶的城市，宛如令人叹为观止的海市蜃楼，从水中呼啸而起。威尼斯是个与众不同的地方，在当年和今天一样，在异邦人眼中非同寻常、精彩纷呈。

　　在这个时期，各国为争夺地中海爆发了激烈战争。居住在地中海周围的各族群——土耳其人、希腊人、意大利人、西班牙人、北非人和法兰西人——认为自己是在为争夺世界中心而战。但与真正的大洋相比，地中海其实是很小的。各民族之间的地理距离只有投石之遥，于是大海成了一个封闭的竞技场，大规模的厮杀就在这里上演。在这个年代，火药武器开始彻底地改变战争的面貌。大海是史诗般攻城战、血腥海战、海盗行径、人口劫掠、"十字军"东征和伊斯兰"圣战"的场所，也是利润丰厚的贸易和思想交流的途径。基督教和伊斯兰教之间漫长而残酷的竞争从本三部曲涵盖的时期开始，将大海分裂为两个迥然不同的区域，双方沿着海上疆界进行了激烈较量。这场斗争一直延续到"9·11"事件之后的世界。

幸运的是，大量关于这一时期地中海世界的目击资料留存至今，尤其是从大约1500年开始，欧洲印刷术的发明刺激了文字材料的爆炸式增长，所以我们得以感同身受地重温这段历史。通过目击者的叙述，我们常常能够近距离观察当时的事件，审视那时的人们如何生活、死亡、战斗、从事贸易，以及礼拜上苍。我尽可能地引用当时人们自己的话，让他们为自己发言。

这三本书的另一个主题是"场所"。在地中海地区，我们在游览威尼斯、伊斯坦布尔，或者克里特、西西里和塞浦路斯等大岛屿的时候，仍然能够触及过去。许多纪念建筑、城堡、宫殿和遗址依然完好。借用伟大的地中海史学家费尔南·布罗代尔的话："这片大海耐心地为我们重演过去的景象，将其放置在蓝天之下、厚土之上，我们能亲眼看见这天与地，它们如同很久以前一样。只消集中注意力思考片刻或者瞬间的白日梦，这个过去就栩栩如生地回来了。"① 我希望这三部曲能够帮助中国读者更深入地了解地中海历史以及那里发生的事件（它们至今影响着我们的世界）的重要意义，对其产生兴趣。

罗杰·克劳利

---

① Braudel, Fernand, *The Mediterranean in the Ancient World*, trans. Sian Reynolds, London, 2001.

# 目　录

# 序言：红苹果

红苹果惹人摘。

——土耳其谚语

初春。一只黑鸢在伊斯坦布尔的天空中随风翱翔。它在苏莱曼清真寺周围懒洋洋地划着圈，似乎被束缚在尖塔上。从这里，它可以俯瞰这座1500万人口的城市，泰然自若地静观光阴流逝。

如果这只猛禽的先祖1453年3月的寒冷清晨在君士坦丁堡上空盘旋，就会发现，城市的布局与今天相差无几，但远远没有现在这么熙熙攘攘。这座城市的形状非常奇特，大致呈三角形，东边的角有些向上翘，像头凶猛犀牛的尖角，三角形的南北两边都得到大海的保护。北边是有屏障保护的金角湾深水港；南面毗邻马尔马拉海。马尔马拉海通过达达尼尔海峡向西奔涌，注入地中海。从空中俯瞰，可以轻松地辨认出三角形沿海的两边岸上连绵不绝的防御工事。海潮则

15世纪的君士坦丁堡想象图，图中右侧远处为加拉塔

以每小时 7 海里的速度从犀牛角尖端旁汹涌流过。这座城市既有天然屏障，也有人工防御。

但这个三角形的西面底边最为不同寻常。那是一个复杂的三重城墙系统，设有许多间隔很近的塔楼，城墙外开掘有令人望而生畏的壕沟。城墙从金角湾一直延伸到马尔马拉海，封闭了城市，阻挡住外来的入侵。这就是历经千年的狄奥多西城墙，中世纪世界最固若金汤的防御体系。对 14 和 15 世纪的奥斯曼土耳其人来说，它是"卡在真主喉咙里的骨头"，对他们的雄心予以嘲讽，是个心理阴影，阻碍了他们宏图霸业的实现。对西方基督教世界来说，它是抵抗伊斯兰教的壁垒，保护他们免遭伊斯兰世界的入侵，让他们志得意满。

如果你在 1453 年春季俯瞰这座城市，还能辨认出筑有防御工事的热那亚城镇加拉塔，这是位于金角湾北侧的一个小小的意大利城邦，那里就是欧洲疆域的尽头。博斯普鲁斯海峡割断了欧亚大陆，像一条大河一样穿过覆盖森林的丘陵，一直到黑海。海峡的另一边是小亚细亚，或者叫安纳托利亚，这个希腊词的意思是"东方"。奥林匹斯山白雪皑皑的峰顶就在 60 英里外，在阳光中熠熠生辉。

在朝向欧洲的那一侧，大地较为平坦、起伏和缓，延伸到西面 140 英里处的奥斯曼城市埃迪尔内①。就在这片土地

---

① 埃迪尔内旧称哈德良堡或阿德里安堡，因罗马皇帝哈德良所建而得名。现在是土耳其埃迪尔内省省会，位于邻近希腊和保加利亚的边境。著名的阿德里安堡战役就发生在此地：公元 378 年，罗马帝国军队与哥特人交战，遭到惨败，皇帝瓦伦斯阵亡。另外，1365～1453 年这里是奥斯曼帝国的首都（本书所有脚注均为译者注）。

上，正在发生一些非同寻常的事情。在连接两座城市的崎岖道路上，一支庞大的队伍正在行军。大群的白帽和红头巾在移动；劲弓、标枪、火绳枪和盾牌在低角度太阳的照射下闪闪发光；成队的前驱骑兵在经过时掀起烟尘；链甲如同涟漪，叮当作响。随后是长长的辎重队伍，有大群骡子、马匹和骆驼，驮着各式军需物资和相应人员——矿工、厨师、军械匠、毛拉①、木匠和被战利品吸引而来的冒险家。队伍更后方还有一些东西。大群公牛和成百上千的劳工正在无比艰难地将大炮拖过松软的土地。整个奥斯曼军队都在行动。

如果你能看得更远，就能发现这次军事行动的更多细节。一群划桨船正从达达尼尔海峡的方向艰难而缓慢地顶风驶来，活像是中世纪绘画的背景。高舷运输船正从黑海运来木材、粮食和炮弹。成群的牧人、圣徒、随军商贩、营妓以及流浪汉从安纳托利亚的高原走来，直奔博斯普鲁斯海峡，响应奥斯曼帝国的号召。这些参差不齐的人员和装备组成了一支协调有力的大军，而这支大军只有一个目标：君士坦丁堡，即古老的拜占庭帝国在公元 1453 年的残余部分的都城。

即将交锋的中世纪各民族是非常迷信的。他们相信预言，追寻征兆。在君士坦丁堡城内，古老的纪念碑和雕像都是魔法的源泉。人们相信，对世界未来的预言就隐藏在罗马

----

① 毛拉是伊斯兰教内对学者或宗教领袖的称呼，特别是在中东和印度次大陆。原意为"主人"，在北非也用在国王、苏丹和贵族的名字前。现称毛拉者，多为宗教领袖，包括宗教学校的教师、精通教法的学者、伊玛目（清真寺内率领穆斯林做礼拜的人）和诵经人。

石柱的铭文中，尽管这些铭文的最初故事已经被人遗忘。他们从天气中也能读出迹象，并感到1453年的春季非常令人不安。天气非常湿冷。3月，博斯普鲁斯海峡上笼罩着浓雾。有地震发生，而且还在反常的季节下了雪。在充满期待的城市内，这都是不吉利的预兆，或许甚至预示着世界末日的到来。

正在逼近的奥斯曼军队也有自己的迷信。他们把此次征伐的目标简单地称为"红苹果"，因为它是世界霸权的象征。攻克这座城市是一个可以上溯800年的热忱的伊斯兰梦想，甚至可以追溯到先知穆罕默德本人。关于这座城市有着太多的传说、预言和伪经言论。在正在行进的士兵们的想象中，苹果在城内有个具体的位置。圣索菲亚大教堂门外100英尺高的石柱上矗立着查士丁尼皇帝的青铜骑马像，这是一座与早期拜占庭帝国威势相称的宏伟纪念碑，也象征着拜占庭扮演的角色：抵御东方侵袭的基督教堡垒。根据6世纪作家普罗科匹厄斯的记载，这座纪念碑非常震撼人心。

> 骑马像面向东方，仪态高贵。骑着马的皇帝雕像全身披挂像阿喀琉斯一样……胸甲是英雄的风格；头上的头盔似乎在上下晃动，非常耀眼。他眺望东升的旭日，纵马奔驰，似乎要冲向波斯。他左手拿着一个球，雕刻家以此表示，整个地球和海洋都在他的统治之下。尽管除了球上有一座十字架，他没有剑或矛或任何其他武器，但仅凭十字架的力量，他就获得了自己的帝国，赢得了战争。[1]

# 序言：红苹果

　　土耳其人想象中的红苹果就是查士丁尼手中的带十字架的球。土耳其人也就是为了这个来的：极具传奇性的古老基督教帝国的威望，以及它似乎蕴含的世界霸权的可能性。

查士丁尼像

拜占庭人的记忆中有着根深蒂固的对围城的恐惧。恐怖的围城威胁着他们的图书馆、大理石房屋和饰有马赛克的教堂。但他们对围城非常熟悉，因此绝不会被打个措手不及。在公元 1453 年之前的 1123 年里，君士坦丁堡被围攻了大约二十三次。但它只被攻破过一次，不是被阿拉伯人或者保加尔人①，而是被第四次十字军东征时期的基督教骑士占领，这是基督教历史上最诡异的事件之一。城市的陆墙从未被攻破过，但在 5 世纪时曾因为地震而坍塌。除此之外，城墙一直固若金汤，因此当苏丹穆罕默德二世的大军在 1453 年 4 月 6 日终于兵临城下时，守军是很有希望生存下去的。

这个时刻之前和之后的故事便是本书的主题。这是一个关于人类的勇气与残忍、技术上的聪明才智、幸运、怯懦、偏见和奥秘的故事。它也涉及一个正在发生重大转变的世界的其他很多方面：火炮的研发、攻城战的艺术、海战策略、宗教信仰，以及中世纪人们的神话和迷信。但最重要的是，这是一个关于地理的故事，关于海流、山岭、半岛和天气，关于土地的起伏和海峡如何将两个大陆分割开——但两个大陆又如此接近，"几乎能够互相亲吻"，强大的君士坦丁堡就屹立于此，受到险峻的岩石海岸的保护，但地质的特殊条件使得它在攻击面前又特别脆弱。这个故事讲述了这座城市的地理位置带来的无限可能，它给贸易、防御和生计带来的好处，正是这些有利条件使得君士坦丁堡成为帝国命运的关

---

① 保加尔人是发源自中亚的游牧民族，为突厥人的一支，从公元 7 世纪起在欧洲东部和东南部定居下来，为巴尔卡尔人与保加利亚人、楚瓦什人和中国的塔塔尔族的先祖。保加尔人后来逐渐斯拉夫化，现已消亡。

键所在，也吸引了诸多军队来到它城下。"罗马帝国的都城是君士坦丁堡，"特拉布宗的乔治①写道，"罗马人的皇帝同时也是全世界的皇帝。"[2]

现代民族主义者将君士坦丁堡攻防战解读为希腊民族和土耳其民族之间的斗争，但这种简单化的观点是非常误导人的。双方都不会接受甚至无法理解这样的标签，尽管双方都用这样的说法来指代彼此。奥斯曼人，或者按照字面意思，就是"奥斯曼的部落"，都自称为奥斯曼人，或者简单地称自己为穆斯林。"土耳其人"（Turk）是西方各个民族国家使用的一个词，总体上是贬义的。1923 年，为了建立共和国，奥斯曼人才从欧洲借用了"土耳其"（Turkey）这个词。在此之前，这个说法在奥斯曼帝国并不为人所知。1453 年的奥斯曼帝国已经是一个多民族国家，将它征服的各民族都吸纳进来，而很少考虑他们的种族身份。帝国的精锐部队是斯拉夫人，主要将领是希腊人，海军将领是保加利亚人，苏丹可能有一半塞尔维亚或者马其顿血统。另外，在中世纪复杂的附庸封建体制下，成千上万的基督徒士兵也伴随苏丹从埃迪尔内开往君士坦丁堡。他们前来的目的是征服君士坦

---

① 特拉布宗的乔治（1395～1472/1473），希腊哲学家与学者，文艺复兴的先驱之一。他生于克里特岛，但因其先祖来自特拉布宗，因此被称为"特拉布宗的乔治"。他青年时来到意大利，很快成为知名学者。1420 及 1433 年分别任维琴察大学和威尼斯大学希腊语教授，成为文艺复兴的首要人物。他将亚里士多德的《修辞学》和《动物志》、柏拉图的《法律篇》和托勒密的《天文学大成》译成拉丁文，虽错误很多，有时受到批评，但丰富了意大利人文主义思想和文艺复兴运动的内容。

丁堡讲希腊语的居民，我们现在把这些居民称为"拜占庭人"，这个词第一次在英语中使用是在 1853 年，也就是这场伟大攻城战发生 400 年之后。拜占庭人被认为是罗马帝国的继承者，因此自称罗马人。统领他们的皇帝却有一半的塞尔维亚血统和四分之一的意大利血统，而且守军的很大一部分是西欧人，也就是拜占庭人所说的"法兰克人"——威尼斯人、热那亚人、加泰罗尼亚人，还有一些土耳其人和克里特人，甚至还有一个苏格兰人。如果说很难确定攻防战参与者的民族身份，有一个因素却是所有同时代的史学家都永远不会忘记的——信仰。穆斯林将他们的对手称为"可鄙的异教徒""可怜的不信真主的人""信仰的敌人"；基督徒则称穆斯林为"异教徒""野蛮人""无信义的土耳其人"。君士坦丁堡是伊斯兰教和基督教在漫长距离上进行的斗争的最前线。在这里，对真理的不同解释在战争与和平中对抗了800 年。1453 年的春天，两大一神教将在一个历史性时刻中在此地激烈碰撞。

## 1. 燃烧的海
### 629～717 年

> 哦，基督，世界的统治者和主宰，此刻我将这座城市、这些权杖，以及罗马的强力奉献于你。[1]
>
> ——君士坦丁堡城内，君士坦丁大帝石柱上的铭文

伊斯兰世界对这座城市的渴望几乎和伊斯兰教本身一样古老。争夺君士坦丁堡的圣战由先知穆罕默德本人在一个偶然事件中最先发起。这个故事的真相，就像这座城市历史的大部分一样，已经无法辨明真假。

公元 629 年，希拉克略——"罗马人的君主"和拜占庭的第二十八位皇帝——徒步前往耶路撒冷朝觐。这是他一生中最光辉荣耀的时刻。他在一系列战役中大败波斯人，夺回了基督教世界最神圣的圣物——真十字架。现在，他要带着胜利的荣耀将真十字架返还圣墓教堂。根据伊斯兰方面的记载，他在抵达耶路撒冷城时收到了一封信。信中

简单地说："以大慈大悲的真主之名，穆罕默德，真主的奴仆和他的使徒，向希拉克略，拜占庭人的君主致意。愿遵循真主教导的人都得平安。我邀请你向真主投降。接受伊斯兰，真主将给你双倍的报偿。但如果你拒绝这个邀请，就将误导你的人民。"[2]希拉克略完全不知道写这封信的是什么人。但据说他派人进行了探寻，并郑重地对待这封信的内容。穆罕默德发送给波斯"万王之王"的类似的信则被撕得粉碎。穆罕默德对这个消息的回应是直截了当的："告诉他，我的宗教和我的统治将达到霍斯劳①的王国从未涉足的疆界。"[3]对霍斯劳来说这个警告来得太晚了，因为他已经在前一年被一箭一箭地慢慢射死。但这封后人附会的信预示着，可怕的打击即将降临基督教拜占庭和它的首都君士坦丁堡头上，将让希拉克略皇帝的功业全都化为泡影。

在此前的10年内，穆罕默德成功地将阿拉伯半岛互相混战的各部落团结在伊斯兰的朴素信条周围。在真主圣言的鼓舞下，在集体祈祷的训诫下，成群结队的游牧劫掠者变成了一支组织有力的军队。它征服的欲望超越了沙漠的边界，投向正被不同信仰分割成两个截然不同区域的外部世界。一边是伊斯兰世界，一边是"战争的世界"，即尚未皈依伊斯兰教的世界。到7世纪30年代，穆斯林军队如同从沙尘暴

---

① 即波斯萨珊王朝的国王霍斯劳二世（？~628），绰号"不可战胜者"，中国的《隋书》称他为"库萨和"。他曾占领拜占庭的大片领土，但后来被拜占庭皇帝希拉克略击败，不久之后被篡位的儿子杀死。霍斯劳二世死后，萨珊王朝陷入内乱，随即被阿拉伯帝国灭亡。

# 1. 燃烧的海

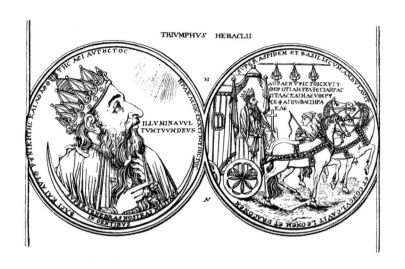

**希拉克略带着真十字架凯旋**

中冲出的幽灵一般，开始出现在拜占庭边境（那里也是有人定居的土地和沙漠的边界）。阿拉伯人敏捷灵活、足智多谋，而且吃苦耐劳。他们把叙利亚境内笨重的拜占庭雇佣军打了个措手不及，进攻之后又撤回了沙漠，将对手诱出要塞，进入荒芜之地，将其分割包围，全部消灭。他们穿过荒无人烟、条件恶劣的地域，途中宰杀自己的骆驼，从它们的胃中取水，随后再次出其不意地出现在敌人的后方。他们围攻城市，学会了攻城的战术。他们攻克了大马士革，然后是耶路撒冷；埃及于641年俯首称臣，亚美尼亚在653年举手投降。20年内，波斯帝国就轰然垮台，并皈依伊斯兰教。穆斯林征服的神速令人瞠目结舌，他们入乡随俗的本领也非同寻常。在真主圣言和神圣征服的驱动下，来自沙漠的人民在埃及和巴勒斯坦的基督徒的帮助下，于当地的造船厂建造了自己的舰队，以"在海上开展圣战"[4]。他们于 648 年占领了塞浦路斯，然后在 655 年的"桅杆之战"① 中击败了一支拜占庭舰队。最后，在 669 年，也就是穆罕默德去世不到 40 年之后，哈里发穆阿维叶派遣了一支庞大的海陆混合部队前去猛攻君士坦丁堡。在一连串胜利之后，他自信能够顺利拿下这座城市。

对穆阿维叶来说，这将是一个雄心勃勃的长期计划的巅峰，此前他为了这个计划的运筹和执行已经投入了极大心血。669 年，阿拉伯军队占领了君士坦丁堡对岸的亚洲海岸。次年，一支拥有 400 艘舰船的舰队驶过达达尼尔海峡，在马尔马拉海南岸的库济库斯半岛建立了一个基地。在这里，阿拉伯军队囤积了补给物资，建造了干船坞和用于长期围城的维修设施。穆斯林在君士坦丁堡以西渡过海峡，首次踏上了欧洲的土地。在这里，他们占领了一个港口，从那里围攻城市，并在其腹地周围发动多次大规模袭击。君士坦丁堡的守军躲避在厚实的城墙之后，同时他们的舰队停泊在金角湾，准备对敌人发起反击。

在 674~678 年的连续 5 年时间里，阿拉伯人坚持不懈地围攻城市。每年春秋之间，他们攻打城墙，并在海峡内发动海战，与拜占庭舰队持续交锋。双方使用的是相同类型的桨帆船，船员也大体是一类人，因为穆斯林的航海技术是从

---

① 公元 655 年，阿拉伯海军与一支拜占庭舰队（由皇帝君士坦丁二世亲自指挥）交战，这是伊斯兰世界的第一次决定性海战，确立了穆斯林随后几个世纪在地中海的霸权地位。在此役中，拜占庭人在桅杆上升起十字架，穆斯林则在桅杆上悬挂新月旗，故名"桅杆之战"。

业已征服的黎凡特①的基督徒那里学来的。冬季，阿拉伯人重新集结在他们的库济库斯基地，修理船只，准备在次年更进一步。他们对君士坦丁堡进行长期围困，坚信胜利终将属于他们。

但在 678 年，拜占庭舰队采取了决定性的行动。他们向穆斯林舰队发动进攻，时间可能是作战季节的末尾，进攻目标是穆斯林的库济库斯基地。这次攻势的细节要么不甚清楚，要么被故意隐瞒了。拜占庭舰队的先锋是一群快速的德罗蒙战船，这是一种轻型快速的桨帆船。关于当时的战况，没有同时期的文献流传下来，但我们可以根据后来的记载进行推测。进攻的拜占庭舰船逼近敌人时，除了放出常规的箭雨之外，还从船首高高的喷嘴里射出了一种非同一般的烈火的激流。互相逼近的两军之间的海面登时熊熊燃烧起来，然后穆斯林船只也被大火吞没，火焰"就像闪电般降落下来"[5]。火焰爆炸时发出雷鸣般的巨响，黑烟遮天蔽日，蒸汽和毒气让阿拉伯战船上心惊胆寒的水手们窒息倒毙。这火雨似乎能够违抗自然规律：它可以根据操作者的意志向任何方向移动，可以向两侧转移方向，也可以从任意角度向下喷射。它接触到海面之后，海水也会燃烧起来。它似乎还有黏

---

① 黎凡特是历史上的地理名称，其指代并不精确。它一般指的是地中海东岸、阿拉伯沙漠以北的一大片中东地区。"黎凡特"一词原指"意大利以东的地中海土地"，在中古法语中，黎凡特（Levant）即"东方"的意思。历史上，黎凡特在西欧与奥斯曼帝国之间的贸易中担当重要的经济角色。黎凡特是中世纪东西方贸易的传统路线。阿拉伯商人通过陆路将印度洋的香料等货物运到地中海黎凡特地区，威尼斯和热那亚的商人从黎凡特将货物运往欧洲各地。

着性，能够粘在木制船体和桅杆上，没有任何办法能够将它扑灭。于是舰船和船员都迅速被狂飙突进的火流吞没，那看上去像是天神在大发雷霆。这片非同一般的火海"烧毁了阿拉伯人的船只，将他们的船员活活烧死"[6]。阿拉伯舰队遭到灭顶之灾，饱受摧残的幸存者"损兵折将，伤亡严重"[7]，放弃了围城，返航回乡。冬季的风暴又摧毁了大部分幸存的船只，而阿拉伯陆军则在亚洲海岸遭到伏击和全歼。穆阿维叶灰心丧气，不得不在 679 年接受了条件非常不利的三十年和约，就此一蹶不振，在次年死去。穆斯林的事业第一次遭受了严重挫折。

史学家们将这场战事付诸笔端，认为它明白无误地证明了"罗马帝国自有神助"[8]，但事实上，拯救拜占庭的是一种新技术：希腊火。甚至直至今天，这种神奇武器的故事仍然是激烈争论和推测的主题。它的配方被拜占庭视为国家机密。据传说，大约在围城的那个时期，一个名叫卡利尼克斯的希腊逃犯从叙利亚来到君士坦丁堡，带来了一种用虹吸管喷射液态火的技术。如果这个传说是真的，那么他应当是对当时在中东广为人知的火攻武器技术进行了改良。我们几乎可以肯定，希腊火的核心成分就是黑海天然油井产出的原油，混以粉末状的树脂，以赋予它黏着性。在漫长的围城期间，君士坦丁堡的秘密军工厂完善了喷射这种物质的技术。拜占庭人继承了罗马帝国的应用工程技能，似乎研发了一种技术，用密闭的铜容器加热这种混合物，用手压泵对铜容器加压，然后将混合物从喷嘴释放出来，在喷嘴处就可以将这种液体点燃。在木船上操作易燃物、压力设备和火焰，着实需要精准的生产技术和技艺高超的操作人员。于678年打破阿拉伯人斗志的希腊火的秘密就在于此。

40年间，在君士坦丁堡遭遇的挫折让大马士革的倭马亚王朝哈里发们耿耿于怀。令伊斯兰神学界不可思议的是，人类竟然没有渐渐全部皈依伊斯兰教或者屈服于穆斯林的统治。717年，伊斯兰世界进行了第二次，也是更坚决的一次尝试，一心要克服这个阻碍伊斯兰信仰向欧洲传播的障碍。阿拉伯人进攻时，拜占庭帝国内部恰好发生了动乱。新皇帝利奥三世于717年3月25日登基；5个月后，他发现，一支8万人的阿拉伯大军在君士坦丁堡陆墙全线掘壕据守下来，同时还有1800艘战船控制着海峡。阿拉伯人的战略比上一次进步了不少。穆斯林军队的统帅马斯拉玛很快意识到，攻城武器奈何不了君士坦丁堡的城墙；这一次必须对城市进行彻底封锁。他的军队带来了小麦种子，准备播种，这印证了他进行长期围困的决心。717年秋天，他们在城墙外开垦土地，播下种子，次年春天的收成将为军队提供粮食。然后他们安营扎寨下来，静观其变。拜占庭人用装备希腊火的战船发动突袭，取得了一些成功，但未能打破封锁。穆斯林对一切都做了精心准备，一心要打垮异教徒。

但随后，无法想象的巨大灾难不可避免也无法逃脱地逐步降临到了阿拉伯人头上。根据他们的史学家记载，利奥三世通过超乎寻常的、按照拜占庭人的标准也算非常突出的外交欺骗手段蒙蔽了他的敌人。他说服了马斯拉玛，他说如果阿拉伯人销毁自己的储粮，并给守军一些谷物的话，他就能让城市投降。马斯拉玛照办之后，利奥三世就稳坐在城墙后面，不肯出来谈判。上当的阿拉伯军队没有做好过冬的准备，遭到了严冬的摧残。大雪覆盖地面达 100 天之久；骆驼和马匹逐渐被冻死。越来越绝望的士兵们别无选择，只能把死牲口吃掉。一向偏颇的希腊史学家暗示，阿拉伯军营里发生了更恐怖的事情。忏悔者狄奥法内斯①在 100 年后写道："据说，他们甚至将死尸放在炉子上烘烤，将它们吃掉，还吃了发酵的粪便。"[9] 紧随饥荒而来的是瘟疫，还有成千上万人被冻死。阿拉伯人对博斯普鲁斯海峡令人震惊的寒冬毫无经验：地面被冻得铁板一块，无法挖坑安葬死者；他们不得不将几百具尸体海葬。第二年春天，一支庞大的阿拉伯舰队运载粮食和装备抵达，准备接应受到严酷打击的陆军部队，但也未能挽回败局。阿拉伯海军深知希腊火的厉害，卸载货物后就躲在亚洲海岸。不幸的是，有些船员是埃及基督徒，他们逃到拜占庭皇帝那里，将阿拉伯舰队的位置报告给他。帝国派出一队火船，袭击了毫无防备的阿拉伯舰队，将其全歼。从叙利亚赶来救援的阿拉伯陆军则遭到拜占庭步兵的伏击和屠杀。同时，意志坚定、诡计多端的利奥三世在和不信基督教的保加尔人谈判。他说服了保加尔人，让他们进攻城墙外的异教徒；2.2 万阿拉伯人在随后的战斗中丧生。718 年 8 月 15 日，也就是哈里发的军队兵临城下差不多一

---

① 即圣狄奥法内斯（758/760 ~817/818），拜占庭僧侣和史学家，出身贵族世家，在帝国宫廷长大，后来成为僧侣和修道院长。在著名的圣像争端中，他主张崇拜圣像。他根据前人的记载整理撰写了一部拜占庭历史，虽然有很多讹误，但仍然是重要的历史资料。罗马天主教会和东正教会都敬奉他为圣徒。

年之后，他们放弃了攻城战，从海陆两路溃不成军地撤退。败军在安纳托利亚高原一路遭到袭扰，还有一场新的灾难在等待穆斯林的事业。有些船只在马尔马拉海被风暴摧毁；其他船只则被爱琴海的一次海底火山爆发毁灭，火山爆发令"海水沸腾，船只龙骨上的沥青熔化后，他们的船只与水手一起坠入深海"[10]。当初起航时的庞大舰队只剩下 5 艘船返回了叙利亚，"宣告了上帝的伟业"。拜占庭在伊斯兰世界的进攻下承受了压力，但并没有崩溃。由于技术革新、娴熟的外交、个人的突出表现和强大的防御工事，以及好运气，君士坦丁堡生存了下来。随后的很多个世纪里，这样的故事一再上演。当然，拜占庭人在这种情况下有着自己的解释："上帝和圣母保佑着这座城市和基督教帝国……真诚地呼唤上帝的人不会被彻底抛弃，尽管我们由于自己犯下的罪孽在短期内受到了惩罚。"[12]

伊斯兰世界在 717 年未能攻克君士坦丁堡，这产生了深远的影响。假如君士坦丁堡陷落，伊斯兰世界向欧洲扩张的道路就畅通无阻了，这或许就会改变西方世界的整个未来；这是历史上最大的"假如"之一。这次失败打击了伊斯兰圣战的首次强大攻势。这场圣战将在 15 年后、地中海的另一端达到高潮：一支穆斯林军队在卢瓦尔河畔、在巴黎以南仅 150 英里处被打败。

对伊斯兰世界来说，在君士坦丁堡的惨败主要是神学问题，而不是军事问题。在伊斯兰教问世的最初 100 年内，没有任何理由可以怀疑伊斯兰信仰的最终胜利。圣战的法则指向了必然的征服。但在君士坦丁堡城墙下，伊斯兰教被与它非常相似的另一种信仰击退了。基督教是与伊斯兰教竞争的另一种一神教，同样具有强烈的使命感和获得更多信徒的欲望。这两种宗教是真理的两个紧密联系的版本，君士坦丁堡划定了它们之间漫长斗争的前线，这场斗争将持续几百年。在此期间，穆斯林思想家们被迫承认，伊斯兰世界和"战争的世界"之间的关系发生了一个实际的变化。对非伊斯兰世界的最终征服不得不推迟，或许要一直延期到世界末日。某些伊斯兰法学家为了表达最终胜利的延迟，设想出了第三个世界，即"停战的世界"。圣战的时代似乎结束了。

拜占庭被证明是伊斯兰教最顽固的敌人，君士坦丁堡对穆斯林来说既是一个伤疤，也是一个渴望的源泉。伊斯兰教的很多烈士都牺牲在它的城墙下，包括先知穆罕默德的旗手艾优卜①，他于669年阵亡。烈士们的牺牲使得这座城市成为伊斯兰的一个圣地，并给占领它的事业赋予了一种救世意义。对它的两次围攻留下了大量神话和民间传说，一代代传承下来。圣训（它被认为是先知穆罕默德言论的集合体，预言信仰的战士必将经历失败、死亡和最终胜利的轮回）中有这样的话："在攻打君士坦丁堡的圣战中，三分之一的穆斯林将被战胜，这是真主不能宽恕的；三分之一将英勇牺

---

① 即阿布·艾优卜·安撒里（576～674），先知穆罕默德的重要门徒和追随者，伊斯兰教早期的重要领袖和将领。他虽然已经是耄耋之年，但仍然参加了对君士坦丁堡的进攻，并在那里战死。他后来被安葬在城墙脚下。他的安葬地在奥斯曼帝国时期成为伊斯兰教的圣地。注意关于他的死亡年份，此处原文有误。

牲，成为伟大的烈士；还有三分之一将最终得胜。"[13] 这将是一场无比漫长的斗争。伊斯兰世界和拜占庭之间的冲突规模如此宏大，历时如此漫长，以至于此后的 650 年之中，君士坦丁堡城墙下再也没有飘扬过穆斯林的旗帜。这个时间跨度比 1453 年到今天的跨度还要大，但预言宣称，穆斯林还会回来。

在马斯拉玛的军队狼狈撤退的 1000 年前，人们就在传说中希腊人拜占斯①设立的居民点基础之上建造了君士坦丁堡；马斯拉玛撤退的 400 年前，君士坦丁堡就已经皈依了基督教。公元 324 年，君士坦丁皇帝选择这座城市作为他的新的基督教都城。它所处的位置具有极佳的自然条件。5 世纪，陆墙修建之后，只要敌人的攻城武器仅限于投石机，城市就几乎固若金汤。在 12 英里长的外墙之内，君士坦丁堡在一连串陡峭山峰上屹然矗立，居高临下地俯视周围的大海；东面的金角湾形似弯弯的鹿角，是一个安全的深水港。唯一的缺点是，君士坦丁堡所在的海岬非常荒芜；拥有先进水利工程技术的罗马人建造了一系列复杂的高架渠和蓄水池，解决了缺水的问题。

这个地点位置特殊，处于贸易商道的汇聚点，也是兵家必争之地。它的早期历史回荡着行军的脚步声和泼溅海水的划桨声。伊阿宋和阿尔戈英雄们曾乘船经过这里，前往第聂

---

① 拜占斯是来自希腊多利亚的城市墨伽拉的殖民者，德尔菲的阿波罗神谕指示他在"盲者之国"对岸定居，拜占斯领导一群墨伽拉殖民者于公元前 667 年建立拜占庭，完成了神谕的使命。

伯河口寻找金羊毛。波斯国王大流士率领 70 万大军走过船只搭建的桥梁，渡过这里的海峡，去讨伐斯基泰人①。罗马诗人奥维德在前往黑海之滨的流放地的途中曾满腹忧愁地抬眼眺望"两片大海的巨大门廊"[14]。在这个十字路口，这座基督教城市渐渐掌控了广大腹地的财富。在东方，中亚的财富通过博斯普鲁斯海峡流进帝都的仓库：来自俄罗斯的蛮族的黄金、毛皮和奴隶，来自黑海的鱼子酱，来自远东的蜂蜡、食盐、香料、象牙、琥珀和珍珠。在南方，条条大路通往中东的城市：大马士革、阿勒颇和巴格达。在西方，穿过达达尼尔海峡的航道连通整个地中海：通往埃及和尼罗河三角洲、富饶的西西里和克里特、意大利半岛，以及一直到直布罗陀海峡的各个角落。在更近的地方有足以建造恢宏城市的木材、石灰岩和大理石，以及供养它所需的全部资源。博斯普鲁斯海峡的奇特海流每年都带来大量鱼群，而欧洲的色雷斯的田地和安纳托利亚高原的肥沃低地为它提供大量的橄榄油、粮食和葡萄酒。

在这里崛起的繁荣城市彰显了帝国的光辉灿烂，统治它

---

① 斯基泰人（Scythians），中国《史记》《汉书》称之为塞种、尖帽塞人或萨迦人，是公元前 7 世纪至公元 4 世纪在亚欧草原中部广袤地区活动的伊朗语族游牧民族，其居住地从今日俄罗斯平原一直到中国的河套地区和鄂尔多斯沙漠，是史载最早的游牧民族，善于养马，据信骑术与奶酪等皆出于其发明。公元前 7 世纪，斯基泰人曾对高加索、小亚细亚、亚美尼亚、米底以及亚述帝国大举入侵，威胁西亚近七十年，其骑兵驰骋于卡帕多细亚到米底、高加索到叙利亚之间，大肆劫掠；其后逐渐衰落，分为众多部落。5 世纪中期随被称为"上帝之鞭"的匈人阿提拉王入侵欧洲，一度抵达巴黎近郊的阿兰人，即为其中之一部。斯基泰人没有文字，但善于冶金打造饰物，留下了许多金器。

的是一位罗马皇帝，居住在这里的是讲希腊语的人民。君士坦丁建造了带有柱廊的街道网络（大街两边是带露台的公共建筑）、气势恢宏的广场、花园、高柱和凯旋门。这些建筑既有异教的色彩，也有基督教的特征。城内屹立着从古典世界劫掠来的雕像和纪念碑（包括可能是希腊雕塑家留西波斯①为亚历山大大帝雕刻的无比雄壮的青铜马，现在已经成为威尼斯城的标志物）、足以与罗马赛马场媲美的赛马场、皇宫以及"数量比一年中的日子还要多的"[15]教堂。君士坦丁堡变成了一座大理石、斑岩、锤扁黄金与辉煌马赛克的城市，人口在巅峰时达到 50 万。前来做生意或者觐见东罗马帝国皇帝的外乡人无不被它深深震撼。蒙昧的欧洲的野蛮人被这座"全世界觊觎的城市"[16]惊得目瞪口呆。沙特尔的富歇②于 11 世纪到访，他的反应在很多年的来访者中非常典型："哦，多么绚丽多彩的城市，多么庄严，多么美丽，有如此之多的修道院，在宽阔的大街上凭借劳力修建起了多少宫殿，有多少震撼人心的艺术品；如果要列举所有美好的事物，能把人累垮；金银珠宝，形形色色的服饰，以及如此神圣的遗迹。无论什么钟点，总有船只在这个港口停靠。人所想要的东西，这里应有尽有。"[17]

---

① 留西波斯（公元前 4 世纪），希腊著名雕刻家，为希腊化时代的雕刻艺术带来了革新。

② 沙特尔的富歇（1055/1060～约 1127），法兰西教士与史学家。他对 1095 年教皇乌尔班二世在法兰西克莱蒙会议上发动第一次十字军东征的演讲的记载是保存至今的这一重要事件的唯一文字记载。富歇后来追随布洛涅的鲍德温（后来的埃德萨第一任伯爵和耶路撒冷国王鲍德温一世），参加了第一次十字军东征。他撰写了关于东征和耶路撒冷王国的史书。

拜占庭不仅是罗马帝国最后的继承者，还是史上第一个基督教国家①。从建城开始，这座帝都就被设想为天堂的复制品、基督胜利的体现，它的皇帝则被认为是上帝在人间的代表。随处可见基督教信仰的迹象：教堂的高高穹顶、教堂钟声和木锣声、修道院、数量众多的僧侣和修女、大街和城墙上没有尽头的圣像游行。虔诚的市民和他们的皇帝始终生活在持续的祈祷声和基督教仪式中。斋戒、瞻礼日和整晚的守夜构成了生活的日历、时序和基础。这座城市储存着从圣地收集来的基督教的众多圣物，令西方基督徒非常眼馋。施洗者约翰的头骨、耶稣临终前戴过的荆棘王冠、十字架上的钉子、圣墓上的石块、诸位使徒的遗留物和上千种其他的神奇物品被盛放在黄金打造的圣物匣内，匣子上镶嵌了珠宝。东正教通过马赛克和圣像的鲜艳色彩、点有油灯的昏暗教堂内不断跪拜起伏的礼拜仪式的神秘之美、焚香以及复杂的仪式（正是这仪式使教会和皇帝都沉浸在一种迷宫般的美丽气氛中，用天堂的比喻陶醉人的感官）对群众的情感施加了极其强大的影响。一位于 1391 年目睹皇帝加冕礼的俄罗斯访客被仪式的缓慢和奢华深深震撼：

> 在此期间，赞礼员吟唱了一曲美丽惊人的乐曲，完全超越人的理解力。皇室队伍前进得极其缓慢，从大门走到皇座所在的平台花了足足三个钟头。十二名从头到

---

① 第一个承认基督教为国教的国家应为亚美尼亚，时间为 3 世纪末至 4 世纪初。

# 1. 燃烧的海

脚覆盖链甲的武士环绕在皇帝周围。在他前面走着两名
黑头发的旗手。旗杆、旗手的服装和帽子都是红色的。
在旗手前面是若干传令官，他们的权杖包着白银……皇
帝走上平台，穿上紫色皇袍，戴上饰有圆锯齿的皇
冠……然后礼拜仪式开始了。谁能将这全部的光辉灿烂
描述出来呢?[18]

在城市中心矗立着气势恢宏的圣索菲亚大教堂，就像一
艘巨舰停泊于此。查士丁尼在仅仅 6 年内就将它建成，并于
537 年将它向公众开放。这是古典时代晚期最了不起的建
筑，不仅规模宏大，而且无比壮美。没有廊柱支撑的高高穹
顶让亲眼看见的人也啧啧称奇，认为它是个无法理解的奇
迹。普罗科匹厄斯说："它似乎不是建在坚固的砖石之上，
而是漂浮在半空中，遮盖着下方的空间。"[19]穹顶覆盖的空
间如此之广大，足令初次看到它的人目瞪口呆。拱顶装饰着
面积达 4 英亩的黄金马赛克，如此之金碧辉煌，按照示默者
保罗①的说法，"金光流水般倾泻而下，让人们眼花缭乱，
几乎无法直视"，同时大量的彩色大理石让观者陶醉。它们
看上去如同"撒满星辰……像牛奶被泼洒在闪耀的黑色平
面上……或者像大海或祖母绿，抑或碧草中的矢车菊，间或
有几点雪白"[20]。10 世纪，从基辅前来寻求真理的俄罗斯
人目睹了圣索菲亚大教堂内礼拜仪式的壮美，最终导致俄罗

---

① 示默者保罗（? ~约 575 至 580），拜占庭诗人。他担任皇帝查士丁尼
一世宫廷的官员，负责维持肃静，因此被称为"示默者保罗"。他创作
的关于圣索菲亚大教堂的长诗为后世描绘了教堂曾经的光辉灿烂。

斯皈依了东正教。俄罗斯访客们如此记述道："我们不知道，自己是在天堂还是人间。因为人间不可能有如此的辉煌和美丽，我们不知道如何描述。我们只知道，在那里，上帝就居住在凡人中间。"[21] 东正教无比精细的繁华壮美与伊斯兰教的简单质朴形成了鲜明的对照。伊斯兰教提供的是沙漠地带的抽象的朴素，一种在任何看得见太阳的地方都可以进行的膜拜，以及与神的直接交流；东正教则富有形象、色彩和音乐，以及将灵魂引向天堂的神秘力量的令人陶醉的隐喻。两种宗教同样执着地要让全世界皈依他们的信仰。

拜占庭人的宗教热诚在基督教历史上达到了鲜有匹敌的高度。有时会有太多的军官出家修道，以至于威胁到帝国的稳定；人们在大街上也会激烈地探讨神学问题，有时甚至导致暴乱。"这座城市的工匠和奴隶个个都是神学家，"一个为此感到恼火的外乡人说道，"如果你找人兑换钱币，他会告诉你，圣子和圣父如何不同。如果你询问一块面包的价钱，他会争论说，圣子低于圣父。如果你问洗澡水准备好了没有，会有人告诉你，圣子由虚无而生。"[22] 基督是一个神格还是多个神格？圣灵生自圣父，还是生自圣父与圣子？圣像是亵渎神明的还是圣洁的？这些问题可不是闲扯：得到拯救还是遭天谴，就取决于如何回答它们。在帝国的生活中，关于正统教义和异端的争执就像内战一样激烈，而且和内战同样严重地威胁着帝国的统一。

奇怪的是，拜占庭基督教同样又是宿命论的。万物皆由上帝决定，任何不幸，从丢失钱包到城市遭围困，都被认为是个人或集体罪孽招致的。皇帝是由上帝指定的，但如果他

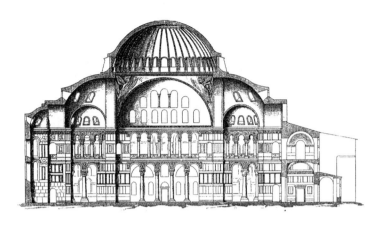

**圣索菲亚大教堂截面图**

在一场宫廷政变中被推翻——被密谋者乱刀砍死，或者在浴室内被刺杀，或者被勒死，或者被拴在马后拖死，或者被刺瞎双目、流放远地（皇帝的命运毫无稳定性可言，这一点是人所共知的）——这也是上帝的旨意，说明皇帝犯下了某种隐匿的罪孽。因为可以预测人的命运，拜占庭人极其迷信，对预言特别痴迷。缺乏安全感的皇帝常常会随意翻开圣经，寻找能够指示他们命运的线索；占卜是一种主要职业，虽然常常被教会谴责，但根深蒂固，无法将它从希腊人的灵魂中驱逐。有些占卜的方式非常怪异。9世纪，一位到访的阿拉伯人目睹了拜占庭人用一匹马来预言远方战役的进展："马匹被带进教堂，那里悬挂着马笼头。如果马咬住笼头，人们就说：'我们在伊斯兰的土地上获得了一场胜利。'有时马会走近笼头，嗅一嗅它，调转身子，再也不接近笼头。如果发生这样的情况，人们就会心情沉重地离去，预料将遭到失败。"[23]

好多个世纪里，拜占庭和它的都城的形象如同太阳一样

27

**帝国高层事故：皇帝罗曼努斯三世在浴室暴毙，1034 年**

灿烂，就像万有引力一样吸引着它疆界之外的世界。它给人的印象是无比富饶、万古长青。它的货币"拜占特"印有皇帝的头像，在中东也是硬通货。拜占庭仍然享有罗马帝国的威望；在伊斯兰世界，拜占庭被简单地称为"罗马"；和罗马一样，它也引来了大门之外的半野蛮游牧民族的贪欲和嫉妒。从巴尔干半岛到匈牙利平原，从俄罗斯的森林到亚洲大草原，一波波游牧部落敲打着它的防线：匈人和哥特人、斯拉夫人和格皮德人①、鞑靼阿瓦尔人②和突厥保加尔人，

---

① 古代东日耳曼部落，与哥特人有血缘关系，一度在波罗的海地区活动，4 世纪时被纳入阿提拉的匈人帝国，后于 454 年击败匈人，独立建国，最后被拜占庭消灭。

② 阿瓦尔人是古时欧亚大陆的一个游牧民族，约在 6 世纪迁徙到欧洲中部和东部。阿瓦尔人起源于亚洲中部，大部分人认为他们属于泛蒙古—突厥族，一说他们就是中国典籍中记载的古代游牧民族柔然的残部。

以及野蛮的佩切涅格人①，都在拜占庭世界横冲直撞。

在鼎盛时期，帝国统治着从意大利到突尼斯的地中海地区。但在这些邻居的压力之下，帝国不断地扩张或者收缩，就像一张巨大的地图，边边角角无时无刻不在卷曲。一年又一年，帝国陆海军从马尔马拉海岸的大型港口出征，旌旗招展、号角齐鸣，要么是去收复某个行省，要么是去稳定某段边疆。拜占庭是一个永远在战斗的帝国，而君士坦丁堡由于它十字路口中心的地理位置，不断受到来自欧洲和亚洲的压力。在帝国的最初 500 年中，不知有多少支异族军队曾沿着君士坦丁堡的陆墙安营扎寨，阿拉伯人不过是其中最为坚决的一支。波斯人和阿瓦尔人于 626 年兵临城下；保加尔人在8、9、10 世纪曾发动多次进攻；俄罗斯的伊戈尔王子于 941 年来到这里。对希腊人来说，围城是一种心理状态，也是他们最古老的神话：除了圣经，人们还熟知荷马讲述的特洛伊的故事。这让希腊人既讲求实际，又非常迷信。城墙的维护是公民们的一项长期义务；粮仓内总是储有大量粮食，蓄水池总是蓄满，但东正教会认为精神上的防御也有极其重要的意义。圣母是城市的主保圣人；危急时刻，人们高举她的圣像沿着城墙游行。人们相信，717 年的围城战中，君士坦丁堡就是因为圣母的佑助才得救的。这些圣像赋予的自信心可与《古兰经》媲美。

---

① 佩切涅格人是来自中亚的一支突厥部落，10 世纪时到达顿河和多瑙河下游，在 11 世纪时与拜占庭帝国发生冲突，在 11 世纪末～12 世纪初的几场战争中他们被拜占庭帝国所败，后来在匈牙利定居下来，逐渐融入当地居民中。

在陆墙之外安营扎寨的任何一支军队都无法打破这些物质和精神上的防御。任何一个企图征服君士坦丁堡的野心家都没有攻城拔寨的技术、海上封锁所需的海军力量，或是通过饥饿让守军屈服的耐心。拜占庭帝国虽然常常走到崩溃的边缘，却显示出了惊人的生命力。城市坚固的基础设施、帝国机构的力量以及在危急时刻机缘巧合地出现的杰出领袖，都使得东罗马帝国得以顽强地延续下去。在它的公民和敌人看来，它似乎将万古长青。

但阿拉伯人攻城的经历对君士坦丁堡产生了深远影响。人们认识到，伊斯兰是一股极其强大的对抗力量，从本质上与其他敌人迥然不同；拜占庭人关于撒拉森人（这是基督教世界对阿拉伯人的称呼）的预言表达出了他们关于世界未来的不祥预感。有一位作家声称，阿拉伯人就是《启示录》中的第四头野兽，它"就是世上必有的第四国，与一切国大不相同，必吞吃全地，并且践踏嚼碎"①。[24]11 世纪末，拜占庭遭到伊斯兰世界的第二次打击。它发生的如此突如其来，当时无人能够理解它的意义。

---

① 《旧约·但以理书》第 7 章第 23 节。《新约·启示录》中也提及这个隐喻。

## 2. 伊斯坦布尔的梦想
### 1071～1422 年

> 我看见，真主令帝国的阳光照耀突厥人的家宅，将天堂环绕在他们的领地周围，为他们取名为"突厥人"，赋予他们权柄，让他们成为时代的帝王，让他们统辖当时的人民。[1]
>
> ——喀什噶里①

突厥人的粉墨登场再次唤醒了昏昏欲睡的圣战精神。他们最早于 6 世纪出现在拜占庭的地平线上，当时他们派遣使者前往君士坦丁堡，寻求与其结盟，共同对抗波斯帝国。对拜占庭人来说，他们不过是连续不断奔向伟大帝都的众多民族中的一个。突厥人的家园在黑海以东，一直延伸到中国。他们是居住在一望无垠的中亚大草原上的异教

---

① 麻赫穆德·喀什噶里（约 11 世纪 20 年代～11 世纪末期）是出生于中国喀什的维吾尔族大学者。1072～1077 年，他在巴格达用阿拉伯文编纂了举世闻名的《突厥语大词典》一书，并献给了阿拔斯王朝的哈里发。

徒。每隔一段时间，就有一波游牧劫掠民族从中亚出发，蹂躏远方的定居民族。他们的语言给我们留下了"ordu"（后来演化为英语的"horde"，意思是：部落、一大群人）这个词，给我们的记忆留下了印迹，就像是沙地上轻微的马蹄印。

早在拜占庭人知道这些突厥游牧民族的名字之前，就已经饱受他们的摧残。最早侵袭定居的希腊人的突厥民族可能是匈人，他们在5世纪横扫了基督教世界；紧随其后的是保加尔人。每一波侵袭者都像蝗灾一样不可解释，大肆蹂躏拜占庭的国度。拜占庭人把这些侵袭归于上帝对基督徒罪孽的惩罚。就像与他们有血缘关系的蒙古人一样，突厥诸民族也是生活在马鞍上，头顶苍天，脚踩大地，通过萨满的中介膜拜天地。他们天性好动，不肯安分，以部落为单位群居，以放牧和劫掠邻人为生。他们生来就是要劫掠战利品，城市是他们的敌人。他们使用的复合弓和乘骑的机动战术使得他们在军事上远远超过定居民族。阿拉伯史学家伊本·赫勒敦①认为这是历史进程的关键。"定居民族习惯于懒惰和安逸，"他写道，"他们以为有了环绕他们的城墙和保护他们的堡垒就能高枕无忧。贝都因人没有

---

① 伊本·赫勒敦（1332～1406），阿拉伯史学家、哲学家、人口学家、经济学家，被认为是现代史学、社会学和经济学的奠基人之一。他曾在突尼斯、非斯和格拉纳达的宫廷任职，1375年从政坛退隐后，撰写了他的杰作《历史导论》，书中研究了社会性质和社会变迁，发展了最早的非宗教性的历史哲学。他还写了一部有关穆斯林北非历史的著作《训诫书》。1382年，他前往开罗，被指派为教授和宗教法官。赫勒敦被公认为是中世纪阿拉伯世界的一位伟大学者。

城门，也没有城墙。他们总是随身携带武器。他们警惕地观察道路的各个方向。他们只会坐在马鞍上匆匆地打个盹，不会放纵地呼呼大睡……他们对远方微弱的犬吠和其他噪音都高度警觉。坚忍不拔是他们的特征，英勇无畏是他们的天性。"[2]这个主题很快就将在基督教和伊斯兰世界再次回荡。

中亚的持续动荡迫使这些突厥部落向西迁徙。到9世纪，他们已经与伊朗和伊拉克的穆斯林居民建立了联系。巴格达的哈里发认识到他们卓越的战斗技能，招募他们进入他的军队，作为奴隶士兵。10世纪末，边疆地带的突厥人已经完全皈依伊斯兰教，但仍然保持着自己的种族身份和语言，很快就将从他们的主子那里篡夺权力。到11世纪中叶，巴格达出现了一个突厥人作为苏丹统治的王朝——塞尔柱王朝。11世纪末，从中亚到埃及的伊斯兰世界的大部分地区已经由突厥人统辖。

他们在伊斯兰世界的迅速崛起不仅没有受到阿拉伯人的怨恨，反而被普遍认为是天意的奇迹，真主如此决定"是为了让奄奄一息的伊斯兰起死回生，恢复穆斯林的和谐统一"[3]。当时埃及出现了一个什叶派王朝，因此选择了逊尼派信仰的突厥塞尔柱人获得了真正"加齐"（反对异教徒和伊斯兰异端的信仰的圣战者）的合法地位。积极进取的伊斯兰精神和突厥人的好战天性水乳交融；对劫掠的渴望在为真主效劳的名义下而被合法化。在突厥人的影响下，伊斯兰教恢复了阿拉伯人征服战争早期的热情，再次展开了针对基督教敌人的大规模圣战。尽管萨拉丁本人是个库尔德人，但他和他的继承人率领的军队却具有突厥人的精神风貌。拉旺迪①在 13 世纪写道："赞美真主，伊斯兰得到了强大的支持……在阿拉伯人、波斯人、罗马人和俄罗斯人的土地上，突厥人手持利剑，对他们的利剑的恐惧深深植入人们的内心。"[4]

沿着安纳托利亚南部的边界，基督徒和穆斯林之间的战争已经平静地酝酿了几百年；在这股新力量的驱动下战争迅速爆发。巴格达的塞尔柱统治者被一个不服管教的游牧部落——土库曼人深深困扰。土库曼人渴望劫掠，在伊斯兰腹地发出了不和谐的声音。于是塞尔柱苏丹鼓励这些部落战士把他们的力气发泄到西面的拜占庭——罗马人的帝国。到 11 世纪中叶，四处打劫的圣战者以伊斯兰的名义频繁地袭击基督教的安纳托利亚，迫使君士坦丁堡的皇帝采取果断措施。

1071 年 3 月，拜占庭皇帝罗曼努斯四世·第欧根尼斯御驾亲征，挥师东进，力图挽救时局。8 月，他在安纳托利亚东部的曼齐刻尔特遭遇了敌人，但这股敌人不是土库曼人，而是一支塞尔柱大军，指挥官是卓越的统帅艾勒卜·艾尔斯兰苏丹，绰号"英雄的雄狮"。当时的局势颇为奇怪。苏丹并不愿意交锋。他的主要目标不是与基督徒作战，而是消灭深受憎恶的埃及什叶派政权。他提出休战，但被罗曼努斯四世拒绝。在随后发生的战役中，穆斯林军

①  穆罕默德·本·阿里·拉旺迪（约 12 ~ 13 世纪），波斯史学家，撰写了关于塞尔柱帝国覆灭及花剌子模王朝入侵的史书。

## 2. 伊斯坦布尔的梦想

队取得了压倒性胜利，典型的游牧民族伏击战术以及拜占庭雇佣兵部队的叛变决定了战局。罗曼努斯四世本人遭生俘，被迫亲吻踌躇满志的苏丹面前的泥土。苏丹一只脚踩在罗曼努斯四世屈服的脖颈上，以彰显他的胜利和敌人的降服。这是世界历史的一个转折点，对君士坦丁堡来说则是一个灾难。

对拜占庭人来说，曼齐刻尔特战役这一天是"恐怖之日"，这场惊天动地的惨败将深刻影响他们的未来。战败的结果是灾难性的，尽管君士坦丁堡的人们当时还没有立刻理解它的严重程度。土库曼人蜂拥进入安纳托利亚，丝毫不受阻挡。先前他们只是劫掠一番就撤退，现在则站稳了脚跟，不断向安纳托利亚西部这个被誉为雄狮头颅的地区挺进。在经历伊朗和伊拉克的炽热沙漠之后，这些来自中亚、以帐篷为家、以双峰驼为友的游牧部落终于找到了一片适合自己的绵延起伏的高原。与他们如影随形的是正统的逊尼派伊斯兰教以及更为狂热的教派：苏非派、德尔维希①以及云游圣人（他们既鼓吹圣战，也宣扬对圣人的神秘主义的崇敬，这后一点对基督徒来说也很有吸引力）。曼齐刻尔特战役的仅仅20年后，突厥人就抵达了地中海海岸。成分混杂的基督徒平民大体上没有作任何反抗，有的人改宗伊斯兰教，其他人则因为摆脱了君士坦丁堡的苛捐杂税和压榨剥削而心满意

① 德尔维希是伊斯兰教苏非派教团的成员。这些神秘主义者强调通过狂喜、舞蹈和旋转表达献身的情感。德尔维希可以集体生活，也可以在俗；云游四方的德尔维希叫作托钵僧，常被视为具有神奇力量的圣人。多数穆斯林将他们视为非正统和极端分子，但该运动已持续至今。

足。伊斯兰教认为基督徒是"有经者"①，因此基督徒得到了法律保护和信仰自由。从正统东正教分裂出去的一些派别甚至热烈欢迎突厥人的统治。"由于突厥人统治得公正和井井有条，他们更愿意受突厥人统治，"叙利亚的迈克尔②如此写道，"突厥人对神秘的信条一无所知，因此与希腊人（他们是一个邪恶和离经叛道的民族）完全相反，不会探究信教行为，也不会迫害宗教异己。"[5]拜占庭国内的纷争鼓励突厥人更进一步，他们很快就受邀参加把拜占庭闹得四分五裂的内战。突厥人轻而易举地征服了小亚细亚，受到的抵抗又是如此微不足道；到1176年，又一支拜占庭军队遭到惨败，此时已经再也没有任何希望将突厥入侵者打退了。曼齐刻尔特战役的结果是不可逆转的。到13世纪20年代，西欧作家已经将安纳托利亚称为"土耳其"。拜占庭永远丧失了这个粮食与人力的来源。几乎同时，另一场同样严重的灾难从一个出人意料的方向降临君士坦丁堡。这一次的敌人是基督教西欧。

十字军东征的初衷是遏制伊斯兰教突厥人的军事征服。1095年，在克莱蒙③，教皇乌尔班二世作了一场改变人类命

---

① 伊斯兰教所说的"有经者"指的是受神启示者，具体常指犹太人和基督徒。有经者的特征：信仰唯一神；有共同的先知，如摩西（天主教称梅瑟，伊斯兰教称穆萨）；信世界末日、死后复活、审判、天堂、天使；相信创造说。由于《古兰经》对有经者的态度并不一致，故穆斯林对犹太人及基督徒的态度时有不同。在伊斯兰国家，有经者属于受保护的次等公民，至于多神教与无神论者则不在受保护之列。

② 叙利亚的迈克尔（1126~1199），叙利亚正教的牧首，著有鸿篇巨制《编年史》，从创世一直写到他自己的时代，尤其是十字军东征等史实。

③ 法国西南部城市。

## 2. 伊斯坦布尔的梦想

运的布道，提倡反对塞尔柱人，"一个受诅咒的种族，与上帝彻底隔绝的种族"，鼓吹"将这个邪恶种族从我们的土地上完全驱逐出去"[6]，就此发动了长达350年的十字军东征。尽管拜占庭人对西欧的基督徒兄弟提供了支持，但十字军东征对拜占庭人来说却是一场漫长的磨难。从1096年开始，一波波四处劫掠的西欧骑士先后来到拜占庭，跌跌撞撞地穿过帝国疆土，南下前往耶路撒冷，期待着从他们的东正教兄弟那里获得支持、给养和感激。双方的接触带来了互相的不理解和不信任。双方都有机会对东西方风俗习惯和信仰方式的差别进行观察。在希腊人看来，这些身披重甲的西欧兄弟比粗鲁野蛮的冒险家强不了多少，他们的圣战使命也不过是虚伪地伪装成虔诚举动的军事征服。"他们骄横跋扈，生性残忍……而且对拜占庭帝国抱有根深蒂固的仇恨，"[7]尼西塔斯·科尼阿特斯①如此抱怨道。事实上，拜占庭人对已经定居下来的穆斯林邻居更有好感。在伊斯兰圣战最初爆发之后的几百年内，拜占庭人和穆斯林一直近距离互相接触，双方非常熟悉，也互相尊重。"尽管我们的风俗、习惯和宗教信仰不同，我们必须像兄弟一样和睦相处，"[8]君士坦丁堡的一位牧首曾这样写信给巴格达的哈里发。十字军则把拜占庭人视为堕落的异端分子，有非常危险的东方化的世界观。常有塞尔柱和突厥士兵为拜占庭人作战；十字军还震惊地发现，供奉给圣母的君士坦丁堡城里居然还有一座清真

---

① 尼西塔斯·科尼阿特斯（约1155~1215或1216年），拜占庭史学家，著有记载1118~1207拜占庭历史的著作，其中最有史料价值的是对1204年十字军占领君士坦丁堡的记述。

寺。"君士坦丁堡因富庶而傲慢，行为阴险狡诈，信仰腐败堕落，"[9]十字军战士德伊的厄德①如此宣称。君士坦丁堡的财富和镶嵌宝石的圣物更是让十字军战士们目瞪口呆、垂涎三尺。这是一个凶险的预兆。十字军战士们发回诺曼底和莱茵河畔小城的信中渐渐出现了一种隐晦的嫉妒。"自世界开端以来，"香槟军务官②写道，"从没有如此多的财富聚集在一座城市中。"[10]这是难以抵制的诱惑。

　　西欧对拜占庭帝国军事、政治和商业上的压力已经积聚了很长时间，但到 12 世纪末期，这种压力在君士坦丁堡城内已经非常具体和明显了。城内建起了一个很大的意大利贸易社区，威尼斯人和热那亚人得到了一些特权和利益。投机取巧、唯利是图的意大利人不受拜占庭人欢迎：热那亚人在金角湾对岸的加拉塔（一座有城墙的城镇）设有自己的殖民地；威尼斯人的殖民地"极其富庶和繁荣，也极其傲慢无礼，甚至蔑视帝国的权威"[11]。君士坦丁堡市民中掀起了一股股排外情绪。1171 年，希腊人攻陷并摧毁了加拉塔。1183 年，拜占庭将领"可怖的"安德罗尼库斯③命人血洗

---

① 德伊的厄德（1110～1162），法兰西教士和史学家。他作为法兰西国王路易七世的神父，追随国王参加了第二次十字军东征，并撰写了此次征伐的历史。在该书中，他指责是拜占庭人的背叛造成了东征的失败。

② 即维尔杜安的若弗鲁瓦（1160～约 1212），法兰西骑士与史学家。"香槟军务官"是他的封号。他参加了第四次十字军东征，目睹了 1204 年十字军占领君士坦丁堡。他的著作《征服君士坦丁堡》是流传至今的最早的法文散文作品。他被认为是当时最重要的史学家之一。

③ 即后来的皇帝安德罗尼库斯一世·科穆宁（约 1118～1185，1183～1185 年在位），科穆宁皇朝的末代皇帝，他的两个孙子建立了特拉布宗帝国。安德罗尼库斯是精明强干的名将和政治家，同时也是传奇式的风流情圣和残酷的暴君。下文会讲到，他的下场极其悲惨。

了整个意大利社区。

　　1204 年，互相猜忌和暴力流血的历史再次在君士坦丁堡上演，爆发了一场可怕灾难，让希腊人永远无法完全原谅天主教西欧。作为基督教世界历史中最怪异的事件之一，第四次十字军东征的队伍乘坐威尼斯船只，名义上是出征埃及，实际上却转而进攻君士坦丁堡。此次行动的幕后黑手是恩里科·丹多洛——80 岁高龄、据说双目失明①的威尼斯执政官，他诡计多端，亲自领导了此次远征。庞大的舰队搜罗了一个自称有权继承皇位的人，打着他的旗号，于 1203 年 6 月在马尔马拉海北上。十字军战士们看到左舷前方出现的是君士坦丁堡，一座具有极其重要基督教意义的城市，而不是埃及海岸时，想必自己也吃了一惊。威尼斯战船粉碎了保护金角湾的铁链，冲到前滩，企图突破海墙，但失败了。80 岁的执政官手执圣马可的旗帜，跳上海滩，鼓励威尼斯人奋勇作战。士兵们冲上了城墙；觊觎皇位的亚历克赛②被推举为皇帝。

　　在经历了一个冬天的钩心斗角、玩弄诡计之后，逐渐焦

---

① 据说他早年行商时曾在君士坦丁堡被迫害下狱并被弄瞎双眼，当时正是君士坦丁人排斥威尼斯商人的时候。有人认为这是他后来血洗君士坦丁堡的私人原因。

② 即亚历克赛四世·安格洛斯（约 1182～1204，1203 年 8 月～1204 年 1 月在位）。他的父亲是皇帝伊萨克二世。伊萨克二世的兄弟亚历克赛于 1195 年篡权（史称亚历克赛三世），并将伊萨克二世与其子亚历克赛囚禁。1201 年，意大利商人将亚历克赛救走，送到神圣罗马帝国。亚历克赛得到西方人的支持，将第四次十字军东征的目标改为君士坦丁堡，希望借助十字军的力量夺回皇位。十字军占领君士坦丁堡后，已经被戳瞎双目的伊萨克二世与亚历克赛四世共同统治。亚历克赛与他的父亲以及十字军的矛盾越来越深，最终导致十字军对都城的洗劫。最后亚历克赛四世被廷臣刺杀。

躁不安起来的十字军于次年4月对君士坦丁堡进行了彻底的洗劫。随后发生了耸人听闻的大屠杀，城市的很大一部分被付之一炬。"被烧毁的房屋比法兰西王国三座大城市的房屋总数还要多。"法兰西骑士维尔阿杜安的若弗鲁瓦如此宣称。君士坦丁堡伟大的艺术遗产遭到可耻的野蛮破坏，圣索菲亚大教堂惨遭亵渎和洗劫。"他们把骡马牵进教堂，"史学家尼西塔斯写道，"以便更好地运走圣器，以及从宝座、讲道坛、门、家具和其他地方拆下的雕刻金银器物；有些牲畜跌跤倒下，他们就用剑刺杀它们，污血和粪便污染了教堂。"[12]威尼斯人劫走了大量雕塑、圣物和其他珍贵器物，用来装点他们自己的圣马可教堂，其中包括自君士坦丁大帝时代以来就矗立在赛马场上的四座青铜骏马。君士坦丁堡成了一座黑烟滚滚的废墟。"哦，城市，城市，所有城市的眼睛，"史学家尼西塔斯哀叹道，"你饮尽了上帝的愤怒之杯。"[13]这个回应是典型的拜占庭式的——将灾难归于上帝的惩罚。但不管这场灾难是人为还是天定，结果是一样的：君士坦丁堡一蹶不振，以往的光辉灿烂如今只剩一个鬼影。随后的将近60年里，这座城市变成了"君士坦丁堡的拉丁帝国"，由佛兰德伯爵及其继承人统治。拜占庭帝国被肢解为一连串分散的法兰克国家和意大利殖民地，很大一部分平民则逃往希腊。拜占庭人在安纳托利亚的尼西亚建立了一个流亡政权，比较成功地抵挡住了突厥人的后续入侵。1261年，拜占庭人收复了君士坦丁堡，发现城市的基础设施已经接近全毁，其领地已经锐减为若干分散的碎片。拜占庭人努力重整旗鼓，抵御来自西欧的新的危险，因此暂时忽略了伊斯兰教的安纳托利亚。他们为此付出了惨重代价。

安纳托利亚持续受到东方人口迁移的冲击。君士坦丁堡遭十字军洗劫两年后，一个名叫铁木真的部族领袖成功地将蒙古腹地互相厮杀的游牧部落团结起来，组成一支军队，并获得了"成吉思汗"（意思是"普世君主"）的尊号。肩批长发、崇拜天的蒙古人以可怕的迅猛速度杀入了伊斯兰世界。波斯陷入一片混乱，背井离乡的人们潮水般向西迁徙，涌入安纳托利亚。这片大陆是不同民族命运的大熔炉：希腊人、突厥人、伊朗人、亚美尼亚人、阿富汗人、格鲁吉亚人。1243 年，蒙古人打败了这一地区最统一和强大的国家——塞尔柱人建立的鲁姆苏丹国，随后安纳托利亚四分五裂为若干小国，如同马赛克一般。四处游荡的突厥部落发现西方没有土地可以供他们迁徙；再也没有异教邻国可以作为伊斯兰征服战争的对象。他们抵达海岸时，有些人得到船只，开始劫掠拜占庭海岸地区；其他人则互相厮杀起来。安纳托利亚一片混乱、四分五裂、险象环生，完全是遍布强盗、土匪和宗教狂人（他们信仰的是神秘主义的苏非信条和正统逊尼派教义的混合体，非常激进和狂热）的狂野西部。土库曼人仍然坐在他们饰有刺绣的深马鞍上，在绵延的天际漫游，寻找可供劫掠的财富，遵循圣战者的传统，不断行进。但只有一个默默无闻的小国，即奥斯曼部落，还与安纳托利亚西北部的异教徒土地（即拜占庭）有所接触。

我们今天将这些人称为"奥斯曼人"，但没人知道他们的真正起源。1280 年前后，他们从默默无闻的众多土库曼游牧部落中迅速崛起。他们是一群目不识丁的战士，居住在帐篷里，用树木点燃篝火，骑在马背上统治，把拇指印当作签名。后来的奥斯曼帝国制造神话，重建了奥斯曼的历史。根据传说，部族领袖奥斯曼注定要成就一番伟业。一天夜里，他做了一个梦，在梦中看见君士坦丁堡"坐落在两片海域和两块大陆的连接点，看似两块蓝宝石和两块绿宝石之间的钻石，因此成为一大片统治疆域上的宝石，而这片疆域囊括了整个世界"[14]。奥斯曼继承了圣战者的衣钵，他的部落对此加以利用。一半靠运气，一半靠机智，奥斯曼从区区小国演化成了梦想中的世界霸权。

奥斯曼的领地位于安纳托利亚西北部，与保卫君士坦丁堡的拜占庭外围防御圈接壤。对面就是尚未征服的异教土地，因此这里变成了吸引圣战者、冒险家和渴望拥有自己土地的难民的磁石，这些人都打算在奥斯曼统领下试试自己的运气。奥斯曼是一个与人民紧密联系的部族领袖。同时，奥斯曼人由于邻近拜占庭国家，拥有一个得天独厚的条件：他们可以研究拜占庭，并模仿它的结构。奥斯曼部落的确是"在马背上"学习的，他们以惊人的速度吸收了拜占庭的技术、礼仪和战术。1302 年，奥斯曼首次打败拜占庭人，赢得了巨大的威望，也吸引了更多人加入他的大业。他率军继续推进，打击摇摇欲坠的拜占庭帝国的防御阵线，成功地将布尔萨城①分

---

① 今土耳其西北部，古称普鲁萨。公元前 3 世纪建城，在罗马及拜占庭时期颇为繁华。1204 年君士坦丁堡被十字军攻陷后，该城是拜占庭的抵抗中心。14 世纪初，奥斯曼人夺取该城，建为最早的国都。15 世纪初为帖木儿征服，后又被奥斯曼人夺回。其后奥斯曼帝国迁都君士坦丁堡，但布尔萨仍持续繁荣。现为农业中心，以生产地毯闻名，城里还有很多 15 世纪遗留下来的清真寺。

## 2. 伊斯坦布尔的梦想

割包围。他没有攻城的技术，因此耐心地围城达 7 年之久，最后他的儿子奥尔汗一世在 1326 年攻克了这座城市，并将其作为他的小王国的都城。1329 年，奥尔汗一世在佩雷卡诺斯①击败了拜占庭皇帝安德罗尼库斯三世，终止了拜占庭支援安纳托利亚的剩余城市的企图。这些城市接二连三地迅速陷落了：尼西亚于 1331 年被占领；尼科米底亚在 1337 年陷落；斯库塔里②于 1338 年被占领。穆斯林战士现在可以在自己的土地上纵马奔驰，一直驰骋到海边，眺望博斯普鲁斯海峡对岸的欧洲。他们可以看见远方的君士坦丁堡：绵延的海墙、圣索菲亚大教堂的巨大穹顶、塔楼和宫殿上招展的皇旗。

征服者一路将攻克的城市的希腊名称换为元音和谐的土耳其语名字。士麦那变成了伊兹密尔；尼西亚（尼西亚信经③的诞生地）被改称伊兹尼克；"普鲁萨"变换了辅音，变成了"布尔萨"。至于君士坦丁堡，奥斯曼人虽然继续沿袭阿拉伯语的说法，在官方说法中称其为"君士坦丁堡"，但日常的俚俗土耳其语把它变成了"伊斯坦布尔"，具体的演化过程时至今日仍然不清楚。"伊斯坦布尔"或许是"君士坦丁堡"的简单讹误，或许是通过别的途径变化而来的。

① 克里特岛西部的一座港口城市。
② 今称于斯屈达尔，是伊斯坦布尔的一个市区，位于博斯普鲁斯海峡的安纳托利亚一侧。
③ 尼西亚信经是公元 325 年的第一次尼西亚大公会议上制定的有关基督宗教信仰的一项基本议决。它主张圣子是"出于真天主而为真天主，被生而非受造"，与天主父本质相同，确定了圣父、圣子、圣灵为三位一体的天主，本质相同。接受并且信奉此信经的有罗马天主教会、东正教会、英国圣公会、路德宗以及新教的主要教派。

讲希腊语的人将君士坦丁堡亲昵地称为"波利斯",即"城市"。前往君士坦丁堡的人会说,他要"eis tin polin"(进城),土耳其人也许会把这个短语误听成"伊斯坦布尔"。

**布尔萨的奥斯曼及奥尔汗陵墓**

奥斯曼人征服的速度就像 7 个世纪以前的阿拉伯人一样,如有神助。1331 年,伟大的阿拉伯旅行家伊本·白图泰①拜访了奥尔汗一世的王国,为此地的生机勃勃深感震撼:"据说他(奥尔汗一世)从未在任何城镇停留一个整月。他一刻不停地与异教徒作战,持续攻打他们。"[15] 早期的奥斯曼人以圣战者自诩;他们使用"信仰的战士"的称呼,就像用伊斯兰的绿旗包裹自己一样。很快,他们也成了

---

① 伊本·白图泰(1304~1368/1369),中世纪阿拉伯旅行家。他曾在摩洛哥的丹吉尔受过传统的伊斯兰法律和文学教育。1325 年到麦加朝觐后,他决定尽可能地走访世界各地,而且发誓"不走回头路"。他用了 27 年时间漫游非洲、亚洲和欧洲各地,总旅程长达 12 万千米。在返回后,他口述撰写了回忆录《游记》,该书成为世界上最著名的旅行著作之一。

## 2. 伊斯坦布尔的梦想

苏丹。1337年，奥尔汗一世在布尔萨建起了一块石碑，自称为"苏丹、众位圣战者的苏丹之子、圣战者、圣战者之子、天际之主、世界英雄"[16]。这着实是穆斯林征服事业的一个新的意气风发的年代，加快了伊斯兰军事运动的脉搏。"圣战者是真主的利剑，"史学家艾哈迈迪在1400年前后写道，"他是信众的保护者和避难所。如果他以真主的方式牺牲，不要相信他已经死去。他生活在安拉的至福中，享受永生。"[17]无论是对于自由驰骋的游牧劫掠者，还是对于那些衣衫褴褛的神秘托钵僧（这些人相伴穿过了安纳托利亚灰尘满天的道路），这些征服都激起了狂野的雄心。空中到处弥漫着预言和英雄的赞歌。他们记起了关于征服君士坦丁堡的圣训和红苹果的传说。14世纪50年代，拜占庭皇帝约翰六世·坎塔库泽努斯邀请奥尔汗一世的人马渡过达达尼尔海峡，帮助他打赢持续不断的拜占庭内战。于是，穆斯林自718年以来第一次踏上了欧洲土地。1354年，加里波利①的城墙被地震摧毁，奥斯曼人当即宣布，这是真主发出的讯号，要穆斯林占领该城。大群战士和圣徒持续不断地跟随他们涌进欧洲。1359年，伊斯兰军队在阔别650年后再次兵临君士坦丁堡城下。空气中弥漫着千禧年预言的气氛。"圣战者为什么最后出现？"艾哈迈迪自问自答，"因为最好的

---

① 土耳其欧洲部分的海港城市，今称盖利博卢。它位于一个狭长半岛上，达达尼尔海峡经此通往马尔马拉海，东北方就是伊斯坦布尔。加里波利最初为希腊殖民地，后成为拜占庭要塞，1356年前后成为奥斯曼帝国在欧洲的第一个征服地。它是防卫伊斯坦布尔的战略要地，被用作海军基地。

总在最后出现。就像最终的先知穆罕默德跟在其他先知后面，就像《古兰经》在《托拉》①、《诗篇》和《福音书》之后从天堂降临人间，圣战者同样也是最后出现在世界上。"[18]占领君士坦丁堡的梦想似乎已经在实现的边缘。

奥斯曼人推进的速度简直快得出奇，似乎确有天定。借助地理、风俗的有利条件和好运，奥斯曼人得以利用拜占庭国家的瓦解，迅速繁荣昌盛起来。早期的苏丹们亲民、亲自然，对周围的环境和可能出现的政局变化保持关注。一千年的礼仪和传统让拜占庭人非常保守和偏狭，而奥斯曼人却机智灵敏、灵活变通、思想开放。伊斯兰教法要求善待被征服的民族，因此奥斯曼人对臣民的统治是相当温和的，常常要比欧洲的封建制更受人欢迎。奥斯曼人并没有致力于让基督徒（奥斯曼国家的大部分平民都是基督徒）改宗伊斯兰教。事实上，具有帝国霸业雄心的奥斯曼皇朝总的来讲认为让基督徒改宗不是件好事。伊斯兰教法规定，对异教徒可以征收沉重的赋税，对穆斯林就不能这样。但其实异教徒的赋税负担不算重。巴尔干的农民很高兴能够从沉重的封建奴役中解放出来，因此接受了奥斯曼人的统治。同时，奥斯曼人的朝代延续体制有着内在的优势。和其他的突厥小王国不同，早

① 即《摩西五经》。"托拉"是犹太教名词，指上帝启示给以色列人的真道。狭义上专指《旧约》的首五卷：《创世记》《出埃及记》《利未记》《民数记》与《申命记》。传统看法认为《托拉》是摩西所著，但研究旧约的学者认为它是在远晚于摩西的时期被编写完成的，很有可能是在公元前9世纪到前5世纪，尽管它引用了更为久远的传统典籍。在犹太教中，"托拉"也常用来指全部希伯来圣经（即基督教《旧约》的全部）。从更广义上讲，这一术语也指犹太教的宗教文献和口头圣传。

## 2. 伊斯坦布尔的梦想

期的奥斯曼苏丹们从来不会将自己的王国分割；他们也不会指定继承人。所有的王子都接受统治国家的训练教养，但只有一人能够继承王位。这种残酷的方法意在保证最强者的生存。最让西方人震惊的是，奥斯曼人丝毫不重视通过婚姻的继承。拜占庭皇帝就像欧洲所有王室一样，费尽心思地去安排门当户对的婚姻，通过足够尊贵、得到认可的血统延续皇朝，奥斯曼人却根本不管这一套。一位苏丹的父亲当然是前一任苏丹，但他的母亲却有可能只是个嫔妃或者女奴，或许只是个半路改宗的穆斯林，可能来自十几个被征服民族中的一个。这种基因上的包容性将给奥斯曼人带来非同寻常的好处。

奥斯曼人的所有创新举措中最重要的或许就是常备军。激情澎湃但纪律涣散的大群圣战者已经不能满足奥斯曼苏丹们日渐增长的雄心野望。攻打防御得当的城市需要耐心、方法和一整套特殊的工艺技能。14 世纪末，苏丹穆拉德一世组建了一支新的军队，其成员是从巴尔干国家掳掠来的奴隶。每隔一段时间，奥斯曼帝国就征召一批基督徒青年，令其皈依伊斯兰教，并教他们说土耳其语。这些新兵远离家人，只对苏丹本人效忠。他们是苏丹的私人军队——"城门奴隶"。他们被编入步兵单位（即"近卫军"）和骑兵，组成了自古罗马以来欧洲的第一支领军饷的职业常备军。这支军队将在奥斯曼国家的发展中扮演关键角色。奴隶军队的习惯其实来自奥斯曼人自己的历史：突厥人自己也曾作为奴隶士兵，在伊斯兰世界的边疆服役，并以此为敲门砖，飞黄腾达。但在作壁上观的基督徒看来，奴隶军队的体制令人毛骨悚然。基督徒想当然地设想出了奴役压迫的不同景象，并认为让被俘的基督徒儿童去反对其他基督徒的做法是邪恶和丧失人性的。这将成为"野蛮的土耳其人"这个神话的重要因素。

西方很早就开始使用"土耳其人"这个概念。总的来讲，这是欧洲人的人为建构，是个与西方的种族身份相似的术语。奥斯曼人自己很少使用这个概念，认为它是贬义的。他们使用的称呼既不代表种族，也不代表地域；既能体现不受固定地域限制的游牧民族的传统，也能显示多民族的构成。身份认同主要是宗教性的：奥斯曼帝国苏丹们渐渐开始用越来越花哨的头衔自诩，如"伊斯兰的君主"；将他们的国度称为"信众的避难所"或"受庇护的土地"；他们的人民则被称为"穆斯林"或者"奥斯曼人"。奥斯曼国家是不同元素和民族的独特混合体：突厥的部落生活方式，逊尼派伊斯兰教，波斯的宫廷制度，拜占庭的行政管理、赋税制度和礼仪，以及将土耳其语结构与阿拉伯语和波斯语词汇混用的典雅的宫廷语言。奥斯曼国家有着自己的独特身份。

在奥斯曼人逐渐崛起的同时，拜占庭却持续不断地衰败下去。14 世纪在欧洲被称为"多灾多难的世纪"，东罗马帝国也是命途多舛。分裂、内战、人口锐减和贫困严重困扰着君士坦丁堡。有一些历史时刻具有鲜明的象征意义。1284年，皇帝安德罗尼库斯二世做出了自杀式的决定：解散帝国海军。失业的水手们叛逃到奥斯曼人那里，帮助他们建造了一支舰队。1325 年前后，帕里奥洛格斯皇朝的皇帝们选择双头鹰作为自己的纹章。它并非像人们有时推测的那样，代表一个震慑东西方的强大帝国，而是象征着当时同一个皇室的两位争吵不休的皇帝之间权力的分割。双头鹰具有预言性。1341～1371年，发生了一系列灾难性的内战，帝国领土还遭到奥斯曼军队以及强大的塞尔维亚国的入侵，另外还有宗教纷争与瘟疫火上浇油。君士坦丁堡还是第一座遭遇黑死病的欧洲城市：1347年，携带病菌的老鼠从停泊在黑海港口卡法①的船只跳板登陆。君士坦丁堡人口锐减到10万多一点。一系列地震严重破坏了城市，圣索菲亚大教堂的穹顶于1346年坍塌，"纯金"的城市越来越贫困和凄凉，市民陷入宗教的悲观情绪。到访的异乡人注意到了此处的悲凉景象。伊本·白图泰看到的不是一座城市，而是由田地分隔开的十三座村庄。西班牙人佩罗·塔富尔②来访时，发现甚至皇宫也"破败不堪，皇宫和城市的惨景清楚地显示出人民曾经遭受，而且现在仍在忍耐的种种磨难……城市人口稀少……市民衣着寒酸，悲伤而贫穷，命运艰难"。然后塔富尔又加上了真正基督徒的"慈悲"："但这还没有他们应得的命运那么糟糕，因为他们是一个邪恶的民族，罪恶滔天。"[19]城市在城墙内萎缩，就像老人还穿着年轻时的衣服一样。皇帝们在自己的宫廷里也不过是穷人。1347年，皇帝约翰六世·坎塔库泽努斯加冕时，目击者注意到，皇冠的

---

① 今称费奥多西亚，位于乌克兰南部、黑海北岸的克里米亚半岛。1347年，蒙古人的金帐汗国围攻卡法，蒙古人把鼠疫病人的尸体用投石机投入卡法城，后来一名热那亚商人把鼠疫带回意大利，从而引发欧洲黑死病的大爆发。

② 又名佩德罗·塔富尔（约1410～1484），西班牙旅行家和作家。他在1436～1439年间游历了欧亚非三大陆，到过摩洛哥、耶路撒冷、拜占庭、特拉布宗、埃及、罗得岛等地，并撰写了游记。

宝石是用玻璃制成的，宴会桌上的盘子是陶土和白镴的。黄金盘子已经被变卖，以支付内战所需的开支；珠宝则被典当给了威尼斯人，现在保存在圣马可教堂的宝库内。

**帕里奥洛格斯皇朝的
双头鹰纹章**

在拜占庭的混乱局面下，奥斯曼人向欧洲的进军势如破竹，不曾受到任何抵挡。1362年，他们占领了君士坦丁堡以西的阿德里安堡（它的土耳其语的名字是"埃迪尔内"），实际上已经从背后包围了君士坦丁堡，并迁都欧洲。1371年，奥斯曼人打败了塞尔维亚人，拜占庭皇帝约翰五世与基督教世界的支持就完全隔绝了，别无选择，只能成为苏丹的附庸，按照苏丹的命令提供军队，任命官员也要得到苏丹许可。奥斯曼军队似乎攻无不克、战无不胜。到 14 世纪末，他们的国家已经从多瑙河一直延伸到幼发拉底河。"土耳其人或者异教徒的扩张就像是大海，"塞尔维亚人、"近卫军战士"米哈伊尔写道，"永远不会安顿下来，永远汹涌前进……除非你打碎蛇头，形势会越来越糟。"[20] 1366 年，教皇发布诏书，号召发动针对奥斯曼人的十字军东征，并威胁要将向奥斯曼人提供武器的意大利和亚得里亚海地区的贸易城邦处逐出教会，但无济于事。随后 50 年中，基督教世界发动了三次反对异教徒的十字军东征，都是由匈牙利领导，因为它是东欧最受奥斯曼人威胁的国家。这三次东征是统一的基督教世界最后的天鹅之歌，均以惨败告终，战败的缘由也不难找寻。欧洲四分五裂，非常贫困，内部争斗不休，而且被黑死病大大削弱了。欧洲的军队行动迟缓、持续争吵、纪律涣散，而且战术愚钝；相反，奥斯曼军队却具有极强的机动性，组织严密，而且为了同一项事业团结一致。少数得以近距离观察奥斯曼军队的欧洲人不得不暗自赞叹"奥斯曼人秩序井然"。15 世纪 30 年代，法兰西旅行者贝特朗东·德·拉·布罗基里埃①写道：

> 他们非常勤奋，主动地早早起床，生活朴素……他们对在哪里睡眠没有什么讲究，通常直接睡在地上……他们的马匹很好，消耗饲料很少，速度和耐力都很优异……他们对上级绝对服从……讯号发出后，前锋士兵就静悄悄地出发，其他人也同样沉默地跟随其后……10 万土耳其大军行军发出的声音比 100 名基督徒士兵还要小……我必须承认，在我的很多经历中，土耳其人总是坦率、忠诚，需要勇气的时候从来不会让人失望。[21]

在这一背景下，15 世纪的开端对君士坦丁堡来说颇为惨淡。奥斯曼军队的攻打已经是司空见惯。1394 年，皇帝曼努埃尔②废弃了对奥斯曼人的效忠誓言。苏丹巴耶济德一

---

① 贝特朗东·德·拉·布罗基里埃（约 1400~1459），勃艮第骑士和旅行家。1432~1433 年，他前往耶路撒冷朝觐，游历了拜占庭、匈牙利等地，并写下了一部游记。
② 即曼努埃尔二世·帕里奥洛格斯（1350~1425，1391~1425 在位）。

世对君士坦丁堡连续多次发动进攻，直到 1402 年，巴耶济德一世自己被突厥—蒙古人帖木儿（就是英国剧作家克里斯托弗·马洛剧中的主角）击败，才算罢手。随后，拜占庭皇帝们越来越绝望地从西方寻求帮助——曼努埃尔甚至在 1400 年来到了英格兰。与此同时，他们还玩弄外交伎俩，并支持争夺奥斯曼皇位的人。1422 年，为了惩罚拜占庭对觊觎奥斯曼皇位者的支持，苏丹穆拉德二世围攻了君士坦丁堡，但未能得手。奥斯曼军队既没有可以封锁城市的舰队，也没有能够迅速突破厚重岸墙的技术。已经耄耋之年的曼努埃尔仍然是一位极其精明的外交家，他搜罗出了一个新的奥斯曼皇位争夺者，使得奥斯曼国家面临内战的威胁。奥斯曼军队放弃了攻城，但君士坦丁堡已经奄奄一息。奥斯曼军队再次大举进攻、兵临城下，似乎已经只是时间问题。只是因为害怕欧洲联合起来发动十字军东征，他们才暂时没有轻举妄动。

奥尔汗的花押——帝王的密码，他是
围攻并占领布尔萨城的苏丹

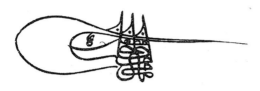

## 3. 苏丹和皇帝

### 1432～1451 年

穆罕默德·切列比，苏丹，愿真主保佑他的权威永固，加强他的力量直到最终审判日！[1]

——穆罕默德二世母亲的墓志铭

君士坦丁·帕里奥洛格斯，信奉基督的真正皇帝和罗马人的君主。

——君士坦丁十一世、第八十八位
拜占庭皇帝的正式头衔

君士坦丁堡命中注定的克星出生于穆拉德二世攻城后的第十个年头，他将收紧君士坦丁堡脖子上的穆斯林绞索。根据土耳其传说，1432 年是充满了预兆的年份。这一年，很多母马生了孪生马驹；累累硕果压弯了枝头；正

午时分，君士坦丁堡上空有长尾巴的彗星掠过。3 月 29
日夜间，苏丹穆拉德二世正在埃迪尔内的皇宫内等待孩子
降生的消息。他无法入眠，于是开始阅读《古兰经》。他
刚读到《胜利章》（这是许诺穆斯林将战胜异教徒的诗
节），一名信使送来喜讯：生了个男孩。这个孩子被命名
为穆罕默德，那是穆拉德二世父亲的名字，也是伊斯兰教
先知的名字。

　　和很多其他预言一样，这个关于穆罕默德的预言同样
也带有事后捏造的成分。穆罕默德是穆拉德二世的第三子；
他的两个异母兄长年纪都比他大不少，而且穆罕默德从来
就不是最受宠的皇子。他长大成人、登基为苏丹的希望是
非常渺茫的。关于穆罕默德的出世，有一个重要的问题：
他母亲的身份扑朔迷离。虽然有些土耳其史学家声称她是
个纯血统的土耳其人和穆斯林，但她很有可能其实是个来
自西方的奴隶，在边疆劫掠中被俘或者被海盗绑架；她可
能是个塞尔维亚人或马其顿人，极有可能生来是个基督
徒——这种可能性让穆罕默德矛盾的性格显得更加奇怪。
不管穆罕默德的基因是如何混杂，他的秉性与父亲穆拉德
二世迥然不同。

　　到 15 世纪中叶，奥斯曼帝国苏丹们早已不是大字不识
一个、骑在马背上打天下的部落领袖。追求圣战和战利品的
澎湃激情已经让位于冷静的深谋远虑。苏丹仍然享有伊斯兰
土地上最伟大圣战领袖的崇高威望，但这越来越变成皇朝政
治的工具。奥斯曼统治者们现在自称"罗马的苏丹"，这个
头衔对古老基督教帝国的遗产提出了主权要求；或者自称

## 3. 苏丹和皇帝

"帕迪沙阿①"，这是一个非常高雅的波斯词语。他们效法拜占庭人，越来越喜欢张扬皇室威严的礼节和仪式；皇子们受到良好教育，为执掌权柄做准备；皇宫有高墙围绕；人们和苏丹的直接接触受到严格管理。由于害怕下毒、阴谋和行刺，统治者和臣民越来越隔阂。1389年的第一次科索沃战役之后，穆拉德一世被一个塞尔维亚使节刺杀，此后苏丹们就越来越远离普通人的视野。穆拉德二世的统治在这个过程中起到了重要作用。他在签名时仍然自称"贝伊"（这是突厥贵族的古老称谓），而不是更尊贵的"苏丹"；他很受民众爱戴。匈牙利僧侣乔治对他的朴素颇感意外："苏丹的服饰和马匹没有任何特别的标记让他与众不同。在他母亲的葬礼上，我对他作了观察。如果不是有人把他指出来的话，我绝对无法认出谁是苏丹。"[2]与此同时，苏丹和外界之间开始拉开了距离。"他在公共场合从不饮食，"贝特朗东·德·拉·布罗基里埃写道，"很少有人能夸耀说，自己曾经看见苏丹说话，或者看见他吃喝。"[3]后续的苏丹们渐渐退居托普卡帕宫②，在高高的宫墙和复杂的礼仪包围下，过着隐士般与世隔绝的生活。

奥斯曼宫廷冷酷的气氛影响了穆罕默德二世的童年。

---

① 波斯文中，"帕迪"意为"伟大"，"沙阿"意为"国王"。"帕迪沙阿"是波斯帝王的称号，后来奥斯曼帝国苏丹和莫卧儿帝国皇帝也使用这个头衔。

② 托普卡帕宫是位于伊斯坦布尔的一座皇宫，1465～1853年一直是奥斯曼帝国苏丹在首都的官邸及主要居所，也是昔日举行国家仪式及皇室娱乐的场所，现今则是主要的观光胜地。"托普卡帕"的字面意思是"大炮之门"，昔日城堡内曾放置大炮，由此得名。征服君士坦丁堡的苏丹穆罕默德二世在1459年下令动工兴建托普卡帕宫。

皇位继承的问题给皇子们的抚养投下了一道长长的阴影。子承父位的直接继承对帝国的生存是至关重要的——后宫制度保障了足够数量的男童，以维持皇室的延续——却也构成了帝国最大的弱点。皇子们互相竞争，争夺皇位的继承权。奥斯曼人并没有规定长子继承的法律；老苏丹驾崩时，皇子们需要通过斗争来决定帝国的归属。这场斗争的结局被认为是真主的意愿。"如果真主决定，我死后由你继承皇位，"后来有一位苏丹这样写信给自己的儿子，"没有任何活人能够阻碍。"[4]在现实中，继承皇位常常变成奔赴帝都中心的竞赛，最先抵达的胜利者就能控制都城和金库，获得军队的支持；这种继承制度要么能够保证适者生存，要么就会导致内战。15世纪初，由于皇子们争夺权力、互相残杀，再加上拜占庭人在这场斗争中插了一手，奥斯曼国家险些垮台。利用奥斯曼帝国最脆弱的时刻支持奥斯曼皇位的竞争者和争夺者，几乎成了君士坦丁堡的基本国策。

为了保护皇子们免遭先发制人的打击，同时也传授他们治国之道，苏丹们在诸位皇子非常年幼时就将他们送离京城，去治理行省，并仔细挑选教师来监督他们。穆罕默德人生的最初岁月在埃迪尔内的后宫度过，但两岁时就被送往安纳托利亚的区域首府阿马西亚，准备早早开始接受国君的教育。他的长兄艾哈迈德当时12岁，被任命为阿马西亚总督。在随后的10年中，黑暗的力量始终伴随着这两位皇子，直至登上王座。1437年，艾哈迈德突然在阿马西亚病逝。6年后，当穆罕默德的另外一位异母兄阿里成为阿马西亚总督

# 3. 苏丹和皇帝

时，城里上演了奥斯曼版本的"塔楼内的王子"① 的神秘惨剧。一位重要贵族卡拉·赫兹尔帕夏被神秘人物派遣到这座城市。他在夜间潜入宫殿，将阿里扼死在床上，并杀死了他的两个尚在襁褓中的儿子。一夜之间，皇室的一整个支系就灰飞烟灭了。穆罕默德成了唯一的继承人。在这些晦暗不明事件的背后像黑影一般涌动的，是奥斯曼统治阶级内部长期的权力斗争。穆拉德二世在位期间加强了由奴隶组成的近卫军，并将一些前基督徒提升为维齐尔②，意在建立一支足以与传统的土耳其贵族和陆军抗衡的力量。这场内斗将于9年后在君士坦丁堡城墙下落幕。

阿里是穆拉德二世最宠爱的儿子，他的死让苏丹万分悲痛。但有人说是穆拉德二世发现阿里在搞阴谋诡计，于是自己下令将他处死，这也并非绝不可能。但他意识到，现在别无他法，只能将年轻的穆罕默德召回埃迪尔内，亲自对他进行教导。此时，11岁的穆罕默德代表了奥斯曼皇朝唯一的未来。穆拉德二世再次看到儿子时十分震惊。穆罕默德生性

---

① "塔楼内的王子"指的是英格兰国王爱德华四世的两个儿子——爱德华（被加冕为爱德华五世）和理查（受封约克公爵）。爱德华四世去世时，这两位王子年仅12岁和9岁，由爱德华四世的弟弟理查（格洛斯特公爵）摄政。但这位摄政王随后攫取王位，史称理查三世，并将自己的两个侄子囚禁在伦敦塔。后来这两位王子就销声匿迹了。人们普遍相信，他们是被谋杀的。幕后元凶有可能是理查三世，但没有过硬的证据。这个谜团至今没有解开。

② 维齐尔最初是阿拉伯帝国阿拔斯王朝哈里发的首席大臣或代表，后来指各伊斯兰国家的高级行政官员。维齐尔代表哈里发，后来代表苏丹，执行一切与臣民有关的事务。奥斯曼帝国把维齐尔的称号同时授给几个人。在奥斯曼帝国的穆罕默德二世时代，称首席大臣为维齐尔，但加一"大"字。大维齐尔为苏丹的全权代表，下文中译为"首席大臣"。

执拗、任性，听不进任何说教。穆罕默德曾经公开和先前的
教师作对，拒绝接受处罚，也不肯学习《古兰经》。穆拉德
二世招来了著名的毛拉——艾哈迈德·古拉尼，命令他严厉
管教年轻的皇子，使他屈服。毛拉手持用来体罚的棍棒去见
皇子。"您的父皇，"他说，"让我来教育您，但如果您不听
话，也要处罚您。"[5]穆罕默德听到这威胁不禁放声大笑，
于是毛拉把他狠揍了一顿。穆罕默德迅速屈服，开始乖乖地
学习。在这位铁腕教师指导下，穆罕默德开始努力学习
《古兰经》，然后是更大范围的其他知识。事实证明，这个
少年聪颖过人，而且具有非成功不可的钢铁意志。他精通多
种语言，根据各方面的记载，他通晓土耳其语、波斯语和阿
拉伯语，还会说希腊语、一种斯拉夫方言和一些拉丁语；他
还非常热衷于历史、地理、科学、实用工程学和文学。他的
独特个性使他崭露头角。

15世纪40年代，奥斯曼帝国面临着一个新的危机时
刻。在安纳托利亚，一个土库曼人附庸——卡拉曼①贝伊正
在兴风作浪；与此同时，在西方，匈牙利人正在准备新的十
字军东征。穆拉德二世通过一项10年的和约消除了基督教
的威胁，然后前往安纳托利亚，去处置棘手的卡拉曼贝伊。
他出征之前，做了一件出人意料的事情：他退位了。他害怕

---

① 卡拉曼王朝是13世纪末至15世纪末土库曼人统治的一个国家，位于安
纳托利亚中南部，地理范围大致相当于今天土耳其共和国的卡拉曼省。
该国的统治者称号为"卡拉曼贝伊"，一度具有独立地位，1468年（穆
罕默德二世在位时）被奥斯曼帝国吞并。本书故事发生的时候，执政
的卡拉曼贝伊是易卜拉欣二世（在位：1424～1464）。

发生内战，因此希望在自己去世前就巩固穆罕默德的地位。心力交瘁、看破红尘或许也是他退位的原因之一。奥斯曼帝国苏丹的负担是沉重的，穆拉德二世或许因为心爱的儿子阿里被杀害而沮丧。在埃迪尔内，12 岁的穆罕默德在值得信赖的首席大臣哈利勒辅佐下登上了苏丹皇位，史称穆罕默德二世。根据苏丹的特权，从此货币上铸有他的名字，人们在每周的祈祷中也会为他祈福。

穆拉德二世的这个试验酿成了灾难。乳臭未干的年轻苏丹是一个不可抵御的诱惑，教皇立即特许匈牙利国王瓦迪斯瓦夫三世①解除与奥斯曼帝国的和约，于是新的十字军大举出动了。9 月，十字军渡过了多瑙河；一支威尼斯舰队受命前往达达尼尔海峡，阻挡穆拉德二世返回。埃迪尔内城内颇为动荡。1444 年，一个属于什叶派异端的宗教狂人出现在城内。人们蜂拥而至，听取这位波斯传教者的教导；他许诺能弥合伊斯兰教和基督教之间的仇隙。穆罕默德二世本人也被他的教导吸引，欢迎此人进入自己的宫廷。宗教当局震惊了，群众对这个异端分子的热情支持也让哈利勒感到惊恐。当局尝试将此人逮捕。当这个传教者寻求宫廷庇护时，哈利勒不得不努力说服穆罕默德二世，将此人交出。他最终被拖到公共祈祷场所，被活活烧死。他的信徒惨遭屠杀。拜占庭人也决定好好利用一下这个混乱局面。先前有一位争夺奥斯曼帝国皇位的奥尔汗王子被拜占庭人关押在监牢内。现在拜

---

① （瓦尔纳的）瓦迪斯瓦夫三世（1424~1444），波兰国王（1434~1444 年在位）和匈牙利国王（也称乌拉斯洛一世，1440~1444 年在位），他因在瓦尔纳战役中阵亡，得到一个绰号"瓦尔纳的"。

占庭人将他释放，让他在奥斯曼帝国煽动反叛。奥斯曼帝国的欧洲行省也发生了起义。埃迪尔内城内一片恐慌；城市的一大部分被烧毁，土耳其穆斯林开始逃回安纳托利亚。穆罕默德二世的统治陷入一片混乱。

与此同时，穆拉德二世与卡拉曼贝伊通过谈判达成了和约，匆匆赶回都城，去面对威胁。威尼斯战船封锁了达达尼尔海峡；但威尼斯人的竞争对手——热那亚人以每人 1 杜卡特①的高价让穆拉德二世和他的大军渡过了博斯普鲁斯海峡。穆拉德二世随后快速进军，于 1444 年 11 月 10 日在黑海岸边的瓦尔纳②迎战十字军。奥斯曼军队在此取得了压倒性胜利。瓦迪斯瓦夫三世的头颅被插在枪尖上送往古老的奥斯曼城市布尔萨，作为穆斯林得胜的凯旋标志。这是基督教与伊斯兰教之间圣战的一个重要时刻。在瓦尔纳的战败使得西方在 350 年的十字军东征之后彻底丧失了东征的胃口。从此以后，基督教世界再也没有做过团结一致将穆斯林逐出欧洲的努力。奥斯曼帝国在巴尔干的势力范围得以确立，君士坦丁堡彻底成为被伊斯兰世界包围的孤立飞地。这样的局面让君士坦丁堡在面临奥斯曼帝国的攻击时难以得到西方的支援。更糟糕的是，穆拉德二世把 1444 年的混乱归咎于拜占庭人。他的这种观点将很快影响奥斯曼帝国的战略。

瓦尔纳战役之后不久，尽管穆罕默德二世的早期统治是失败的，穆拉德二世还是返回了安纳托利亚。哈利勒帕夏仍

---

① 杜卡特是欧洲历史上很多国家都使用过的一种金币，币值在不同时期、不同地区差别很大。
② 今属保加利亚。

## 3. 苏丹和皇帝

然担任首席大臣，但对穆罕默德二世影响更大的是他的两位重臣：宦官总管谢哈布丁帕夏（同时担任欧洲诸行省总督）和一个强有力的前基督徒——扎甘帕夏。这两人都主张把攻打君士坦丁堡的筹划工作继续下去，因为他们知道，觊觎皇位者奥尔汗仍然躲在君士坦丁堡；占领这座城市将巩固穆罕默德二世的统治，并给年轻的苏丹带来无与伦比的个人威望。很显然，甚至在幼年，穆罕默德二世就已经被攻占这座基督教城市、成为罗马帝国继承人的计划深深吸引。在一首诗中，他如此写道："我最热切的愿望是消灭异教徒。"[6]但穆罕默德二世对君士坦丁堡的渴望既是帝国霸业的体现，也带有宗教意义，同时还有一个非伊斯兰教的来源，这一点倒很令人意外。他对亚历山大大帝和尤利乌斯·恺撒的丰功伟绩无比神往。中世纪的波斯和土耳其史诗已经把亚历山大改造成伊斯兰英雄。穆罕默德二世应当从孩提时期就熟知亚历山大的业绩；在宫中，每天他都命人为他朗读罗马作家阿利安①用希腊文写的世界征服者亚历山大的传记。在这些影响之下，他自视拥有两个身份：既是穆斯林的亚历山大，必将征服天下，直至世界边缘；也是征讨异教徒的圣战领袖。他决意逆转世界历史的方向：亚历山大向东征伐，他则要征服西方，给东方和伊斯兰带来荣耀。这是个醉人的梦想，受到

---

① 阿利安（约86或89~约146之后），罗马帝国时期的希腊史学家和哲学家，出身于尼科米底亚，曾在罗马军队服役。在罗马皇帝哈德良在位期间，阿利安曾担任卡帕多细亚总督，并于公元147年担任雅典的执政官。阿利安在退休后专注于文学研究，著有一部描述亚历山大大帝功勋的《远征记》与描述军官尼阿卡斯跟随亚历山大大帝远征印度的著作。

谋臣们的激励；这些谋臣看到，征服的浪潮将对他们的个人晋升大有帮助。

早在 1445 年，早慧的穆罕默德二世就在导师们的支持下开始制订进攻君士坦丁堡的计划。此时他只有 13 岁。哈利勒帕夏对此颇感惊恐。他不赞成年轻苏丹的计划。在 1444 年的乱局之后，他担心新的军事行动会招致更多灾难。奥斯曼帝国虽然地大物博，但由于内战险些崩溃的历史在人们的记忆里还很清晰；而且哈利勒和很多人一样，担心全力进攻君士坦丁堡会促使西方基督教世界联合起来、采取大规模反制措施。他反对战争也有一份私心：他担心，好战的前基督徒们发动新的战争，会损害他自己，以及传统的穆斯林—土耳其贵族的权力。他决定唆使近卫军叛变，借此废黜穆罕默德二世，并请求穆拉德二世返回埃迪尔内，再度掌权。果然，穆拉德二世返回都城时受到了热烈欢迎。高傲而冷漠的年轻苏丹并不受人民和近卫军的爱戴。穆罕默德二世带着他的谋臣隐居到了马尼萨①。这是一个可耻的挫折，他永远不会忘记，更不会原谅。将来有一天，哈利勒将因此丢掉性命。

在穆拉德二世的余生，穆罕默德二世一直生活在父皇的阴影之下，尽管他继续以苏丹自诩。1448 年，他陪伴父皇参加了第二次科索沃战役，匈牙利人在这里做出了最后一次挫败奥斯曼帝国的努力。穆罕默德二世在此接受了战火的洗礼。奥斯曼军队虽然损失很重，但再次取得了一次像瓦尔纳战役一样的决定性胜利，并进一步强化了奥斯曼军队不可战

---

① 在今天的土耳其西部，也是同名省份的首府。

胜的神话。忧郁的悲观情绪开始在西方蔓延。"土耳其人的战术远胜于我们的战术,"近卫军战士米哈伊尔写道,"如果你追击他,他就逃跑;如果他追击你,你是逃不掉的……鞑靼人曾多次击败土耳其人,但基督徒屡战屡败,尤其是在正面交锋中,最主要的原因是他们未能阻止土耳其人包围他们并从侧面进攻。"[7]

穆拉德二世的最后岁月是在埃迪尔内度过的。老苏丹似乎已经对新的军事冒险失去了兴趣,更喜欢和平和稳定,拒绝战争的不确定性。他在世的时候,君士坦丁堡虽然心惊胆战,但还享受着和平;1451 年 2 月,穆拉德二世去世之时,朋友和敌人都同样哀悼他。希腊史学家杜卡斯①宣称:"那些凭借神圣誓言与基督徒签订的协议,他是始终恪守的。他的愤怒都是短暂的。他厌恶战争,热爱和平,因此和平的天父赐给他平静的死亡,而不是让他死于刀剑。"[8]假如这位希腊史学家得知穆拉德二世给他的继承人留下的建议,就一定不会这么满口溢美之词了。15 世纪 40 年代拜占庭对奥斯曼帝国内战的干涉让穆拉德二世确信,只要君士坦丁堡还是奥斯曼帝国境内的一块基督教飞地,帝国就永远不能稳固。"他给卓越的继承者留下的遗产是,"奥斯曼史学家萨阿德丁②写道,"树立起圣战的大旗,目标是占领那座城市……

---

① 杜卡斯(约 1400~1462),拜占庭史学家。他对拜占庭帝国最后几十年以及君士坦丁堡陷落的记载是这段历史最重要的史料之一。他坚决主张拜占庭与西方联合。

② 即霍加·萨阿德丁·埃芬迪(1536 或 1537~1599),奥斯曼帝国学者、官员与史学家。他曾是苏丹穆拉德三世年幼时的教师,著有奥斯曼帝国历史《历史的皇冠》。

有了那城市，他就能保护伊斯兰人民的繁荣，打断可悲的异教徒的脊梁。"[9]

苏丹的驾崩对奥斯曼国家来说永远是个危险时刻。根据传统，而且为了阻止任何武装反叛，苏丹驾崩的消息被严格保密。穆拉德二世还有一个儿子，一个叫小艾哈迈德的婴儿，他对穆罕默德二世的继承没有直接威胁，但觊觎皇位者奥尔汗还在君士坦丁堡，而且穆罕默德二世并不受民众欢迎。苏丹驾崩的消息被装在密封的信封内，快马加鞭地送给穆罕默德二世。哈利勒在这封信中建议穆罕默德二世不要耽搁，务必火速抵达埃迪尔内，任何延误都有可能导致叛乱。根据传说，穆罕默德二世收到信后立即命人备马，并向侍从们说道："爱我的人，都跟我来。"在家丁家将的陪伴下，他仅花了两天时间就渡海抵达了加里波利。他纵马穿过大平原前往埃迪尔内的路上遇见了一大群官员、维齐尔、毛拉、总督和平民，这些人前来恭迎他的驾到，这种风俗可以一直追溯到突厥部落在亚洲大草原的时候。欢迎的人群离穆罕默德二世的队伍还有 1 英里时，就下了马，在一片死寂中徒步走向他们的新主子。离穆罕默德二世的队伍还有半英里时，人群开始号啕大哭，哀悼驾崩的老苏丹。穆罕默德二世和他的侍从们跳下马，加入了哭丧的人群。冬季的土地上回荡着悲戚的哭喊。主要官员向新苏丹鞠躬，然后所有人重新上马，继续向皇宫前进。

次日，文武百官正式觐见新苏丹。这是个气氛紧张的场合，老苏丹的维齐尔们将听候命运的发落。穆罕默德二世端坐在宝座上，两侧站立着深受信赖的谋臣们。哈利勒帕夏躲

## 3. 苏丹和皇帝

在后面，等着看穆罕默德二世会如何决断。少年苏丹说道："我父皇的维齐尔们为何不上前？叫他们近前来，让哈利勒到他惯常的位置上去。"[10]哈利勒恢复了首席大臣的职位。这是穆罕默德二世的典型决策：先维持原状，同时暗自酝酿计划，等待时机。

新苏丹年仅 19 岁，既满怀自信，又踌躇徘徊；既野心勃勃，又生性内敛。他的幼年经历显然对他影响极大。他很可能在非常幼小的时候就与母亲分离，主要凭借运气才在奥斯曼宫廷的阴暗世界里生存下来。甚至在年轻的时候，他也深藏不露，对他人疑心很重；他独立、傲慢、缺乏人的温情，而且野心极大。他的性格充满了矛盾，错综复杂。后来文艺复兴时期的欧洲人将他描绘为极度残忍和心理变态的怪物，他也的确是个秉性矛盾重重的人。他精明机敏，英勇无畏，极其冲动，诡计多端，擅长欺骗，有时是个残忍的暴君，有时却能做出令人意外的善举。他喜怒无常，无法预测；他是个双性恋，不肯与任何人结成亲密关系；他睚眦必报，但因为开创了很多虔诚的慈善事业而深受爱戴。他的性格已经成熟，一些关键特征显露出来：既是暴君，也是学者；既是热衷战争的军事战略家，也热爱波斯诗歌和园艺；既是后勤管理和实践筹划工作的专家，又极端迷信，需要宫廷星相家来帮他作军事上的抉择；虽然是伊斯兰的战士，但对非穆斯林臣民也慷慨仁慈；他还喜欢与外国人和离经叛道的宗教思想家做伴。

他一生不同阶段绘制的几幅肖像很可能是奥斯曼帝国苏丹画像中最早的一批。从这些肖像可以看出一些一贯的特征：鹰隼一般的侧脸轮廓，鹰钩鼻突出在颇富肉感的嘴唇上方，

"如同鹦鹉的喙停歇在樱桃上"[11]（这是一位奥斯曼诗人写下的令人难忘的诗句），突出的下巴上覆盖着微红的胡须。在一幅风格化的细密画上，他用戴着珠宝的手指捏着一朵完整无缺的玫瑰，轻柔地将它拿到自己鼻子前。这是常规的表现手法，把苏丹描绘为审美家、园艺爱好者和波斯四行诗作者，但画中的苏丹目光凝滞，似乎在眺望世界的尽头。在其他壮年时期的肖像中，他脖颈粗壮，非常富态；在贝利尼①创作的那副著名的晚期肖像（它今天悬挂在伦敦的国家画廊）中，他神色严峻、面带病容。所有这些画像都包含一份沉着的威严，因为他是"真主在人间的影子"，自然而然地掌控大权，世界自然而然地就在他手中，因此这算不得傲慢。但画中也有一种冷森森的忧郁，让人想起他冰冷而险象环生的童年岁月。

意大利人贾科莫·德·兰古斯琪对年纪轻轻就性格复杂的穆罕默德二世作了一番生动的描绘，与这些画像相得益彰：

> 统治者苏丹穆罕默德贝伊非常年轻……身材强健，体格魁梧，精通武艺，令人生畏的相貌难以让人心生敬意，很少有笑意，极其小心谨慎，非常慷慨大方，执行自己的计划时无比执拗，在所有事业中都大胆无畏，像马其顿的亚历山大一样渴望荣耀。每天他都让人朗读罗马和其他国家的历史著作给他听。他会说三种语言：土耳其语、希腊

---

① 真蒂莱·贝利尼（1429~1507），文艺复兴时期的威尼斯艺术家，以其关于宗教的画作而闻名。他曾在拜占庭帝国宫廷中工作过3年。1479~1481年，他为奥斯曼苏丹穆罕默德二世画像。这幅画在19世纪被修复；画家的姓名是后来被写上去的，因此无法确定原画家就是真蒂莱·贝利尼本人。

语和斯拉夫语。他努力学习意大利的地理……了解教皇和
神圣罗马皇帝居于何处，以及欧洲有多少王国。他拥有一
副欧洲地图，上面标注了各个国家和省份。他最热衷和喜
爱的是世界地理和军事。他渴望统领天下；他审时度势，
非常精明。我们基督徒要对付的就是这样一个人……他
说，三十年河东，三十年河西；他宣布，他将从东方进军
西方，就像西方人曾经向东方进军一样。他说，世界上应
当只有一个帝国、一个信仰和一个君主。[12]

这生动鲜明地显示了穆罕默德二世的雄心壮志：他要举
着伊斯兰的旗帜进入欧洲，逆转历史的大潮。但在他登基时，
西方人总体来说还不了解他的野心和智慧。他们看到的只是
一个乳臭未干、毫无经验的青年，其早年的统治以耻辱告终。

穆罕默德二世登基前两年，君士坦丁堡也迎来了一位新
皇帝，尽管具体的情况大不相同。注定要在即将拉开大幕的
斗争中与穆罕默德二世对抗的那个人与建城者同名——迷信
的拜占庭人会很快注意到这一点。君士坦丁十一世是自 1261
年以来帕里奥洛格斯皇朝的第八位皇帝。这个皇族是靠篡权
上台的，在他们统治期间，拜占庭帝国不可阻挡地坠入混乱
和纷争之中。皇帝本人具有非常典型的多民族背景。他说希
腊语，但很难说他是希腊人：他的母亲是塞尔维亚人，君士
坦丁十一世使用了她的娘家姓——德拉伽塞斯；他的父亲有
一半的意大利血统。像所有拜占庭人一样，他自称为罗马人，
并用先辈们骄傲而古老的头衔自诩："君士坦丁·帕里奥洛格
斯，信奉基督的真正皇帝、罗马人的君主。"

君士坦丁十一世签名

这是个空洞的礼仪称号，但日渐衰落的拜占庭人就是这样对仪式和礼节体系死死抱住不放。皇帝属下有一位海军司令，但没有舰队；有一位陆军总司令，士兵却屈指可数。在宫廷的微型世界里，达官显贵们拼命争抢夸张得可笑的庄严头衔，比如内廷总管大臣、大法官或御橱总管。君士坦丁十一世的确是一位没有权力的皇帝。他的帝国疆域已经缩减到只有都城和周围郊区、少数几个岛屿以及伯罗奔尼撒半岛的若干领地。希腊人非常有诗意地将伯罗奔尼撒半岛称为摩里亚，即"桑树叶"。这座半岛的丝绸生产很有名，它的形状也很像蚕的食物。

君士坦丁十一世的皇冠并不值得羡慕。他继承的是破产的国家财政、热衷内战的皇室、被宗教狂热分裂的城市和赤贫而动荡不安的贫民阶层。帝国是皇族内部自相残杀的毒蛇坑。1442 年，他的兄弟德米特里引领奥斯曼军队进逼城市。拜占庭帝国作为奥斯曼皇帝的附庸苟延残喘，随时都可能遭到奥斯曼人的围攻。君士坦丁十一世个人的权威也并不十分稳固：他于 1449 年的登基有些不合常规。他是在伯罗奔尼撒半岛的米斯特拉斯①登基的——这对一位皇帝来说是十分

———————————

① 伯罗奔尼撒半岛南部城市，十字军曾在此建有城堡。

不寻常的——后来也从没有在圣索菲亚大教堂加冕过。拜占庭人不得不请求穆拉德二世批准他们的新皇帝即位，却没钱送皇帝回家。他不得不忍辱负重，哀求一艘加泰罗尼亚船只送他到都城。

1449 年 3 月，他返回了君士坦丁堡；对于都城当时的情况，没有同时期的记载流传下来。年代较早的一份意大利地图显示，君士坦丁堡城内有很多空地，而在金角湾对岸，热那亚的贸易殖民地加拉塔（或称佩拉）却一派欣欣向荣之景。旅行家贝特朗东·德·拉·布罗基里埃称："那是一座很大的城镇，居住着希腊人、犹太人和热那亚人。"[13] 他说加拉塔是他见过的最美丽的港口。这位法兰西骑士认为君士坦丁堡颇具魅力，但破烂潦倒。教堂建筑群还是震撼人心的，尤其是圣索菲亚大教堂，他在那里参观了"圣劳伦斯①在上面被烤死的烤架，以及一块形似脸盆架的巨石，据说天使在去毁灭索多玛与蛾摩拉的路上时，亚伯拉罕曾经在这块石头上请天使吃饭"。查士丁尼皇帝的骑马像（布罗基里埃误以为那是君士坦丁大帝的像）依然矗立："他左手执掌权杖，右手指向亚洲的土耳其和通往耶路撒冷之路的方向，似乎在显示，那片土地也是他的领地。"但真相是再明白不过的：拜占庭皇帝在自己家里也做不了主。

---

① 圣劳伦斯（？～258），罗马殉道士。在教皇圣西克斯图斯二世时期，他是罗马的七个助祭之一。在罗马皇帝瓦莱里安迫害基督教、处死圣西克斯图斯二世后，罗马当局要劳伦斯把各教堂的财富交给国家。他反而把钱散发给穷人，为此被判死刑。他临刑前的大无畏精神感召了许多人改信基督教。根据一种传说，他是被放在烤架上烤死的，他对刽子手们说："我的那一侧烤好了，把我翻过来，吃掉。"

　　这座城市里到处是来自五湖四海的商旅，其中最强大的是威尼斯人，他们有自己的市政官来管理自己的全部事务，完全独立于皇帝及其大臣。土耳其人也设立了一名官员来监管他们的贸易，和威尼斯人的市政官一样，也是独立于皇帝司法权的。他们甚至拥有这样的特权：如果他们的一名奴隶逃走，躲在城内，他们可以要求皇帝将逃奴交出，皇帝必须服从。皇帝在很大程度上屈从于土耳其苏丹，因为我听说，他每年要向苏丹缴纳1万杜卡特的贡金。

　　德·拉·布罗基里埃注意到，城内到处是往昔辉煌的遗迹，最显眼的就是赛马场的三座空空如也的大理石基座："基座上曾经矗立的三匹镀金骏马像目前在威尼斯。"奥斯曼军队兵临城下似乎已经只是时间问题，老百姓很可能会主动开门献城。1430年，塞萨洛尼基①拒绝向穆拉德二世俯首称臣，奥斯曼军队仅花了三个小时就冲上了城墙，随后对这座城市蹂躏和洗劫达三天之久；7000名妇女儿童被贩卖为奴。这对君士坦丁堡人是一个严重的警告。

　　我们对君士坦丁十一世的相貌知之甚少。雕像上他的面部几乎是一片空白。他似乎继承了父皇曼努埃尔二世的端正面貌和仪态，但当时帝国内外交困，不曾雇佣艺术家为新皇帝留影。黄金国玺上的鹰隼般的清瘦头像也过于简略，不能说明什么。但各方面的记载对他的性格有着一致的描摹。在

————————————

① 又称萨洛尼卡，希腊马其顿地区海港城市。

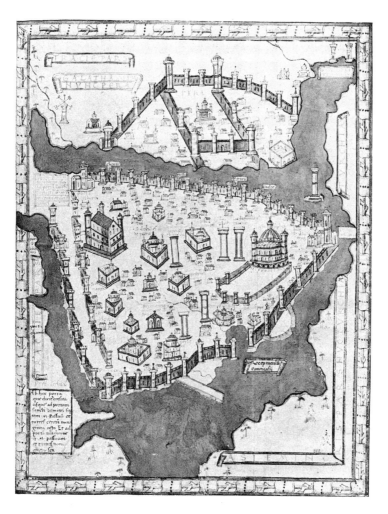

一幅关于君士坦丁堡 15 世纪初面貌的意大利地图，

描绘了陆墙外面巨大的护城河，图的上方是加拉塔

曼努埃尔二世的所有儿子当中，君士坦丁十一世是最精明强干和值得信赖的，"慈悲为怀，全无恶意"[14]，果断坚定、勇敢无畏，非常爱国。与他那些热衷于争吵、毫无原则的兄弟们不同，君士坦丁十一世非常坦诚直率；他似乎有一种魅力让身边的人都对他忠心耿耿。各方面的观察者都同意，他是个擅长行动的人，而不是一个技艺高超的管理者或有深度的思想家；他精通骑术和兵法，勇敢而有进取心。最重要的是，他面对挫折也坚忍不拔。他对拜占庭的遗产具有强烈的责任感，一生都在努力挽救摇摇欲坠的帝国。

君士坦丁十一世比穆罕默德二世年长 27 岁，于 1405 年出生在君士坦丁堡。从其幼年经历来看，他应当对都城的困境心知肚明，不抱多少幻想。1422 年，他 17 岁时经历了穆拉德二世对城市的围攻；次年，他的兄长约翰八世周游基督教列国，请求它们支援拜占庭的事业（这样的求援努力做过多次，但都徒劳无益），在此期间，他被任命为摄政王。1449 年，他登基之时，已经 44 岁，经历了 20 年的戎马生涯。这段战争岁月的大部分时间里，他都在努力恢复拜占庭对伯罗奔尼撒半岛的控制，有胜有败。到 1430 年，他肃清了外国人在半岛上建立的大部分小王国；15 世纪 40 年代，作为摩里亚的统治者，他将伯罗奔尼撒的疆域推进到了希腊北部。对穆拉德二世来说，他一直是个刺儿头，一个桀骜不驯、需要好好教训的附庸。1446 年，在瓦尔纳的十字军战役失败后，奥斯曼帝国做出了决定性的严惩。一支奥斯曼军队横扫摩里亚，将乡村彻底摧毁，将 6 万名希腊人贩卖为奴。君士坦丁被迫签订一项丧权辱国的停战协定，向苏丹俯首称臣，并缴纳沉

重的贡税。在希腊重振拜占庭帝国的事业失败了，他的三个
兄弟德米特里、托马斯和西奥多要么自私自利、卖国求荣，
要么耽于争吵、优柔寡断，设法阻挠挽救帝国残余部分的事
业；他却截然不同，仍然表现出昂扬的斗志、更高一筹的军
事技巧和坦诚直率的性格。他们的母后海伦娜坚决支持君士
坦丁对皇位的继承权：只有他有资格继承这份遗产。

**君士坦丁十一世的徽章**

根据后来的拜占庭传说，君士坦丁十一世命途多舛。他
在摩里亚的军事冒险虽然用意良好而且大胆无畏，但运气非
常糟糕。在瓦尔纳的惨败之后，威尼斯舰队返航回乡，热那
亚人没有兑现诺言前来援助，他仍然孤军奋战。但他的坚持
不懈给希腊人民带来了相当大的苦难。他的私人生活同样不
幸。他的第一位妻子于 1429 年去世，没有留下一男半女；第
二位妻子于 1442 年去世。15 世纪 40 年代末期，他多次努力
与外国王室联姻，希望借此支撑起破碎的帝国，并有一位继

承人延续皇族的香火。但在穆罕默德二世登基前夕政治气候高度紧张的情况下，他的所有努力都以失败告终。

    1451 年 2 月，穆罕默德二世住进了埃迪尔内的皇宫。他的第一个行动令人震惊，也极其果断。穆拉德二世驾崩后留下了一个尚在襁褓中的儿子小艾哈迈德，即穆罕默德二世的异母弟。几天后，小艾哈迈德的母亲正式觐见新苏丹，表达对他父皇去世的缅怀。穆罕默德二世派遣一名宠臣阿里贝伊到后宫去，将小艾哈迈德溺死在浴缸内。第二天，他以谋杀罪将阿里贝伊处决，然后把那位伤心欲绝的母亲嫁给了一位贵族。这个残忍而精明的举动将奥斯曼宫廷的权力斗争推向了符合逻辑的结论：只有一个人能统治；为了避免分裂和内战，只有一个皇子能存活。对奥斯曼人来说，这比令拜占庭衰败不堪的无休无止的内战要强得多。穆罕默德二世一下子就澄清了奥斯曼帝国皇位继承的规则，后来还把这个兄弟相残的手段写进了法律："我的儿子中不论谁继承了苏丹皇位，为了世界秩序的利益考虑，他都应将他的兄弟处死。大多数法学家都对此表示认可。今后将按此执行。"[15] 从此以后，每位新苏丹登基之时，都将大开杀戒。这种残酷手段在 1595 年穆罕默德三世登基时达到了顶峰，当时这位新苏丹的十九位兄弟全部被处死。尽管如此，这种兄弟相残的法律未能阻止内战的爆发：受威胁的皇子们常常会先发制人地采取行动，穆罕默德二世本人就将受到这种悲剧的摧残。君士坦丁堡人应当从小艾哈迈德之死了解到穆罕默德二世的本性，但他们似乎并没有认识到这一点。

## 4. 割断喉咙

### 1451 年 2 月 ~ 1452 年 11 月

博斯普鲁斯海峡用一把钥匙开启和封闭两个世界、两片大海。[1]

——皮埃尔·吉勒①，16 世纪法兰西学者

穆拉德二世的去世让整个西方世界长舒了一口气。在威尼斯、罗马、热那亚和巴黎，人们都过于轻信意大利人弗朗切斯科·菲莱尔福在穆拉德二世驾崩一个月后写给法兰西国王查理七世的信中的描述：穆罕默德二世年幼无知、缺乏经验、头脑简单。菲莱尔福得出的结论是，发动决定性的军事行动，将奥斯曼人"这群腐化败坏的奴隶"[2]彻底逐出欧洲的时机业已成熟。欧洲君主们或许对他的这个结论不是很感

---

① 皮埃尔·吉勒（1490~1555），法兰西自然科学家、翻译家和测绘学家。他曾游历地中海和东方，1544~1547 年曾在君士坦丁堡寻找古代手稿。

兴趣。1444年在瓦尔纳的血腥惨败已经完全败坏了欧洲人在近期发动十字军东征的胃口。欧洲君主们对乳臭未干的穆罕默德二世登基表示欢迎，却不知这预示着怎样的灾难。

更熟悉苏丹的人就乐观不起来了。穆拉德二世去世时，君士坦丁十一世最信赖的大使乔治·斯弗朗齐斯①已经从格鲁吉亚国王的宫廷出发，正要穿过黑海去拜见特拉布宗②皇帝。他在进行一连串无休止的外交活动，希望为鳏夫君士坦丁十一世寻找一门合适的亲事，借此改善他内外交困的处境、获得一名继承人，同时获取一笔嫁妆来填充他的金库。在特拉布宗，皇帝约翰·科穆宁欢欣鼓舞地将穆罕默德二世登基的消息告诉了斯弗朗齐斯："来吧，大使阁下，我有喜讯与您分享。您一定要祝贺我。"斯弗朗齐斯的回应令人震惊："这消息让我万分悲痛，就好像听到了我最亲近的人的死讯，我哑口无言地站在那里。最后，我颇为沮丧地说：'陛下，这消息没有带来任何喜悦；恰恰相反，它令人万般悲痛。'"随后斯弗朗齐斯阐述了他对穆罕默德二世的了解：新苏丹"自幼就是基督徒的死敌"[3]，热衷于攻打君士坦丁堡。另外，君士坦丁十一世缺少资金，需要维持一段时间的

---

① 乔治·斯弗朗齐斯（1401～约1478），拜占庭晚期史学家和官员，亲身经历了君士坦丁堡的陷落，他撰写的关于这段时期拜占庭历史的著作具有极高的史料价值。

② 特拉布宗是从拜占庭帝国分裂出的三个帝国之一，创立于1204年4月，持续了257年。特拉布宗帝国的第一代君主阿列克赛一世是拜占庭帝国科穆宁皇朝最后一位皇帝安德罗尼库斯一世的孙子，他在第四次十字军东征时预见十字军将攻取君士坦丁堡，便占据特拉布宗独立建国。在地理上，特拉布宗的版图从未超过黑海南岸地区。1461年，奥斯曼帝国苏丹穆罕默德二世消灭了特拉布宗。

和平稳定，以挽救城市的财政。

君士坦丁堡方面匆匆派出使节前往埃迪尔内，向年轻的苏丹致意并寻求安全的保障。使节们受到的接待让他们又惊又喜。穆罕默德二世非常通情达理。据说，他以先知、《古兰经》"和天使与诸大天使的名义起誓，他将与君士坦丁堡和君士坦丁十一世皇帝永结盟好"[4]。他甚至从斯特鲁马下游河谷一些希腊城镇的税收中抽出一部分，作为年金赠给拜占庭人，尽管这些地区在法律上属于觊觎皇位的奥尔汗王子。这些金钱将用来供养仍然被扣押在君士坦丁堡的奥尔汗。

纷至沓来的使节们都得到了和平的保证。9 月，在埃迪尔内有商业利益的威尼斯人与穆罕默德二世再次缔结和约；同时，奥斯曼人将塞尔维亚君主杜拉德·布兰科维奇的女儿（她先前嫁给了穆拉德二世）以及一些城镇归还给了他，对他做了一番安抚。穆罕默德二世还请求布兰科维奇牵线搭桥，与匈牙利人缔结和约。匈牙利的卓越领袖匈雅提·亚诺什摄政王是基督教欧洲对奥斯曼帝国的最大威胁。匈雅提需要粉碎匈牙利国内的一些阴谋，因此很乐意与苏丹缔结为期三年的和约。加拉塔的热那亚人，希俄斯岛①、莱斯博斯岛和罗得岛的诸领主，以及特拉布宗、瓦拉几亚②和拉古萨③（杜布罗夫尼克）派出的使节都得到了和平的保障，而且条

---

① 爱琴海的一个岛屿，距土耳其西岸仅 8000 米。有种说法称，盲诗人荷马就出生在这里。

② 在中世纪位于欧洲东南部巴尔干半岛的历史地区，位置大约在今日的罗马尼亚东南部。当时是奥斯曼帝国的附庸。

③ 1358~1808 年的一个城邦共和国，以杜布罗夫尼克城为核心，是奥斯曼帝国的附庸国。

件合情合理。到 1451 年秋季，西方世界已经普遍认为，穆罕默德二世被他的温和的维齐尔——哈利勒帕夏牢牢掌控在手心里，对任何人都不会构成威胁。在君士坦丁堡，很多不像斯弗朗齐斯那么谨慎或者有经验的人似乎也同样被蒙蔽了。基督教世界的君主们都乐于相信，一切正常。穆罕默德二世非常小心地隐藏着自己的真实意图。

并不是只有基督徒误读了穆罕默德二世的人格力量。1451 年秋季，难以驾驭的卡拉曼贝伊再次试图从奥斯曼帝国控制下夺回安纳托利亚西部的领土。他占领了一些要塞，重新任命了部族领袖，并入侵奥斯曼帝国。穆罕默德二世派遣将领去镇压此次叛乱，在埃迪尔内缔结了各项和约后，亲临前线，当即产生了极大影响。叛乱被迅速粉碎，穆罕默德二世班师回朝。在布尔萨，他遇到了新一轮的挑战，这一次闹事的是他自己的近卫军。"他们站在道路两侧，全副武装，站成两排，向他呼喊：'这是我们的苏丹的第一次战役，他应当按惯例赏赐我们。'在这样的局面下，他不得不让步。十麻袋的钱币被分发给哗变的士兵。但对穆罕默德二世来说，这是一场关系重大的意志的考验，他决心非赢不可。几天后，他召集了近卫军统领，对他严词斥责，削去他的官职；多名军官遭到类似的惩罚。"[5] 这是穆罕默德二世经历的第二次反叛。他认识到，如果要成功占领君士坦丁堡，首先必须保证近卫军的绝对忠诚。于是他对近卫军进行了改组；他将自己的 7000 名亲兵补充到近卫军队伍里，并任命了一位新统领。

就在此时，君士坦丁十一世和他的谋臣们开始了他们自己的行动，这恰恰说明他们对穆罕默德二世的理解是多么贫乏。除苏丹本人之外唯一对奥斯曼皇位提出要求的人——奥尔汗王子住在君士坦丁堡，供养他所需的经费来自夏季与苏丹商定的税收。拜占庭人派遣大使去布尔萨与哈利勒会面，提出了一个专断的要求：

> 罗马人的皇帝不接受 30 万阿斯普尔①的年金。因为，与阁下的主公同为奥斯曼后裔的奥尔汗现已成年。每天都有很多人来到他身边，奉他为主公和领袖。他本人没有财力对追随者慷慨赏赐，因此他请求皇帝帮助。但皇帝也缺乏资金，无法满足这些要求。因此我们有两个请求供您选择：将年金翻倍；否则我们就将释放奥尔汗。[6]

言外之意是再清楚不过的：如果年轻的苏丹不肯掏腰包，就将有一个皇位竞争者自由活动，在奥斯曼帝国煽动内战。

这是一个经典的计谋。在拜占庭历史上，对邻国的王朝继承权之争加以利用一直是拜占庭外交政策的基石。这项政策常常能够弥补军事上的弱势，但拜占庭因此得到了阴险狡诈的恶名，这个臭名不值得羡慕也无人可比。在君士坦丁十一世的父亲曼努埃尔二世在位期间，奥斯曼人就已经吃过这条计谋的亏，当时曼努埃尔二世狡狯地推动奥斯曼帝国的内战，导致奥斯曼帝国险些垮台，穆罕默德二世对此事是非常

---

① 当时拜占庭的一种金币，单数称"阿斯普隆"，复数称"阿斯普尔"。

清楚的。君士坦丁十一世显然把奥尔汗看作一张王牌（或许也是他的最后一张牌），决定对其善加利用。在当时的局势下，这是个弥天大错，也几乎是无法解释的，因为宫中毕竟还有斯弗朗齐斯这样经验丰富、对奥斯曼宫廷政治相当了解的外交官。或许，君士坦丁十一世如此决断，主要是因为帝国财政已经山穷水尽，而不是因为他真的指望能够借此煽动奥斯曼帝国内部的争斗。无论如何，这使得奥斯曼宫廷的主战派更加坚信，必须占领君士坦丁堡。拜占庭人的这个提议几乎是刻意要破坏哈利勒维持和平的努力，并且危及了哈利勒自己的地位。年迈的维齐尔大发雷霆：

你们这些愚蠢的希腊人，你们的刁滑已经让我受够了。已故的苏丹对你们宽大为怀，是你们的真诚朋友。现在的苏丹可不是那样的。如果君士坦丁十一世目前还没有被苏丹大胆而威严的铁手抓住，那仅仅是因为真主仍然对你们的奸诈和邪恶计划视而不见。你们如果以为凭借这些妄想就能吓倒我们，只能说明你们自己的愚蠢。况且我们最近缔结的和约墨迹未干。我们可不是没有力量或者没有理智的孩童。如果你们自认为能耍什么把戏，就去耍吧。如果你们想在色雷斯推举奥尔汗为苏丹，悉听尊便。如果你们想把匈牙利人带过多瑙河，就让他们尽管来好了。如果你们想收复早就丢失的领地，那就尽管尝试吧。但一定要知道：你们在这些事情上都不会取得任何进展，只会丢掉现在还有的那么一点点东西。[7]

## 4. 割断喉咙

穆罕默德二世听到拜占庭人的提议时面无表情。他"和蔼可亲"地让使臣离去,许诺在返回埃迪尔内之后会斟酌此事。君士坦丁十一世给了他一个非常珍贵的撕毁和约的借口,时机成熟时就可以使用。

在返回埃迪尔内的途中,穆罕默德二世发现,根本无法像他预想的那样渡海前往加里波利。达达尼尔海峡被意大利船只封锁了。于是,他沿着博斯普鲁斯海峡北上,来到安纳托利亚堡垒。他的曾祖父巴耶济德一世在 1395 年攻打君士坦丁堡的时候建造了这座要塞。在这里,分隔亚洲和欧洲的海峡只有 700 码宽,是渡过海流汹涌、险象环生的海峡的最佳地点,2000 年前的古代波斯国王大流士对此了然于胸,曾在此处用船只连接作为桥梁,让他的 70 万大军通过。穆罕默德二世的小型舰队在海峡上来回穿梭,将士兵运往欧洲时,他的足智多谋的头脑审视着博斯普鲁斯海峡,似乎已经有了几个结论。海峡对奥斯曼军队来说是个脆弱地域:如果不能保障欧亚之间的通航,就不可能稳固地统治这两大洲;同时,如果他能控制博斯普鲁斯海峡,就能切断从黑海上的希腊殖民地通往君士坦丁堡的粮食和援兵补给线,并剥夺该城从航运获得的海关税收。他设想在欧洲海岸、属于拜占庭人的土地上建造第二座要塞,以控制海峡,"封锁异教徒船只的航道"[8]。同时他很可能也认识到,必须建立一支强大的舰队,以对抗占据海上优势的基督徒。

返回埃迪尔内之后,他立刻开始处置拜占庭人提出的最后通牒,没收斯特鲁马河城镇的税收(这些款项原定用于供养奥尔汗),并将希腊人从这一地区逐出。君士坦丁十一

81

世或许已经能感到压力越来越大。他于 1451 年派遣一名使节前往意大利，此人先去了威尼斯，希望能从威尼斯人的殖民地克里特招募弓箭手；然后使节又去了罗马，给教皇送去书信。君士坦丁十一世很有可能仍然希望能够对新苏丹发起积极主动的攻势。他发送给意大利各城邦的信件中并没有显现出形势已经十万火急。

1451 年的冬天快到了，穆罕默德二世在埃迪尔内一刻不停地制订计划。他身边聚集着一大群西方人，尤其是意大利人。他和他们讨论古典时代的伟大英雄亚历山大和恺撒，这两人是他为自己选定的榜样。他对秋季发生在布尔萨的近卫军哗变还记忆犹新，于是对军队和政府机构作了进一步改革。他为某些行省任命了新的总督，增加了皇宫卫队的军饷，并开始储存武器装备和给养。他可能还启动了造船的计划。同时，建造新要塞的计划也在他脑中渐渐成形。第二年春天，他从帝国的各个行省征募了成千上万的石匠、劳工和烧窑工人，并安排建材——"石料、木材、铁和所有有用的物资"[9]——的收集和运输……"用来在君士坦丁堡以北的神圣河口建造一座新城堡"[10]，也就是已经废弃的圣米迦勒教堂附近。

苏丹大兴土木的命令迅速传到了君士坦丁堡、黑海上的希腊殖民地以及爱琴海诸岛屿。人们陷入深深的悲观情绪之中；他们又记起了关于世界末日的预言："现在你们能看得到我们国家的毁灭迫在眉睫的征兆。敌基督的日子已经降临。我们将会有怎样的遭遇？我们该怎么办？"[11]君士坦丁堡的教堂内，人们焦急地祈祷，希望上帝能拯救他们的城市。1451 年底，君士坦丁十一世又派遣了一名使节前往威尼斯，带去了更紧急的消息：苏丹正在集结大军，准备攻打君士坦丁堡，如果得不到援救，它必死无疑。威尼斯元老院以自己的议事速度做了斟酌，于 1452 年 2 月 14 日给出了答复。威尼斯人的回应是非常典型的小心谨慎；他们可不想影响自己在奥斯曼帝国的商业利益。他们建议拜占庭人去寻求其他国家的合作，而不是仅仅依赖威尼斯人；但他们的确批准向君士坦丁十一世提供他索要的火药和胸甲。与此同时，君士坦丁十一世别无选择，只能与穆罕默德二世直接对话。他的使臣再次翻越色雷斯的群山，去觐见苏丹。使臣指出，穆罕默德二世没有与拜占庭商议就威胁要建造这座新城堡，是在撕毁和约；苏丹的曾祖父在建造安纳托利亚堡垒的时候是征得了拜占庭皇帝同意的，"就像儿子请求父亲一样"[12]。穆罕默德二世的回答简短而到位："一座城市里面的东西是它自己的；它在护城河之外就没有任何管辖权，也不拥有任何东西。如果我要在神圣河口处建造一座要塞，它也没有权力禁止我。"[13]他提醒希腊人，基督徒曾多次阻挠奥斯曼人渡过海峡，并以典型的直率总结道："去告诉你们的皇帝：现在当政的苏丹和他的前任不一样。前任苏丹做不到的事情，现任苏丹可以轻松地即刻完成。前任苏丹不愿意做的事情，现任苏丹是肯定愿意的。再有使臣如此进言，就会被活活剥皮。"[14]苏丹的态度已经非常明确了。

　　3 月中旬，穆罕默德二世从埃迪尔内出发，启动了建造要塞的工程。他先去了加里波利，从那里派遣 6 艘桨帆船和一些较小的战船——"做好了海战的准备，以防万一"[15]，以及 16 艘运载装备的运输驳船。然后他率领陆军走陆路来到预定的地点。整个工程都是他雷厉风行作风的典型写照。穆罕默德二世在后勤工作上的天才保证了人力和物资都能及时到位，并且数量极其庞大，以便在尽可能短的时间内完工。欧洲和亚洲各行省的总督们征集了劳工，前往施工地点。数量庞大的工人——"石匠、木匠、铁匠和烧石灰工人，以及工程所需的其他各种劳动力，完全不缺人手，携带着斧子、铲子、锄头、鹤嘴镐和其他铁制工具"[16]——抵达施工地点，开始干活。笨重的运输驳船将建材从海峡对面运来：石灰和烧石灰用的炉子、安纳托利亚的石料、黑海沿岸森林和伊兹密特①的木材。与此同时，他的桨帆战船在海峡外围巡逻。穆罕默德二世亲自骑马巡视工地，并和两名建筑师（都是前基督徒）一道规划要塞的布局细节："从外围塔楼到主要炮塔和城门的距离，以及其他一切细节，他都在脑子里仔细地计算着。"[17]他可能在前一年冬天就在埃迪尔内对新城堡的设计作了筹划。他监督了地界的划定，并为城堡奠基。工匠们杀死了一些公羊，将羊血与第一层砖石的白垩与砂浆混合，以求得好运。穆罕默德二世非常迷信，受占星术影响极大。有人说，这座城堡的布局形状之所以如此怪异，是因为受了喀巴拉②的影响；或者代表了先知圣名（及穆罕默德二世自己的名字）的阿拉伯文首字母的交织图形。更有可能的情况是，城堡的布局是由博斯普鲁斯海岸陡峭险峻的地形决定的，因为这一带包含"迂回的扭曲处、覆盖

---

① 土耳其西北部城市，是交通枢纽和主要港口。
② 喀巴拉是犹太教神秘主义体系，发展于12世纪。本以口述为传统，主要传述《托拉》的神秘智慧。正统犹太教认为这是异教及泛神论的主张。

茂密树林的海岬、内缩的海湾和弯曲部",并且从海岸到工地最高点的海拔高度足有 200 英尺。[18]

工程于 4 月 15 日(星期六)正式启动,遵循了仔细制定的互相竞争、计件工作的原则。穆罕默德二世恩威并施,奖优罚劣,这也是他的典型做法。全部劳动力,从地位最高的维齐尔到最低贱的搬砖工人,全都行动了起来。城堡有四条边,最重要的三个角上各建有一座强大的塔楼,互相之间由高大雄厚的城墙连接,西南角还建有一座较小的塔楼。建造外层塔楼并为其出资的责任被交给了四位维齐尔——哈利勒、扎甘、谢哈布丁和萨勒贾。苏丹鼓励他们互相竞争,尽快完成各自的任务。当时宫廷内部的权力斗争非常激烈,而且苏丹本人亲临现场,"一刻不肯停歇"[19]地监督他们的工作,因此四位维齐尔都受到了极大的鞭策。穆罕默德二世自己则负责主持修建连接各座塔楼的城墙和较小的塔楼。劳工队伍一共有 6000 多人,包括 2000 名石匠和 4000 名石匠帮工,以及各个工种的其他工匠。整个队伍按照军事原则仔细地分为若干分队。每名石匠都有两名帮工在他身边帮忙,每天建成城墙的长度是有任务指标的。来自帝国各地的监察官负责维持纪律,对工人有着生杀予夺的大权。执法和军事保护由一支有相当规模的军队负责。同时,穆罕默德二世"公开悬赏,鼓励工匠们又快又好地干活"[20]。根据杜卡斯的记载,在这种竞争和恐惧的高度紧张气氛下,甚至贵族们也感到,有必要亲自去搬运石头和石灰给汗流浃背的石匠们,以此鼓舞士气。这里一半像是临时搭建的小型城镇,一半像是巨大的工地。在邻近的废弃的希腊村庄阿索马通,成千上万的帐篷如雨后春笋般冒出；船只在波浪滔天的海峡上来回穿梭。微微燃烧的石灰坑喷吐出浓烟；锤子在暖和的气氛中叮当作响；人们不时高声呼喊。施工昼夜进行，火把一直燃到深夜。被木制脚手架环绕的城墙以惊人的速度拔地而起。在工地周围、博斯普鲁斯海峡沿岸，春天已经降临：在林木茂密的山坡上，紫藤和紫荆树正在吐艳；栗树的花朵像白色的星辰；在宁静的夜色中，当月光照过熠熠发光的海峡时，有夜莺在松树丛中歌唱。

在君士坦丁堡城内，人们目睹奥斯曼人的准备工作，不禁越来越恐慌。前所未闻的奥斯曼舰队出现在海峡上已经让希腊人目瞪口呆。从圣索菲亚大教堂的屋顶和斯芬多恩（赛马场南端未被摧毁的地势较高的部分）的顶端，他们可以瞥见上游6英里处奥斯曼人忙碌的景象。君士坦丁十一世和他的大臣们不知如何是好。穆罕默德二世百般挑衅。在施工早期，奥斯曼工人就开始拆毁城堡附近的一些破败的修道院和教堂，以获取建材。居住在附近的希腊村民和城内的市民仍然把这些地方看作圣地。同时，奥斯曼士兵和工匠开始劫掠他们的田地。夏天一天天过去，庄稼快要成熟，奥斯曼人的这两项挑衅越来越激烈。奥斯曼工匠从被毁的大天使米迦勒教堂拆除石柱，一些市民企图阻止他们，却被俘虏和处死。如果穆罕默德二世是想把君士坦丁十一世引出城来交战，那他就没有得逞。皇帝本人或许想出击，但被说服放弃了。他决定稳妥地解决问题，主动提出给奥斯曼建筑工人送粮，以阻止他们抢劫希腊人的庄稼。穆罕默德二世的回应是鼓励他的部下将牲畜随便放到田地里啃食庄稼，同时不准希腊农民予以阻止。最终，农民们看到自己的庄稼惨遭蹂躏，忍无可忍，把牲畜赶了出去，于是发生了冲突，双方都有人死亡。穆罕默德二世命令他的指挥官卡拉贝伊惩罚肇事的村民。次日，农民们收割庄稼的时候，一队骑兵向他们发动突然袭击，将他们全部杀死。

君士坦丁十一世听到这场屠杀的消息后，将城门封闭，扣押了城内的所有奥斯曼公民，其中包括穆罕默德二世的几名年轻宦官，他们正在游览城市。在被扣押的第三天，宦官们恳求君士坦丁十一世释放他们，声称如果他们不回去的话，他们的主人会生气。他们哀求，要么将他们放走，要么立刻将他们处决，因为回去太晚的话还是会被苏丹处死。君士坦丁十一世回心转意，把这些人释放了。他还派遣了一名使臣，向苏丹呈上了既听天由命又大胆挑衅的书信：

> 既然你舍弃和平，选择战争，我无论用誓言还是恳求都无法让你重新回到和平道路上来，那么就遵循你自己的意愿吧。上帝是我的避难所。如果他已经决意将城市交给你，谁又能反抗他或者阻止这命运呢？如果上帝让你心生和平的意愿，我会很乐意地赞同。目前，既然你已经背弃了我为之起誓的和约，那么就让和约失效吧。从今天起，我将封闭城门。我将竭尽全力，为保卫市民而战。你可以随心所欲，直到公正的最后审判者裁决你我二人。[21]

君士坦丁十一世清楚地表达了自己的决心。穆罕默德二世却将使节处死，并送回简短粗暴的回答："要么开门献城，要么做好战斗准备。"一支奥斯曼军队被派去劫掠城墙外的地域，并劫走牲畜、掳掠人口，但君士坦丁十一世已经将附近村庄的大部分居民以及收割好的庄稼都撤入了城内。奥斯曼史学家们记载称，他还企图贿赂哈利勒，希望促成和平，但这种说法更有可能是哈利勒的政敌的诋毁。从仲夏起，城门一直是关闭的，双方已经处于战争状态。

1452 年 8 月 31 日（星期四），穆罕默德二世的新要塞竣工了，从安放第一块石头到竣工只花了四个半月的时间。新要塞非常庞大，用克利托布罗斯①的话说，"不像是要塞，倒像是一座小城镇"[22]，并且掌控着海峡。奥斯曼人称之为"切断海峡的城堡"或"割喉堡"，但后来它的名字变成了如梅利堡（意思是"欧洲城堡"）。城堡布局大体呈三角形，拥有 4 座大型塔楼和 13 座较小的塔楼，城墙厚达 22 英尺，高 50 英尺；塔楼的屋顶铺有铅皮。这座城堡在当时是建筑学上的一大伟业。穆罕默德二世以惊人的速度协调和完成大型工程的能力将在随后的几个月里持续地让他的对手瞠目结舌。

8 月 28 日，穆罕默德二世率军策马绕过金角湾的顶

---

① 即米海尔·克利托布罗斯（约 1410～1470），希腊政治家、学者和史学家。他在奥斯曼帝国保护下撰写了五卷本的史书，记载奥斯曼帝国的崛起和君士坦丁堡的陷落。他将此书献给穆罕默德二世，在书中对这位君主表示了敬仰，同时哀叹拜占庭的灭亡，但认为这是天意。

角，在君士坦丁堡城下安营扎寨，此时这座城市已经彻底
封闭，阻挡他的前进。他花了三天时间细致入微地观察防
御工事和地形地貌，做了很多笔记和草图，对防御工事的
潜在弱点进行分析。秋天的脚步已经临近，于是他在 9 月
1 日返回埃迪尔内，对自己在夏季的工作非常满意。舰队
也返回了位于加里波利的基地。400 名士兵进驻了割喉堡，
指挥官是菲鲁兹贝伊，他受命扣押所有在海峡上航行的船
只，向其征收过路费。为了加强割喉堡的威慑力，奥斯曼
人还建造了若干火炮，并将其拖曳到城堡处。城垛上安放
了小型火器；还有一个连队的重炮 "像口吐烈火的巨
龙" [23]，被安置在城堡外墙下方的海岸上。这些火炮的位
置和角度不同，因而可以覆盖广阔的攻击范围；它们可以
发射重达 600 磅的巨型石弹，弹道平直、紧贴水面，与过
往的船只齐平，就像石子掠过池塘水面一样。对岸的 "安
纳托利亚城堡" 也配有火炮，于是 "连一只鸟儿也不能自
由地从地中海飞往黑海" [24]。从此时起，无论白天黑夜，
没有一艘船只能够不受检查地通过海峡。奥斯曼史学家萨
阿德丁记载道："就这样，帕迪沙阿（他是世界的避难所）
封锁了那条海峡，切断了敌船的航道，灼烧了懦弱盲目的
拜占庭皇帝的肝脏。" [25]

　　在君士坦丁堡城内，君士坦丁十一世正在集合资源，为
这场看来不可避免的战争做准备，并派遣使节向西方发送越
来越十万火急的求援信。他写信给正在摩里亚的两位兄弟托
马斯和德米特里，请求他们立刻返回都城。他做出了慷慨的
许诺，不论谁来援救，都会得到大片土地的报偿：他为匈牙

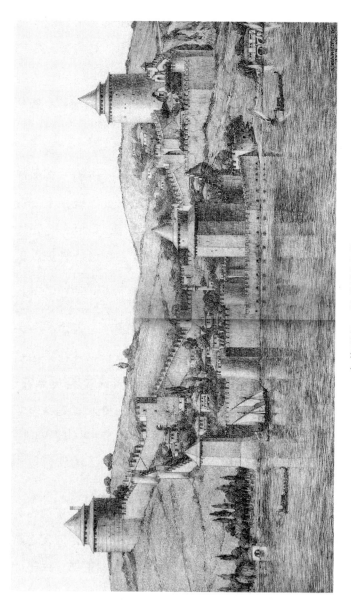

如梅利堡，即"割喉堡"

## 4. 割断喉咙

利的匈雅提提供了黑海沿岸的塞林布里亚或墨森布里亚；他向阿拉贡和那不勒斯国王阿方索①许诺的是利姆诺斯岛。他向希俄斯岛上的热那亚人求援，向杜布罗夫尼克和威尼斯呼救，并再次向教皇求助。实际的援助还没有到来，但基督教欧洲的统治者们很不情愿地意识到，一个可怕的阴影正在笼罩君士坦丁堡。各国通过外交途径做了大量交流。教皇尼古拉五世说服了神圣罗马帝国皇帝弗里德里希三世，让后者在3月份给苏丹发去了措辞严厉（但空洞无物）的最后通牒。那不勒斯国王阿方索向爱琴海派遣了一支拥有10艘船的小舰队，但后来又把它们撤回了。热那亚人在加拉塔和黑海的殖民地也受到了威胁，但他们无力提供实际的帮助。他们命令加拉塔市长，假如君士坦丁堡陷落，务必与穆罕默德二世妥善协商。威尼斯元老院也给他们在地中海东部的指挥官们发出了含糊其辞的指示：他们必须保护基督徒，但同时不能得罪土耳其人。在割喉堡完工前，他们就已经知道，穆罕默德二世威胁了威尼斯在黑海的贸易。很快，威尼斯间谍们就会发回割喉堡及其火炮的详细布局图。威尼斯人对君士坦丁堡的命运非常关注：8月，元老院进行了投票，大部分人都不同意听任君士坦丁堡自生自灭，但未能就更果断的反制措施达成一致。

在埃迪尔内，穆罕默德二世可能是猜测到，或者是从某种途径得知，君士坦丁十一世正向他在摩里亚的兄弟求援，于是迅速采取行动，将其消灭在萌芽状态。1452年10月1

---

① 即阿拉贡国王阿方索五世，同时是那不勒斯国王（称阿方索一世）。

日，他命令年迈的将军图拉汗贝伊进军伯罗奔尼撒半岛，进攻德米特里和托马斯。图拉汗蹂躏了乡村，深入半岛南方，使得那里的拜占庭军队无法驰援君士坦丁堡。同时，从黑海到君士坦丁堡的粮食供应也渐渐枯竭。秋季，拜占庭皇帝向威尼斯派出了新使节。11 月 16 日，威尼斯元老院做出的答复和以往一样含糊，但威尼斯人的注意力很快就被发生在更东方的事件吸引了过去。

到 11 月，在黑海与地中海之间航行的意大利船主们面临着一个两难困境：是向割喉堡缴纳过路费，还是置之不理、甘冒风险？向南的海流很迅猛，南下的船只很有可能快速通过检查站，而不至于被大炮击中。11 月 26 日，一名威尼斯船长安东尼奥·里佐驾驶着粮船（粮食是送往君士坦丁堡的）从黑海南下，驶入博斯普鲁斯海峡。接近割喉堡时，他决定赌一把。岸上的驻军发出警告，命令他落帆停船，但他置之不理，继续前进。一轮炮弹从海面上低低地掠过，其中一枚巨型石弹击中了他的桨帆船的轻型船体，将它打得粉碎。船长和其他 30 名幸存者乘坐小艇登岸，随即遭到逮捕，被戴上镣铐，押往埃迪尔内附近的迪迪莫特孔城，听候苏丹的发落。他们在监狱里煎熬的时候，在君士坦丁堡的威尼斯大使匆匆赶往苏丹皇宫，请求饶恕这些水手。他来得太晚了。穆罕默德二世已经决定严惩这些威尼斯人，以儆效尤。大多数人被斩首。里佐则被"一根尖木桩插入肛门"。然后所有的尸体都被抛弃在迪迪莫特孔城墙外，作为警示。"几天后，我去那里时看见了他们的尸体，"[26] 希腊史学家杜卡斯回忆道。少数水手被送回君士坦丁堡，以确保那里的人们都听闻了这个恐怖的故事。此外还有一个人活了下来：穆罕默德二世对里佐的书记的儿子很喜爱，将这个男孩送入了后宫。

这个野蛮行径收到了苏丹所希望的效果。君士坦丁堡的民众当即陷入了极大的恐慌。同时，尽管君士坦丁十一世发出了很多求援的呼声，西方还是没有任何联合一致发起救援的迹象。只有教皇能够超越欧洲山头林立的商业利益以及各王室间的宿怨和战争，以基督教世界的名义发出求救，但天主教教廷本身与东正教教会之间有着历史悠久、盘根错节的纷争，这给所有的求援行动都投下了阴影。这将严重影响君士坦丁十一世组织有效防御的努力。

## 5. 黑暗的教堂
## 1452 年 11 月 ~ 1453 年 2 月

让一个国家受伊斯兰教统治，远胜于让它落到不肯承认天主教会权力的基督徒手中。[1]

——教皇格列高利七世，1073 年

逃离天主教派，就像逃离毒蛇和火焰一般。[2]

——圣马可·尤金尼克斯①，15 世纪希腊东
正教的神学家

君士坦丁十一世从西方获得援助和有效地组织城防的主要困难可以上溯到将近 400 年前一个夏天发生的戏剧性事件，尽管它的真正原因甚至更为古老。

---

① 即以弗所的马可（1392 ~ 1444），希腊以弗所的大主教。他认为西方天主教会是异端，坚决反对与西方联合。他是佛罗伦萨会议上唯一一个拒绝签字的东正教代表。东正教会尊崇他为圣徒。

## 5. 黑暗的教堂

　　1054 年 7 月 16 日，下午 3 点左右，圣索菲亚大教堂内，当教士们在准备下午的礼拜仪式时，三名高级教士身着全套圣服，从西面的一扇大门走进了教堂，刻意地走向祭坛。聚集在教堂内的信徒们注视着他们。这三人是罗马教皇派来的天主教会的红衣主教，任务是与东方教会的兄弟们解决神学争端。其中为首的教士名叫穆瓦昂穆蒂耶的安贝尔[①]。他们在君士坦丁堡已经待了一段时间，但在经历了漫长而艰难的谈判之后，在这一天的下午，他们终于丧失了耐心，决定采取行动。安贝尔手中文件的内容将对基督教的统一产生爆炸性效果。他走入圣殿，将绝罚诏书放到主祭坛上，敏捷地转过身来，扬长而去。这位生性执拗的红衣主教高视阔步地走进夏日的明媚阳光，甩去脚上的灰尘，大声宣布："愿上主临鉴，评判我辈！"[3]一名教堂执事手里挥舞着诏书，跑上大街，追上安贝尔，恳求他将诏书收回。安贝尔拒绝了，继续往前走，不再理会诏书的存在。两天后，三位红衣主教乘船返回罗马；君士坦丁堡大街上爆发了激烈的宗教暴乱，东正教会宣布将教皇代表团逐出教门，才把暴乱平息下来。教皇的绝罚诏书被当众烧毁。这个事件就是历史上所谓东西教会大分裂的源起，它将给基督教世界带来严重的伤痛——两大教会的互相绝罚直到 1965 年才被撤销，但伤痕是不可磨灭的。对于 1452 年冬天的君士坦丁十一世来说，东西方教

---

①　穆瓦昂穆蒂耶的安贝尔（约 1000~1061），法兰西本笃派僧侣，后来升为红衣主教。据说他是第一个担任红衣主教的法兰西人。他在 1054 年的行动进一步推动了东西方教会大分裂。有趣的是，他公布教皇利奥九世的绝罚诏书时，教皇已经去世，所以严格来讲，这份诏书已经失效。

会的分裂是一个极其棘手的难题。

事实上，1054 年的事件不过是两种信仰方式酝酿了几百年的漫长分离过程的总爆发。东西方教会的分裂有着文化、政治和经济的原因。在东方，教会的语言是希腊语；西方则是拉丁语。信仰形式不同，教会组织方式不同，对教皇角色的看法也不同。一般来讲，拜占庭人将他们的西方邻居视为粗鲁的野蛮人；拜占庭人与邻近的穆斯林的共同点要比与大海对岸的法兰克人多得多。但东西方矛盾的中心是两个关键问题。东正教会愿意接受教皇在诸位牧首中占据特殊地位的观点，但对教皇尼古拉一世于 865 年表达的观点——教皇拥有统领"整个世界，也就是整个教会"[4]的权力——非常恼火。东正教会认为这是专制暴君的傲慢。

第二个问题是信条上的。天主教会的绝罚诏书指控东正教会将信条中的一个重要的词忽略了，这个问题对热衷于神学问题的拜占庭公民们来说是至关重要的。貌似单纯无害的拉丁词语"filioque"（意思是"和圣子"）其实具有极其重大的意义。最初的尼西亚信经是这样的："我信圣灵，他是主及赋予生命者，由圣父所发。他和圣父圣子，同受钦崇，同享光荣。"西方天主教会在信条上增加了一个词"filioque"，使得信条变成了"由圣父和圣子所共发"。后来罗马教会甚至开始指控东正教会省略这个词是弥天大错。东正教会则反驳称，增加这个词在神学上是说不通的；圣灵仅来自圣父，增加"圣子"是异端思想。就是这些问题引发了君士坦丁堡街头的暴乱。

随着时间流逝，东西方的隔阂越来越深，尽管也有人努力弥合双方的矛盾。1204 年，基督教十字军洗劫了君士坦丁堡（教皇英诺森三世称此次洗劫为"毁灭的例证、黑暗力量的行径"[5]），更使得拜占庭人对所有与西方有联系的东西都深恶痛绝。由于这次洗劫，意大利各城邦从拜占庭获取了巨大的经济利益，让拜占庭人咬牙切齿。1340 年，卡拉布里亚的巴尔拉姆①向教皇本笃十二世进言："让希腊人反对您的并非宗教信条的分歧，而是对拉丁人的仇恨。这种仇恨已经深入希腊人的骨髓，因为希腊人在不同历史时期受到了拉丁人的很多残酷的侵害，并且今天仍然受到这种侵害。"[6]这种说法在某种程度上是正确的。但宗教信条对君士坦丁堡平民的信仰方式一直是至关重要的，他们自己的历代皇帝也曾多次改变信仰方式，但平民一直予以阻挠，死守自己的古老信仰，这种执拗和固执己见已经成为拜占庭历史这块马赛克的重要组成部分。

到 15 世纪，奥斯曼帝国持续不断的压力迫使连续多位拜占庭皇帝不断奔向西方，展开一系列令人心力交瘁的求援行动。15 世纪 20 年代，皇帝约翰八世访问了意大利和匈牙利。匈牙利的天主教国王提议，如果东正教会与罗马教会联合，并向教皇及其信条宣誓效忠，就更容易得到西方的支持。对拜占庭皇室来说，与西方联合一直是潜在的政策工具，也是信仰问题：基督教世界联合发动十字军东征的威胁

---

① 卡拉布里亚的巴尔拉姆（约 1290～1348），出身意大利南部卡拉布里亚地区的学者、教士、人文主义者、语言学家和神学家。他早年信奉东正教，参与了很多神学争端。晚年逃往西方，皈依天主教。他是个才华横溢的伟大学者。

曾多次遏制住了奥斯曼帝国对君士坦丁堡的入侵（约翰八世的父亲曼努埃尔二世在临终前给了他的孩子们一条典型拜占庭式的建议："土耳其人开始惹是生非的时候，就立刻派遣使臣到西方，主动提出愿意与西方联合，并尽可能地拖延谈判，拖得越久越好。土耳其人非常害怕我国与西方联合，会变得通情达理；但由于拉丁各国的敌意，这种联合是不会实现的！"[7]）。这条建议在过去非常有用，但随着奥斯曼人越来越强大，拜占庭人的计谋常常取得与他们的意愿完全相反的效果：与西方联合的努力越来越刺激奥斯曼人的武装干预。但对约翰八世来说，虽然他害怕得罪奥斯曼人，同时对自己的臣民又不信任，但敌人敲打城门的频率实在是太高了。当教皇尤金四世提议在意大利召开会议，共商东西方教会联合事宜时，约翰八世于 1437 年 11 月乘船前去开会，让他的兄弟君士坦丁（就是后来的君士坦丁十一世皇帝）担任摄政王，管理都城。

这次佛罗伦萨会议非常拖沓，与会者互相充满敌意，一直开到 1439 年 6 月才结束。会议最终宣布，东西方教会已经正式联合。整个欧洲的教堂都敲响了大钟，甚至远至英格兰也敲钟庆祝。与会的东正教代表只有一人拒绝在协议上签字。协议的文本经过了精心设计，特意对一些关键问题做了模糊处理：教皇对至高无上权力的主张以及"filioque"的概念都得到了认可，但并不要求东正教会在自己的信条里加上这个字。但是，协议墨迹未干，希腊人就开始摒弃对它的认可。君士坦丁堡城内，东正教信众充满敌意地迎接了返回的代表团；在协议上签字的很多代表马上翻脸不认账。东正

## 5. 黑暗的教堂

教牧首们拒绝接受代表团的决定；下一任君士坦丁堡牧首格列高利·玛马斯是支持与西方联合的，他非常不受民众欢迎，也根本无法在圣索菲亚大教堂庆祝联合的成功。联合的问题让城市分为两个敌对阵营：君士坦丁十一世和他信任的绝大部分贵族、军官和公务人员都支持联合；教士和平民只有少部分人支持联合。群众认为这个联合是奸诈的法兰克人强加给他们的；而且他们的永恒灵魂也因低贱和物质至上的动机而受到了威胁。民众极其仇视天主教会：他们已经习惯于将教皇和敌基督画等号，将教皇称为"恶狼、毁坏世界者"[8]；市民们喜欢给他们的狗取名叫"罗马教皇"。市民们组成了一个动荡不安的无产阶级：赤贫、迷信，容易受人煽动去制造哗变和混乱。

　　君士坦丁十一世登基伊始就继承了无休无止的宗教纷争，这在拜占庭的漫长历史上也是非常典型的。一千一百年前，君士坦丁大帝也曾受到宗教信条纷争的困扰。君士坦丁十一世是个军人，而不是神学家，他对东西方教会联合的态度完全是务实的。他只有一个执着的目标：挽救这座城市，因为它的古老遗产被交到了他的手中。如果与西方联合有助于这个目标，就这么办好了，尽管市民们因此对他颇为不满。他的皇权和地位也是岌岌可危的：他在米斯特拉斯登基时并没有接受过正式加冕。加冕仪式本应在圣索菲亚大教堂举行，但人们强烈地感到，如果由一位主张联合的牧首为一位赞同联合的皇帝加冕，很可能会导致严重的暴乱。于是加冕仪式就被悄悄地搁置了。很多市民拒绝在祈祷时为新皇帝祈福，佛罗伦萨会议上的一名主要的反对者乔治·斯科拉里奥斯退隐到一座修道院，改名为真纳迪奥斯，开始组织反对联合的教士会议，进行抵抗。1451 年，牧首格列高利厌倦了这些无休无止的敌对，前往罗马，在那里将反对联合派的活动情况全都告知教皇尼古拉五世。君士坦丁堡城内找不到合适的人选来接替格列高利的牧首职位。于是从此刻起，君士坦丁堡既没有完全合法的皇帝，也没有牧首。

与穆罕默德二世爆发战争的威胁越来越大，君士坦丁十一世向教皇发出了一系列越来越绝望的求救；他不甚明智地在书信中加入了反对联合派提出的召开新的宗教会议的要求。格列高利报告的教会联合在君士坦丁堡的执行情况让教皇尼古拉五世更加强硬，他也不愿意继续忍受故态复萌的希腊人在这个问题上的支吾搪塞。尼古拉五世的回复是非常冰冷的："如果你，你的贵族，以及君士坦丁堡人民接受教会联合，你们会发现，我们和我们可敬的兄弟们，即神圣的罗马教会的红衣主教们，永远愿意支持你的荣誉和你的帝国。但假如你和你的人民拒绝接受联合的诏令，我们将被迫采取对你们的灵魂得救和我们的荣誉必需的措施。"[9] 教皇的威胁只是让拜占庭的反对联合派更坚定了决心，他们继续活动，暗地破坏君士坦丁十一世在城内的地位。1452 年 9 月，一名反对联合分子写道："君士坦丁·帕里奥洛格斯……仍然没有加冕，因为教会没有领袖，而且由于虚假的联合造成的动荡和混乱，教会也乱作一团……这个联合是邪恶的，受上帝憎恶，分裂了教会，驱散了教会的孩子们，把我们完全摧毁。实话实说，这是我们所有其他灾难的来源。"[10]

在罗马，教皇尼古拉五世决心采取措施，强制执行佛罗伦萨会议的决议。他决定派遣一名教皇特使前往君士坦丁堡，确保在圣索菲亚大教堂内庆祝联合的成功。他选择的特使是伊西多尔红衣主教——前任基辅主教。伊西多尔是拜占庭人，对当前问题的微妙性有着最直接的了解。在佛罗伦萨会议上，他是主张东西方教会联合的。他返回基辅之后，他的东正教信众抛弃了他，并将他囚禁起来。1452 年 5 月，他动身前往君士坦丁堡，随行的有 200 名弓箭手（军饷由教皇支付），作为他此次神学使命的军事支持。途中，他遇见了莱斯博斯岛的热那亚人主教——希俄斯岛的莱奥纳德，此人对后来发生的所有事件都有积极投入但偏见很深的评论。反对联合派已经得到了此二人即将到来的预警，君士坦丁堡城内也因此更加动荡。真纳迪奥斯公开发表了攻击联合的恶毒演说，从正午一直滔滔不绝地讲到晚上。他恳求民众坚持自己的信仰，而不是寄希望于价值甚微的物质上的援助。但在 1452 年 10 月 26 日，伊西多尔红衣主教在君士坦丁堡登陆时，护卫他的一小队弓箭手让民众产生了敬畏之情。这一小队人马或许只是强大援军的先遣部队。于是，很多人一下子又见风使舵地转为支持联合。在一段时间内，这座反复无常的城市的民意发生了拉锯战。反对联合派被指责为不爱国，但人们看到没有更多船只运载援军抵达，于是又重新回到了真纳迪奥斯的阵营。反对联合派发动了暴动。莱奥纳德尖锐地要求君士坦丁十一世逮捕暴乱的幕后元凶。他悲哀而愤怒地抱怨道："除了……少数僧侣和俗人，所有希腊人都被骄傲迷了心窍，因此没有人会被对真正信仰的热忱或他自己的灵魂得救而驱动，去第一个摈弃自己原先固守的成见。"[11]君士坦丁十一世拒绝听取他的建议；他担心城市会陷入万劫不复的混乱。相反，他还召集了反对联合派人士到宫中，听取他们的反对意见。

十天后，割喉堡的隆隆炮声传到了城里。里佐及其船员的悲惨命运被公之于众后，群众陷入了新一轮的恐慌。联合派又得到了很多人的支持。真纳迪奥斯再次慷慨陈词，抨击墙头草：西方的援助会让他们丧失自己的信仰，援助的价值是值得怀疑的，至少他自己不愿和西方扯上任何关系。有一件事情比城市陷落更让真纳迪奥斯担心：他真真切切地相信，世界末日已经迫在眉睫。他希望东正教会能够以纯洁无瑕的灵魂迎接最后审判。街头爆发了更多的骚动。僧侣、修女和俗人跑来跑去，争相呼喊："我们不要拉丁人的帮助，也不要和拉丁人联合；让我们彻底清除异端崇拜。"[12]虽然真纳迪奥斯在煽风点火，但战战兢兢的民众似乎渐渐地决定（虽然很不情愿）接受佛罗伦萨会议的决议，至少是暂时接受。拜占庭人以货真价实的诡辩术对自己的行为作了辩解（他们这种狡辩的本事也算是"优良传统"了）：变通教义。这条教义允许信徒为了保证生存而暂时接受非正统的神学观点。天主教会对这种神学手段火冒三丈。伊西多尔红衣主教则认为强制执行联合、拯救希腊人受威胁的灵魂的时机业已成熟。

在这种充满恐惧和宗教狂热的高度紧张的气氛中，庆祝联合的礼拜仪式于1452年12月12日（这是深冬的一个冷寂日子）在圣索菲亚大教堂正式举行。"教士们极其庄严，可敬的俄罗斯红衣主教（即伊西多尔）也在场，他是被教

## 5. 黑暗的教堂

皇派来的；还有最崇高的皇帝和他的所有显贵，以及君士坦丁堡的全体人民。"[13] 联合诏令被当众宣读，祷词中加入了为教皇以及不在场的牧首格列高利祈福的环节，但礼拜仪式的细节对很多在场观看的希腊人来说是非常陌生的：礼拜语言和仪式是天主教的，而不是东正教的；圣体包含了未发酵的面包（这在东正教看来是个异端），冷水被倒进杯子，与葡萄酒混合。伊西多尔写信给教皇，报告了自己使命顺利完成的情况：

> 君士坦丁堡全城与天主教会联合了；礼拜仪式中为您祈福；而最可敬的格列高利牧首在君士坦丁堡期间，任何教堂都不曾为他祈福，甚至他自己的修道院都没有；现在，联合完成后，全城也为他祈福。从最低贱的到最高贵的，包括皇帝本人，全城人都团结一致，信奉天主教。感谢上帝。[14]

据伊西多尔说，拒绝参加联合的只有真纳迪奥斯和其他八名僧侣。这很可能是伊西多尔一厢情愿的想法。一位在场的意大利人记载道，那一天全城陷入了哀恸之中。礼拜仪式期间显然没有发生暴乱。更有可能的情况是，东正教信众硬咬着牙参加了礼拜，然后成群结队地前往全能之主修道院，去找真纳迪奥斯咨询。真纳迪奥斯已经成为东正教事实上的精神领袖和等待登位的下一任牧首。但他退回了自己的小房间，保持缄默，不肯出来。

从此以后，东正教徒摒弃了圣索菲亚大教堂，认为它

"比犹太会堂或古代异教神庙好不到哪儿去"[15]。他们只在城内正儿八经的东正教教堂做礼拜。没了牧首和信众，巨大的圣索菲亚大教堂陷入了黑暗和沉默。持续不断的祈祷声消失了，曾经照亮穹顶（那就像"整个浩瀚夜空，装点着闪闪发光的星辰"[16]）的成千上万盏油灯也噼啪作响，相继熄灭了。联合派的礼拜仪式很少有人参加，聚集在圣殿前的人寥寥无几。鸟儿哀戚地在教堂中殿周围振翅。东正教徒们感到，真纳迪奥斯的严词谴责被证明是正确的：并没有强大的援救舰队从马尔马拉海驶来，保卫基督教世界。从此以后，联合派和东正教徒之间、希腊人和拉丁人之间的隔阂比以往更深，基督教方面对围城战的所有记载都反映出了这一点。东西方的大分裂将给君士坦丁十一世守城的努力投下一道长长的阴影。

1452 年 11 月 1 日，真纳迪奥斯在自行与世隔绝之前，在全能之主修道院大门上贴了一份宣言。它读起来像是预言，充满了世界末日降临的阴郁和自我辩解：

> 可悲的罗马人，你们竟如此误入歧途！你们背离了希望——因为只有上帝才能给人希望——而信任法兰克人的力量。你们的城市很快就将毁灭殆尽。除了城市之外，你们还丧失了真正的宗教。哦，上帝，怜悯我吧。我在你面前发誓，我在此事上是纯洁无辜的。悲惨的公民们，小心注意你们今天所行之事。你们将面临奴役；你们否认了先祖传下来的真正的信仰。你们供认了自己的不虔诚。你们接受最后审判时必将遭受磨难！[17]

## 5. 黑暗的教堂

在 150 英里之外的埃迪尔内，穆罕默德二世兴致勃勃地观察着这些事态的发展。奥斯曼帝国外交政策的一个指导原则就是避免基督教世界联合起来；哈利勒帕夏因此主张继续实行和平政策：任何攻打君士坦丁堡的企图都可能使基督教世界团结一致，将保卫君士坦丁堡的事业变成新的十字军东征的契机。但对穆罕默德二世来说，君士坦丁堡城内传来的消息给了他希望，鼓励他大胆行事。

在冬季的短暂白天和漫长夜晚，苏丹一直在思忖自己的征服梦想。他对此十分执着，但又犹豫不决。他在埃迪尔内的新宫殿开始动用帝国权威，继续对亲兵部队进行改革，并操纵货币的含银量，以支付所有行动的开支。穆罕默德二世召集了一群意大利谋臣，从他们那里获取关于西方时局以及军事技术的情报。他花了很多时间研究关于防御工事和攻城战的插图版专著。他焦躁不安、兴奋狂热而又踌躇不定。他咨询占星家，在自己脑子里设计打破君士坦丁堡城防的方法，与宣称不可能攻破君士坦丁堡的年迈维齐尔们的保守智慧搏斗。同时，他研究奥斯曼历史以及此前对君士坦丁堡的围攻，极其仔细地检查这些战役失败的原因。他在夜间无法入眠，就整夜地绘制君士坦丁堡防御工事的草图（夏天时他曾亲自对其做过观察），并设计攻打这些工事的策略。

史学家杜卡斯对苏丹的这些如痴如狂的黑暗日子作了生动的描绘。他笔下出现的是一位行事诡秘、疑心极重、被野心吞噬的苏丹，有一定的真实性，但可能为了他的基督徒读者而作了夸张处理。据杜卡斯记载，穆罕默德二世常常在夜间乔装打扮为一名普通士兵，在大街上游荡，在市场和客栈里聆听人们关于他的闲聊。如果有谁认出了他，并愚蠢地按照礼节高呼万岁，穆罕默德二世就会把这人刺死。这种故事口口相传，有无数版本，迎合了西方人对嗜血暴君的想象。根据传说，一天夜里，将近凌晨时分，苏丹派遣宫廷卫兵去传唤哈利勒。他或许把哈利勒视为他的宏图大略的最大障碍。年迈的维齐尔听到传唤，不禁浑身战栗。在这个时间被叫去觐见"真主在人间的影子"可不是什么好的预兆。他拥抱了妻子儿女，似乎在做最后一次道别，然后跟随卫兵前去，手里端着一个装满钱币的托盘。杜卡斯暗示，哈利勒的恐惧不是没有道理：他曾收受了希腊人的很多贿赂，劝说穆罕默德二世不要开战，尽管这一点是真是假，永远不可能澄清了——哈利勒自己富可敌国，曾经借钱给老苏丹，即穆罕默德二世的父亲。哈利勒来到苏丹寝宫时，发现穆罕默德二世已经起床，穿戴整齐。老人匍匐在地，举起托盘。"这是什么？"穆罕默德二世问道。"陛下，"哈利勒答道，"根据惯例，一名贵族在非同寻常的钟点被主公传唤，是不能空着手来的。""我不需要礼物，"穆罕默德二世说，"把那座城市给我就行了。"哈利勒被此次奇异的传唤和苏丹狂热的面容吓得毛骨悚然，表示全心全意地支持苏丹的计划。穆罕默德二世最后说道："我们将信任寄托于真主的许可，以及先知的祈祷，我们将占领那座城市。"然后允许魂不附体的维齐尔回家。

不管这个故事的真实性如何，大约在1453年1月前后，穆罕默德二世召集了大臣，发表了决意开战的演说。希腊史学家克利托布罗斯把这份演说记载了下来。苏丹将君士坦丁堡问题放置到了奥斯曼人崛起的整个历史背景中。他十分清楚，50 年前，奥斯曼帝国羽翼未丰的时候，君士坦丁堡煽动了帝国的灾难性内战，给帝国带来了极大损害；他也明白"君士坦丁堡从未停止向我们进军，不断地挑动和教唆我们的人民互相残杀，推动混乱和内战，损害我们的国家。"[18]他担心，君士坦丁堡将来仍然会成为奥斯曼帝国和基督教国家之间无休止战争的动因。一旦将其占领，它将成为帝国的中心，"但如果没有它，或者让它继续当前的状态，我们所拥有的东西随时可能丧失，也不可能获得更多的利益"[19]。大臣们也一定清楚地记得，就在不久前，君士坦丁十一世还企图利用奥尔汗来破坏帝国的稳定。苏丹努力推翻可以一直上溯到阿拉伯人攻城时期的旧观念：要攻破君士坦丁堡是不可能的。他对城内近期事态了如指掌；他知道，就在他说话的时候，君士坦丁堡市民们"正像不共戴天的死敌一样为了宗教信念的分歧而互相斗争，他们的内部组织因此充满了煽动和动荡"；并且，和往昔不同的是，今天基督徒已经不再控制海上航道。苏丹还谈及了圣战传统——就像他们的祖先一样，今天的穆斯林有义务开展圣战。穆罕默德二世还特别强调了尽快采取行动的必要性，要求务必迅速地集中全部可用资源，决战决胜："为了这场战争，我们要投入全部力量，无论是人力资源，还是金钱、武器或其他物资，都不能吝惜；直到我们占领或者摧毁城市，其他任何事情都算不得重要。"[20]这是开展大规模全面战争的召唤，似乎已经说服了所有人。战备工作开始加速进行。

正如阿拉伯人在 717 年经历的那样，博斯普鲁斯海峡沿岸的冬天可能会惊人地严酷。从地理位置上讲，君士坦丁堡突入海峡，暴露在从黑海刮来的猛烈北风之下。这里空气潮湿，气温会降到零下，寒风刺骨。一连几周的绵绵苦雨将街道化为泥坑，地势陡峭的小巷可能会突然暴发洪水。暴风雪突如其来，将半英里之外的亚洲海岸完全抹平，然后又迅速消逝。有时浓雾会笼罩城市很多天，诡异的死寂似乎控制了整座城市，教堂钟声传不远，公共广场上的马蹄声也十分模糊，似乎马蹄上包裹着毛毡。1452 ~ 1453 年的冬天，君士坦丁堡的天气尤其恶劣和多变。人们观察到"罕见而奇异的地震和大地颤动，天上降下电闪雷鸣，十分可怕，以及狂风、洪水和瓢泼大雨"[21]。恶劣的天气让大家的心情更加糟糕。没有任何基督教船只前来救援，以兑现联合派的诺言。城门仍然紧闭，从黑海来的粮食供应也由于苏丹的遏制而逐渐停止。普通市民整天聆听东正教教士们的宣讲，在酒馆里狂饮没兑水的葡萄酒，并向圣母像祈祷，求她保佑城市，就像当年在阿拉伯人围攻时那样。人们陷入狂热，对自己灵魂的纯洁极其关注，无疑是因为受到了真纳迪奥斯谴责的影响。参加联合派主持的礼拜仪式，或者从一位曾参加联合礼拜的教士那里接受圣餐（哪怕他仅仅是仪式的旁观者）都被认为是罪孽。君士坦丁十一世骑马走过大街时受到公开的嘲讽。

虽然大环境不理想，皇帝还是竭尽全力地准备城防。他派遣使节去爱琴海岛屿及更远方收购食物："小麦、葡萄酒、橄榄油、干无花果、鹰嘴豆、大麦和豆类。"[22] 同时开

## 5. 黑暗的教堂

始修补防御工事（陆墙和海墙）中年久失修的地段。他们缺少优质石料，也没办法从城外的采石场获取原料，于是不得不从废弃的建筑物和被抛弃的教堂上拆取建材；甚至古老的墓碑也被加以利用。陆墙前方的壕沟被清理干净；虽然民众有所保留，但君士坦丁十一世还是说服他们参加劳动。通过公开募集行动，朝廷从个人、教堂和修道院筹集了款项，用以购买粮食和武器。城内所有可用的武器（数量极少）被收集起来，重新分配。另外还向城墙之外仍然被拜占庭控制的少数几座堡垒派驻了士兵，包括：马尔马拉海北岸的塞林布里亚和埃皮巴托斯，博斯普鲁斯海峡海岸、割喉堡远方的希拉比亚，以及王子群岛①中最大的一个岛屿。作为最后的挑战姿态（尽管它虚弱无力），君士坦丁十一世派遣桨帆船劫掠了马尔马拉海沿岸的奥斯曼村庄，将俘虏带回城内，卖为奴隶。"这使得土耳其人对希腊人大发雷霆，并发誓一定要给希腊人血的教训。"[23]

**描绘圣母马利亚的印章**

　　这段时间里，对君士坦丁十一世来说，除了劫掠奥斯曼村庄之外的唯一一个亮点是，一群迷途的意大利船只来到了

---

① 王子群岛位于马尔马拉海中，在伊斯坦布尔东南方约 10 公里处，一共有九个岛。拜占庭时期，皇室将获罪的王子或其他王室成员流放至此；随后的奥斯曼土耳其亦依循此例，王子群岛因而得名。

君士坦丁堡。他说服（或者说强迫）他们参加城防。12 月 2 日，威尼斯的一艘大型运输桨帆船从黑海之滨的卡法出发，在贾科莫·科科指挥下，谎称自己已经在上游付了过路费，骗过了割喉堡的大炮封锁线。这艘船接近割喉堡时，船员们向奥斯曼炮手们热情呼唤，称他们为"朋友，向他们致意，吹响喇叭，发出欢天喜地的声音。我们的人发出第三次致敬时，已经驶离了城堡，海流把我们带往君士坦丁堡"[24]。同时，威尼斯和热那亚在君士坦丁堡的代表将真实的局势报告给了各自的共和国当局。两个共和国开始缓慢地采取行动。在里佐的船被击沉之后，威尼斯元老院命令共和国的海湾副统领加布里埃尔·特里维萨诺前往君士坦丁堡，将威尼斯的商船队从黑海带回。此次前来的威尼斯人当中有一位名为尼科洛·巴尔巴罗的随船医生，他在日记中对随后几个月的事件作了极其生动的记述。

在君士坦丁堡城内的威尼斯殖民地，大家越来越焦虑。威尼斯市政官米诺托是个富有进取心且意志坚定的人，他一心要把三次大型商用桨帆船和特里维萨诺的两艘轻型桨帆船留下，参加城防作战。12 月 14 日，米诺托、特里维萨诺、其他威尼斯船长和皇帝进行了会晤。米诺托恳求船长们留下，"首先是为了上帝的爱，其次是为了基督教的荣誉和我们威尼斯政府的荣誉"[25]。漫长的谈判后，船主们同意留下。但是，就他们应当将货物留在船上还是将它们留在城内作为他们守信的抵押，双方争执了一番。君士坦丁十一世怀疑，一旦货物被装上船，这些船就会扬长而去；最后船主们不得不亲自向皇帝起誓，才被允许将他们的货物（成捆的

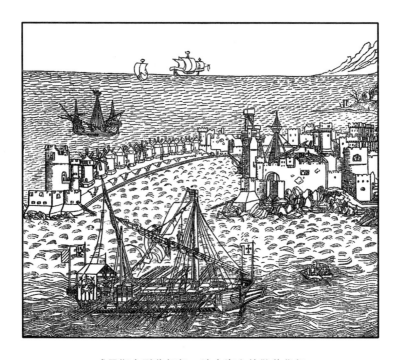

威尼斯大型桨帆船，地中海上的散装货船

---

丝绸、蜂蜡和其他物资）装上船。君士坦丁十一世的担忧不是没有道理：2月26日夜间，其中1艘威尼斯船只和6艘来自克里特岛的甘地亚城的船只偷偷起锚，借助一股强劲的东北风溜走了。"很多富人乘坐这些船只逃走，一共有700人左右，这些船只安全抵达了特内多斯①，没有被土耳其舰队俘虏。"[26]

虽然发生了这件令人沮丧的事情，但也有喜讯传来。加拉塔的热那亚市长的呼救召唤来了具体的援助。2月26日前后，两艘大型盖伦帆船②抵达君士坦丁堡，带来了"很多作战所需的精妙装备和机器，以及英勇而自信的精锐士兵"[27]。这些船只隆隆驶入帝国港口，"甲板上站着四百名全副武装的士兵"[28]，这幅景象当即对民众和皇帝都产生了极深的影响。这些援兵的指挥官是一名与热那亚共和国的名门望族有联系的职业军人，名叫乔万尼·朱斯蒂尼亚尼·隆哥。他是一名久经沙场的老兵，自愿发起这次远征，并且自己承担开支。他一共带来了700名全副武装的士兵，其中400人是在热那亚招募的，另外300人来自罗得岛和热那亚控制下的希俄斯岛（那里是朱斯蒂尼亚尼家族的权力基地）。君士坦丁十一世很快认识到此人的重大价值，向他提

---

① 今称博兹贾岛，属土耳其，在爱琴海上，邻近土耳其西部海岸。
② 盖伦帆船是至少有两层甲板的大型帆船，在16～18世纪期间被欧洲多国采用。它可以说是卡拉维尔帆船及克拉克帆船的改良版本，船身坚固，可用作远洋航行。最重要的是，它的生产成本比克拉克帆船便宜，生产3艘克拉克帆船的成本可以生产5艘盖伦帆船。盖伦帆船被制造出来的年代，正好是西欧各国争相建立海上强权的大航海时代。所以，盖伦帆船的面世对欧洲局势的发展亦有一定影响。但1453年时，应当还没有盖伦帆船。

出，如果能够击退奥斯曼人，就将利姆诺斯岛赏赐于他。在随后几周内，朱斯蒂尼亚尼将在防御战中扮演极其重要的角色。还有其他一些士兵陆续赶到。来自热那亚的博基亚尔多三兄弟安东尼奥、保罗和特罗伊洛带来了一小队人马。加泰罗尼亚人提供了一支队伍。一名卡斯蒂利亚贵族——堂弗朗西斯科·德·托莱多也响应了号召。除此之外，向基督教世界的求援带来的就只有不和谐的回响。市民们感到自己遭到了背叛。"罗马给我们的援助和开罗的苏丹提供的一样多，"[29]乔治·斯弗朗齐斯悲愤地回忆道。

ΘΕΝΕΘΡΓΘΗΟΠΥΡΓΟCΤΟΥΑΓΙΟΥΝΙΚΟΛΑΟΥΕΚΘΕΜ
ΕΛΗΩΝΕΠΙΡΟΜΑΝΟΤΟΦΗΛΟΧΡΙCΤΥΔΕCΠΩΤΥ✝

*FROM A PHOTO*

## 6. 城墙和大炮
### 1453 年 1~2 月

　　某些可燃物质能够产生火焰、闪光和巨响，它们造成的恐惧能够引发奇妙的后果，没人能够抵御或者忍受……如果将少量此种粉末（尺寸不超过人的手指大小）裹在羊皮纸内并点燃，它就会爆炸，生成炫目的闪光和令人震惊的巨响。如果用量更大，或者使用更坚固的东西包裹，爆炸就会更加猛烈，闪光和巨响将令人无法忍受。[1]

——13 世纪英格兰僧侣罗哲尔·培根

如此评论火药的效果

　　热那亚援兵抵达之后，城防工作得以加速进行。朱斯蒂尼亚尼是个"城墙作战的专家"[2]，他冷静地对城市的防御工事作了评估，并采取了适当措施。在他指挥下，守军在 2 月和 3 月间"疏浚护城河，修补和加高城墙，修复城垛，

## 6. 城墙和大炮

加固内外塔楼，并加强了整段城墙，包括面向陆地的和朝向大海的地段"[3]。

君士坦丁堡的防御工事虽然破败，但仍然是令人生畏的。拜占庭帝国能够生存这么久，都城防御的固若金汤一直是个主要原因。世界上没有第二座城市的地理位置如此得天独厚。城市周界总长度为12英里，其中8英里面向大海。城市的南面与马尔马拉海相接，此处海流极其迅猛，风暴常常骤然降临，因此从海上登陆进攻的风险极大。1000年中，没有一个侵略者认真地尝试从这个地段进攻。君士坦丁堡的海岸得到一道延绵不断的城墙的防护，城墙高度至少有50英尺，沿线分布有188座塔楼和一些较小的设防港口。这道城墙受到的主要威胁不是敌船的攻击，而是海浪对其地基无休止的侵袭。有时大自然会特别凶残：在764年的寒冬，巨大的浮冰冲上胸墙，将海墙摧毁。马尔马拉海沿岸的整段城墙上到处是纪念历代皇帝修理这段城墙的大理石铭文。水流湍急的大海绕过这一海岸，一直到古卫城处，然后北上进入较平静的金角湾。金角湾本身为帝国舰队提供了一个极佳的安全锚地；这一地段的城墙上设有110座居高临下的塔楼，还有数量众多的水闸以及两个相当规模的港口，但此处的防御一直被认为是比较薄弱的。第四次十字军东征期间，威尼斯人乘战船从这里的前滩登陆，登上城墙，攻破了城市。自717年的阿拉伯人围攻以来，守军在战时为了封锁金角湾的入口，就习惯于在入口处升起一条铁链。铁链长达300码，由铸铁打造，每个铁环长20英寸，整条铁链被安放在坚固的木制浮筒上。如果得到热那亚人的支持，就可以将铁链的一端固定在金角

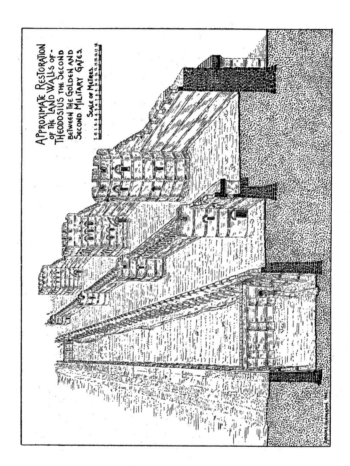

城墙截面图显示三层防御结构：内墙、外墙及护城河

湾对岸加拉塔城海墙的一座塔楼上。冬季，守军将铁链和浮筒都准备就绪，以防备敌人的海上进攻。

城市的西端（也就是三角形的底边）得到长 4 英里的陆墙的保护，也就是所谓"狄奥多西城墙"。这道城墙横亘从马尔马拉海到金角湾的狭窄陆地，保护君士坦丁堡城，使它免受任何传统的陆路攻击。这座城市的历史中很多最重大的事件就发生在这座非同寻常的城墙沿线。它的历史几乎和城市本身一样悠久，在地中海世界一直是个亘古不变的传奇。穿过色雷斯平原前往君士坦丁堡的商人或朝觐者、从巴尔干某个宫廷前来的使节，或者有着征服野心、四处劫掠的军队，从远方首先看到的就是巅峰时期的君士坦丁堡那阴森森的巨大陆墙。它横越轻微起伏的大地，从一道地平线到另一道地平线，壁垒和塔楼连绵不绝。在阳光照耀下，石灰岩打造的城墙的表面化为一片灿烂的雪白，罗马红砖的接缝构成延续不断的水平线条，城墙上还有外形相似、带有穹顶的射箭孔。众多塔楼有的呈方形，有的是六边形，还有的是八边形，偶尔也有圆形。它们互相簇拥，间距极近，据一位十字军战士说："一个七岁男孩能够把一个苹果从一座塔楼投掷到另一座。"[4] 它们分成若干层次，一直向上延伸至内墙最顶端的高度，皇帝的鹰旗就在那里骄傲地迎风招展。城墙上每隔一段距离就有一座重兵把守、阴森森的城门，和平时期，人畜就从这些城门出入。在城墙南端，靠近马尔马拉海的地方，一座饰有金板和大理石与青铜雕像的大门在阳光中熠熠生辉。这就是"黄金门"，一座庞大而华丽的拱门，两侧各建有一座磨光大理石打造的恢宏塔楼。在拜占庭的鼎盛时期，得胜归来的皇帝们会带着胜利的象征物——身披枷锁的被征服的外国国王、重新夺回的圣物遗迹、大象、身着奇装异服的蛮族奴隶、堆满战利品的马车，以及威武雄壮的帝国军队——从这里盛装经过。到1453年，黄金门的黄金和很多装饰物都已经没了踪影，但城门作为一座伟大的纪念碑，仍然昭示着罗马人的光荣。

陆墙划定了城市发展成熟后的界线，它虽然被冠以孩童皇帝狄奥多西二世的名字，但主持建造陆墙的其实是5世纪初的一位重要政治家安特米乌斯，"当时最睿智的人之一"[5]。城市之所以能延续上千年，要无限感激他的高屋建瓴。于413年建成的第一道城墙震慑了匈人的君主阿提拉（绰号"上帝之鞭"[6]），令他在447年放弃攻打城市。阿提拉蹂躏邻近的色雷斯的同一年，城墙因为严重地震而坍塌，全城人立刻行动来应对这个危机。1.6万名市民在短短两个月内就惊人地完全重建了城墙，不仅恢复了安特米乌斯的最初设计规模，还增加了一道同样带有一连串塔楼的外墙、一道防护性的胸墙，以及一道砖砌的壕沟（即护城河），构成了一道极其复杂、令人生畏的可怕障碍。此时，城市西部的防御体系包括了192座塔楼，分为5个独立防区，纵深200英尺，从壕沟底部到塔楼顶端的高度为100英尺。这项丰功伟业被记载在一道充满夸耀的铭文中："在不到两个月时间内，君士坦丁①成功地建起了这些强大的城墙。甚至帕拉

---

① 指的是当时的高官弗拉维乌斯·君士坦丁，他在狄奥多西二世命令下主持了城墙的修复工作。

斯①也无法如此迅速地建成如此强大的堡垒。"[7]

建造完备的狄奥多西城墙凝聚了火药时代之前希腊—罗马世界关于城防的军事工程学的全部智慧。防御体系的核心仍然是安特米乌斯建造的内墙：内墙内部是混凝土，然后在内外两面都覆上附近采石场出产的大块石灰岩，并插入砖块，以便让整个结构更加巩固。城墙顶端的作战平台得到城垛的防护，从下面有阶梯通往顶端平台。按照罗马人的习惯，塔楼并不是与城墙连为一体的，这就可以保证塔楼与城墙可以各自稳固沉积下来，而不至于破裂。塔楼高达 60 英尺，包括两个房间；楼顶是平的，可以在上面安放投掷石块和希腊火的机械。哨兵们在塔楼顶端持续不断地扫视着地平线，夜间则与城墙沿线其他塔楼的哨兵互相呼喊，以防止入睡。内墙的高度是 40 英尺；外墙要低一些，只有大约 27 英尺，所以外墙上的塔楼也比内墙塔楼要低。内外两道城墙之间有宽 60 英尺的平台，防守外墙的士兵就集结在那里，随时准备与敌人短兵相接。在外墙脚下，还有一道宽 60 英尺的平台，任何越过壕沟的侵略者都将在这里惨遭屠戮。砖砌的壕沟又是一道宽 60 英尺的屏障，内侧沟边筑有一道护墙；1453 年的时候，壕沟是部分有水还是完全干涸，我们不得而知。防御体系的纵深之大和复杂程度、城墙的坚固以及居高临下的优势使得狄奥多西城墙几乎坚不可摧，中世纪的只拥有传统攻城武器的军队奈何它不得。

陆墙上开有一系列城门。有些城门通过建在壕沟之上的

---

① 即希腊神话中的智慧女神雅典娜。

桥梁通往周边的乡村，这些桥梁在围城之前就会被摧毁；其他城门仅供军用，将各层城墙之间连接起来，方便部队在防御体系内部迅速调动。城墙上还有一些辅助性的边门，但拜占庭人时刻牢记这些边门对城市的安全构成的威胁，因此对它们的管理非常严格。总的来讲，城墙沿线的民用和军用城门是间隔分布的，军用城门用数字编号，民用城门则取了名字。比如，"泉源之门"得名自城外的一处圣泉；还有"木竞技场门""军靴匠门""银湖门"，等等。有些城门名字的最初含义已经被遗忘，于是人们给它们取了新名字。第三军用城门也被称为"红党门"，得名自君士坦丁堡早期历史中的一个赛马场派别；而"查瑞休斯门"（查瑞休斯是另一个派别——蓝党的领袖）也叫"墓地门"。防御体系内部还建造了一些值得一提的建筑，体现了拜占庭内在的矛盾。在靠近金角湾的地方，布雷契耐皇宫就偎依在城墙后，据说这座宫殿曾经极其华美，到访的外国人找不到言辞来形容它；布雷契耐皇宫旁边是阴暗而悲戚的阿尼玛斯监狱，这是一座恶名昭彰的地牢，拜占庭历史上一些最恐怖的插曲就发生在这里。约翰五世在这里把他的儿子和 3 岁的孙子的眼睛戳瞎；拜占庭最臭名远扬的皇帝之一——"可怖的"安德罗尼库斯被折磨得不成人形，然后被一匹生疥癣的骆驼背着，在群众的嘲讽中被押往赛马场，然后在那里被头朝下地吊挂在两根廊柱中间，继而在戏谑声中惨遭屠戮。

城墙的历史如此悠久，不少地段都与厚重的历史、神话和半被遗忘的传说紧密联系。几乎所有地点都曾经历过这座城市历史的一些戏剧性时刻——可怕的背叛、神奇的解救，以及死亡。628 年，希拉克略通过黄金门带来了真十字架。967 年，离心离德的皇帝尼基弗鲁斯二世·福卡斯在泉源之门被愤怒的暴民用乱石击毙。1261 年，市民们从城内打开了泉源之门，迎接东正教皇帝的归来，摆脱了拉丁人的统治。450 年，皇帝狄奥多西二世在城外山谷坠马负伤，奄奄一息地被人从第五军用城门抬进城。12 世纪，有预言称，神圣罗马皇帝弗里德里希·巴巴罗萨将利用木竞技场门来攻打城市，于是人们将这座城门封闭了。

除了圣索菲亚大教堂之外，没有任何一座建筑能比城墙更强烈地体现君士坦丁堡人民的精神生活。如果说教堂是他们对天堂的憧憬，城墙则是他们抵御敌对力量攻击的盾牌，并且得到圣母的亲自佑助。在围城期间，人们会持续祈祷，并把圣母的遗迹圣物抬到城墙上巡游；信徒们认为，这比军事准备更有效。这些活动笼罩在强大的精神能量场之下。圣母的袍子被保存在城墙附近布雷契耐的教堂。人们相信，就是它的神奇力量在 626 年逐退了阿瓦尔人，在 860 年打跑了俄罗斯人。军事工程的作用则是次要的。人们看到守护天使出现在城墙上的幻象，皇帝们将大理石十字架和祈祷词嵌入外城墙表面。在城墙中心附近有一个简单的护符，表达了君士坦丁堡最深的恐惧："哦，我主基督，保佑你的城市免于苦难、远离战争吧。征服敌人的狂暴。"

同时，对城墙的维护保养是城市最关键的公共工作，每一位公民都有义务参与，没有任何例外。不管拜占庭国家财政多么糟糕，总是能够募集到金钱来修补城墙。朝廷为维护城墙设立了专门的官职，总体负责城墙事务的官员拥有"城墙伯爵”的威风凛凛的头衔。流逝的岁月和不断的地震持续令塔楼破裂、石料崩塌，人们不断地进行修理，城墙上留下了大量纪念修理工作的大理石碑文。这些碑文中最早的是在447年的首次重建中留下的，最晚的则是1433年对外墙全面翻新时的纪念。1453年围城前的最后几次维修时留下的碑文表达的意思是，人神共同努力来维护城市之盾。碑文写道：“1438年5月，在最虔诚的两位君主约翰[①]和玛利亚·帕里奥洛格斯治下，由曼努埃尔·布兰尼乌斯·莱昂塔里合作和出资，对这座赋予生命泉水、受上帝保佑的城门进行了重建。”[8]

　　或许没有任何防御工事比君士坦丁堡的城墙更能总结出古典时期和中世纪攻城战的真相。这座城市几乎一直处在围攻之下；它的防御反映了城市的内在特征和历史——君士坦丁堡混合了自信与宿命论、神圣的灵感和务实的技能、悠久历史和保守心态。和城市本身一样，城墙长期以来一直傲然屹立；地中海东部的人们估计，这城市和城墙将永远如此屹立下去。防御工事的结构在5世纪就已经成熟，后来的变化极小；建筑技术非常保守，可以上溯到古希腊人和罗马人的时代。筑城技术没有特别的理由去发展，因为攻城战术的演化一直处于停滞。基本的攻城技术和装备——封锁、挖地道和爬城、攻城锤、投石机、攻城塔、地道和云梯——长期以来基本上没有发生变化。守城一方永远占据优势；君士坦丁堡靠近海岸的地理位置更是一大优势。曾经兵临陆墙之下的敌军都不曾成功地突破多层防御体系；同时，城市为了应付

---

① 即皇帝约翰八世·帕里奥洛格斯。

## 6. 城墙和大炮

不时之需，总是把蓄水池装满淡水，粮仓储满粮食。阿瓦尔人带来了一系列令人叹为观止的投石机，但它们的抛射轨迹过于弯曲，破坏力微不足道，无法打破城墙。阿拉伯人则被大批冻死。保加尔人克鲁姆汗①尝试了魔法——他用活人祭祀，并向他的士兵们抛洒海水，也无济于事。甚至君士坦丁堡的敌人们也渐渐相信，这座城市得到了神助。只有拜占庭人自己曾经成功地从陆墙一面攻破城市，而且总是依靠诡诈的奸计。最近几个世纪乱七八糟的内战中，多次发生里应外合、在夜间打开城门的事情。

陆墙只有两个地点具有潜在的弱点。在中段，地势沿着一条长长的山谷下降，一直到里卡斯河，然后在河对岸又逐渐升高。因为城墙是建在地势下降的山坡上的，那一段的塔楼就不再是制高点，比远方山峰要低。敌人如果占据了那山峰，就掌握了制高点。另外，里卡斯河通过涵洞被引入城内，因此在那个地段没办法把壕沟挖得很深。几乎所有的攻城军队都发现这一地区是个薄弱环节，虽然从未有人成功过，但还是给进攻者带来一线希望。城防体系的第二个异常环节位于北端。内外三层的城墙的规则体系在接近金角湾时突然发生中断。城墙的周界突然向外拐了一个直角，把一块额外的突出地域包含在内。从这里到金角湾海边的 400 码距

---

① 即"可怖的"克鲁姆（？~814），保加尔大公。他巩固了保加尔人与斯拉夫人的联合，并颁布了一部旨在确立封建制度的法典。克鲁姆大大地扩展了保加尔的版图。他与拜占庭帝国交战达 5 年之久，曾大败拜占庭军队。814 年，克鲁姆围攻帝都君士坦丁堡，被拜占庭皇帝利奥五世击败。克鲁姆在这次战斗中死去，保加尔人被迫与拜占庭议和。

离上，城墙变成了形状不一的堡垒和墙段的大杂烩，虽然是非常巩固地建在露出地表的巨岩之上的，但在大部分地段只有一道防线，而且没有挖掘壕沟。这一段城墙如此建造，是为了将布雷契耐的圣母神龛包含在城内。起初，包含神龛的教堂处于城墙之外。拜占庭人最初认为，圣母的保佑已经足以保护教堂，这真是典型的拜占庭式的逻辑。626 年，阿瓦尔人几乎将教堂烧为平地——神龛则被圣母自己救下——于是拜占庭人修改了城墙的走向，把教堂纳入城墙之内，布雷契耐宫也建在这一块土地上。1452 年夏季，穆罕默德二世侦察地形的时候已经注意到了这两个薄弱环节。两段城墙呈直角相交的地点将吸引他特别的注意力。

君士坦丁堡市民在朱斯蒂尼亚尼指挥下修补城墙，并抬着圣像在城墙顶端游行。他们对城墙的防护力信心十足，这是可以理解的。亘古不变、威严宏伟而坚不可摧的城墙一次次证明，一支小规模的守军就足以阻挡庞大的攻城军队，直到后者的意志力被围城战的后勤负担压垮，或者士兵因为痢疾溃散，或者军心涣散。城墙虽然有些部分有所损坏，但基本上还是巩固的。于 15 世纪 30 年代访问君士坦丁堡的布罗基里埃发现，甚至较薄弱的直角处也"受到坚固高墙的防护"[9]。但守军并不知道，他们正在为之准备的战争发生在一场技术革命的巅峰时刻，这场革命将深刻地改变攻城战的规则。

没人确切地知道，奥斯曼人究竟在何时获得了火炮技术。火药武器大约在 1400 年前后通过巴尔干传入奥斯曼帝国。按照中世纪的标准，这种新技术的传播极其迅速，最早的关于

## 6. 城墙和大炮

火炮的书面记载是在 1313 年，到 1326 年就有了最早的描绘火炮的图画，而到了 14 世纪末，欧洲全境就已经在大量制造火炮。在法兰西、德意志和意大利，生产铁制或铜制火炮的小型工坊如雨后春笋般拔地而起，与之相关的工业也迅速发展。硝石"工厂"大量兴建起来；中间商进口铜和锡；熟练工匠们将他们的金属铸造技术卖给出价最高的人。从实际效果上讲，早期火药武器的好处是值得怀疑的：在阿金库尔战役①中，英军除了长弓之外还部署了野战火炮，但后者对战局影响甚微。这些武器非常笨重，准备起来无比烦琐，瞄准精度极差，对己方炮手的危险和对敌人一样大。但炮火无疑具有一种震撼的心理效果。在克雷西战役②中，英王爱德华三世"以五六门火炮让法军大乱，这是他们第一次看见这些发出隆隆巨响的机器"[10]。1382 年，菲利普·范·阿尔特维尔德③的荷兰巨炮"开炮时发出如此巨响，似乎地狱中的所有魔鬼都在喧闹"[11]。这些早期的记载常常用地狱的比喻来描述火炮。这种"战争的恐怖工具"[12]的雷鸣般巨响让人不禁

① 阿金库尔战役发生于 1415 年 10 月 25 日，是英法百年战争中著名的以少胜多的战役。在英王亨利五世的率领下，以步兵弓箭手为主力的英军在法兰西的阿金库尔击溃了由大批贵族骑士组成的法军，为随后在 1419 年收服整个诺曼底奠定了基础。这场战役成了英国长弓手最辉煌的胜利，在战争史上影响深远。此役还成为后世大量文艺影视作品的主题，包括莎士比亚的名剧《亨利五世》。

② 英法百年战争早期的一次战役，1346 年，英王爱德华三世的军队凭借长弓手的强大火力和坚固的防御阵地，在法兰西的克雷西以少胜多，大败法王腓力六世的军队。这使得英格兰在战争早期占了上风。

③ 菲利普·范·阿尔特维尔德（约 1340～1382），佛兰德贵族。1381 年，他率领根特市民发动起义，反抗佛兰德伯爵路易二世，起义先小胜后大败，阿尔特维尔德本人战死。他的父亲"智者"雅各布·范·阿尔特维尔德是佛兰德的著名政治家。

联想到地狱：火炮打乱了自然秩序，彻底断送了骑士风尚。早至1137年，教会就禁止将火药用于军事用途，还彻底禁止使用弩弓，但没有产生什么影响。恶魔已经横空出世。

到1420年，除了攻城战之外，火炮对作战的贡献还是极小的，但此时奥斯曼人开始对火炮兴趣盎然。他们攻入巴尔干后，缴获了相关的资源，俘虏了一些工匠，开始制造自己的火炮。他们兴办了铸炮厂，开采铜矿，建立了火药厂；雇用了技能熟练的铸造工人、石弹切割工人和硝石制造工人。奥斯曼人学习得非常快。他们极其擅长吸收新技术，并将有技术的基督徒吸纳进他们的军队，同时训练自己的士兵。穆罕默德二世的父亲穆拉德二世建立起了炮兵的基础设施，在近卫军中组建了炮兵部队和炮车车夫的队伍。与此同时，虽然教皇禁止向异教徒出口火炮，威尼斯和热那亚商人还是将武器运往地中海东部。兜售技术的工匠们也热衷于将自己的一身本事卖给正在崛起的苏丹，于是纷纷来到奥斯曼宫廷。

1422年，穆拉德二世攻打君士坦丁堡，让后者首次尝到了奥斯曼人新技术的厉害。根据希腊人的记载，穆拉德二世带来了巨型"射石炮"（由德意志人指挥），轰击城墙，但炮击大体是无效的：70枚炮弹击中了一座塔楼，但没有造成显著的破坏。24年后，穆拉德二世再次用大炮攻打另一段城墙时，故事就完全不一样了。15世纪40年代，君士坦丁十一世试图保护帝国所剩不多的几个行省之一——伯罗奔尼撒免遭奥斯曼人的侵袭，于是在科林斯地峡建造了一道长6英里的城墙（被称为"赫克萨米利翁"，意思是"6里"），从西海

# 6. 城墙和大炮

岸一直到东海岸，将半岛完全封锁。这是一项规模相当宏大的军事工程，被认为足以抵挡长期进攻。1446年12月初，穆拉德二世用长身管火炮攻打这道城墙，仅仅5天时间就将其突破。君士坦丁十一世险些丢掉了性命。

在1422年和1446年之间，奥斯曼人对火炮的认识大大加深了，而这个时期恰恰是火炮制造和火药技术演化的关键时刻。大约在15世纪20年代，欧洲的火药制造技术有了一个重要进展，大大增强了它的威力和稳定性。在此之前的普遍做法是将火药的原配料——硫黄、硝石和木炭分别储存在不同的桶内，要使用的时候才在现场将它们混合起来。这种方法生产出来的火药燃烧较慢，容易受湿气影响，而且各种原料很容易互相分开。15世纪初，人们通过实验发现，更好的生产方法是将原料混合成糊状，然后将其烘干，做成饼形，需要的时候就根据具体的用量从饼上取下颗粒。这种所谓"粒状"火药燃烧较快，威力比以往提高了30%，而且不容易受到潮湿环境的影响。有了新式火药，就能够以惊人的力量向一堵城墙发射重型炮弹。此时，长达16英尺、能够抛射750磅重的炮弹的巨型攻城炮也问世了。1412年，根特的巨型射石炮"疯女格丽特"①开火时的巨响似乎是"地狱的复仇女神发出的"，打垮了布尔日的城墙。但是，新式火药也增加了对炮手的风险，并影响了铸炮技术：炮管被铸造得更坚固也更长，新的趋

---

① 这门大炮得名自佛兰德民间传说中的"疯女格丽特"，据说她曾率领一支娘子军攻打地狱。

**用火药填充大炮**

势是将火炮整体铸造，因此炮身就必须用青铜铸造，于是造价也飙升了。铜炮的造价是锻造铁炮的三倍，但好处的确很多，昂贵的造价显然是值得的。自从号角的轰鸣令耶利哥的城墙①崩塌以来，优势首次转移到攻城的一方手中。在15世纪的欧洲，攻城大炮的怒吼此起彼伏，石弹不断轰击石墙，此前被认为是坚不可摧的众多堡垒骤然坍塌。

　　奥斯曼人具有得天独厚的优势，能够充分利用这些技术进步。奥斯曼帝国不断扩张，境内的铜矿可以自给自足，而且拥有天然硝石。帝国通过征服或者贸易掌握了火药技术，然后建立起一些机构，将技术在自己的军队中推广。奥斯曼人很快就精通了火炮制造、运输和射击技术，而且在火药战争必需的深度后勤补给工作上首屈一指。要在指定时间将一个有战斗力的炮兵连部署到战场上，对中世纪的补给链来说是个极大的挑战：除了要运输笨重的火炮外，还要及时供应与火炮口径相符的足够数量的石弹以及火药。奥斯曼人从帝国全境搜寻人力和物资——从黑海获取炮弹，从贝尔格莱德

---

① 根据《旧约·约书亚记》，约书亚率领希伯来人攻打耶利哥城，在上帝保佑下吹响号角，城墙就坍塌了。

## 6. 城墙和大炮

获取硝石，从凡城①获得硫黄，从卡斯塔莫努②弄来青铜，通过海外贸易获取锡，将巴尔干的教堂铜钟熔化用于铸炮——并通过由大车和骆驼组成的陆路交通网分配和输送这些物资，这个运输网的效率是无与伦比的。深度的计划是奥斯曼军事机器的典型特征，因此奥斯曼人在提出特殊要求的火药时代得心应手。

奥斯曼人吸收火炮技术的速度如此之快，到了 15 世纪 40 年代，显然就已经掌握了在战场上利用临时设施铸造中型炮管的技术。穆拉德二世将铸炮所需的金属原料运到了赫克萨米利翁，在那里就地铸造了很多长身管火炮。这使得奥斯曼人在攻城战中能够做到特别灵活机动：他们不是将现成的火炮拖到前线，而是更方便快捷地将火炮配件运往前沿，在那里组装；攻城结束后，如果需要，还可以将火炮拆解。在使用过程中炸膛的火炮（炸膛是屡见不鲜的现象）可以快速得到修复，重新投入作战。在当时，现有的炮弹的口径与火炮可能并不完全相符，于是可以根据手头的弹药，对炮管量身定做（17 世纪，在攻打克里特岛上的威尼斯城市甘地亚的史诗般大战中，奥斯曼军队仍然用到了这种方法。在 21 年的征战中，奥斯曼军队收集了 3 万发威尼斯制造的炮弹。奥斯曼人的火炮无法使用这些炮弹，于是他们铸造了新的炮管，来适应敌人炮弹的口径，并把它们派上了用场）。

对奥斯曼人来说，攻城炮似乎满足了游牧民族灵魂深处

---

① 土耳其东部城市。

② 土耳其北部城市。

的一种特别需求：它迎合了他们对设防定居点的根深蒂固的敌视。草原游牧民族的后裔已经证明了自己在运动战中的持续优势，只有在面对定居民族的城墙时，他们才觉得棘手。有了火炮，他们就有可能速战速决，避免漫长的围城战。热爱科学的穆罕默德二世在观察君士坦丁堡坚不可摧的城墙时，立刻想到了大炮。他登基不久就开始试验铸造重型火炮。

拜占庭人也认识到了火药武器的潜力。在城内，他们也有一些中型火炮和火枪，君士坦丁十一世竭尽全力地储存相应的资源。他成功地从威尼斯人那里获得了火药供应，但他的帝国穷得叮当响，无力在昂贵的新式武器上大量投资。大约在 1452 年之前，一个名叫乌尔班的匈牙利铸炮工程师来到君士坦丁堡，希望在帝国宫廷飞黄腾达。像他这样四处兜售技术的人越来越多，在整个巴尔干到处寻找买家。他表示愿意为拜占庭人效劳，为他们铸造一体化的重型铜炮。囊中羞涩的皇帝对此人很感兴趣，但没有资源让他施展拳脚；皇帝给乌尔班发了一笔微薄的津贴，希望把他留在城内，但这津贴没有按时发放。这位不幸的工艺大师生活越来越拮据；大约在 1452 年，他离开了君士坦丁堡，前往埃迪尔内，寻求觐见穆罕默德二世。苏丹欢迎了这个匈牙利人，赏赐他锦衣玉食，并仔细询问他。希腊史学家杜卡斯对两人的会面作了生动的还原。穆罕默德二世问他，能否铸造一门足够强大的大炮，它能够抛射足够大的石弹，以摧毁君士坦丁堡的城墙，并比画了一下他估计的石弹的尺寸。乌尔班的回答是非常明确的："如果陛下需要的话，我可以铸造一门能够发射这种石弹的铜炮。我对城墙作了仔细观察。我的大炮不仅能把这些城墙炸为齑粉，巴比伦的城墙也不在话下。铸造这样的大炮所需的工作，我是完全胜任的。但是，"他急于对自己能打的包票加以限制，"我不知道如何让这样的大炮发射，所以不能保证一定能发射成功。"[13]穆罕默德二世命令他铸造大炮，并宣布他将亲自研究大炮的发射。

不管这次觐见的细节究竟如何，乌尔班大约在1452年夏季，也就是割喉堡施工期间，开始铸造他的第一门巨炮。大约这个时期，穆罕默德二世一定已开始大量储存制造大炮和火药所需的物资：铜和锡、硝石、硫黄和木炭。他可能还颁布圣旨，命令石匠们在黑海沿岸的采石场制造花岗岩弹头。三个月内，乌尔班就铸造出了他的第一门大炮。它被拖到割喉堡，用来监视博斯普鲁斯海峡。就是这门炮在1452年11月摧毁了里佐的桨帆船，并第一次将奥斯曼大炮的威名传遍了君士坦丁堡。穆罕默德二世对这一结果颇为满意，命令乌尔班将现有火炮的尺寸翻一倍，铸造一门真正恐怖的大炮，也就是后世巨炮的原型。

在乌尔班以前，奥斯曼人可能就已经在埃迪尔内铸造火炮了。乌尔班的贡献在于，他能够制造尺寸大得多的模具，并控制关键的变量。1452年冬季，他开始铸造很可能是史上最大的巨炮。希腊史学家克利托布罗斯对这个无比艰苦、非同寻常的过程作了详细描述。首先，用陶土混合剁得很细的亚麻布和大麻，制造一个大约27英尺长的炮管形模具。模具分成两个部分，用来容纳石弹的前端的口径是30英寸；用于容纳火药的后端尺寸较小。然后需要挖掘一个巨大的坑，并将已经烧制完毕的陶土模具放入坑内，炮口朝下。然后在模具外再覆盖一层陶土，"就像剑鞘一样"[14]，并固定妥当，两层陶土之间留有空隙，用于注入熔化的金属。然后在整个结构的外围紧紧地堆砌"铁和木料、泥土和石块，从外面压紧"[15]，以支撑青铜的巨大重量。最后在模具上泼洒潮湿的沙子，将整个结构覆盖起来，只留下一个可供注入熔化金属的孔洞。同时，乌尔班建造了两座砖砌的熔炉（它的内外壁覆有烧制好的陶土，并用大石块固定），它们足以抵抗 1000 摄氏度的高温，并用小山一样的木炭将熔炉埋起来，"埋得非常深，只露出炉口"[16]。

中世纪铸造厂的运作险象环生。后世的奥斯曼旅行家艾弗里雅·切莱比参观了一座铸炮厂，把铸炮工作中人们的恐惧和蒙受的风险描绘了下来：

> 铸造大炮的日子，厂主、工头和铸造工人，以及炮兵总管大臣、主监察官、伊玛目①、宣礼员和计时员，全都聚集起来；在"安拉！安拉！"的呼声中，人们将木柴投入熔炉。熔炉烧了二十四小时之后，铸造工和司炉工都脱得赤条条的，只穿着拖鞋和保护胳膊的厚厚衣袖，戴着一种遮蔽面部而只露出眼睛的奇怪帽子；因为

---

① 伊玛目是伊斯兰教社会的重要人物。在逊尼派中，伊玛目等同于哈里发，是穆罕默德的指定政治继承人。逊尼派认为伊玛目也可能犯错误，但假如他坚持伊斯兰教的仪式，仍要服从他。在什叶派中，伊玛目是拥有绝对宗教权力的人物，只有伊玛目才能明晓和解释《古兰经》的奥秘含义，他是真主选定的，不会犯错。这里指的是主持礼拜的德高望重的穆斯林，是一种荣誉称号。

## 6. 城墙和大炮

熔炉在烧了二十四小时之后，那高温让人无法接近，除非作这样的打扮。想看看地狱烈火是什么景象的人都应当看看这个场面。[17]

人们判断熔炉内温度达到正确值的时候，工人们开始向坩埚内投入铜块，以及一些碎铜（对基督徒们来说具有讽刺意味的是，这些边角料可能是从教堂大钟上弄来的）。这项工作的危险到了难以置信的程度。工人们需要将铜块一块块地投入沸腾冒泡的大锅，用金属长柄勺捞去在表面漂浮的废渣；锡合金发出有毒气体；如果金属碎片是湿的，它带入的水分就会化为水蒸气，导致熔炉破裂，站在附近的人全都得完蛋。重重危险让工人们非常迷信。艾弗里雅说，在需要投入锡块的时候，维齐尔、穆夫提①和谢赫②们都应招前来[18]；除了铸造厂人员之外，到场的一共只有四十人。其他随从人员都不得入内，因为熔化中的金属是容不得恶眼注视的。厂主们会请求坐在离熔炉很远处沙发上的维齐尔和谢赫们一刻不停地重复这句话："一切权力和力量都属于安拉！"然后，工匠师傅们用木制铲子将好几英担③的锡投入熔化的黄铜的海洋。领头的铸造工向维齐尔和谢赫们说：

---

① 穆夫提是伊斯兰教法的权威，负责就个人或法官提出的询问给出意见。穆夫提通常必须精通《古兰经》、圣训、经注以及判例。在奥斯曼帝国时期，伊斯坦布尔的穆夫提是伊斯兰国家的法学权威，总管律法和教义方面的所有事务。随着伊斯兰国家现代法律的发展，穆夫提的作用日益减小。如今，穆夫提的职权仅限于遗产继承、结婚、离婚等民事案件。

② 谢赫是阿拉伯语中的一个常见尊称，意指"部落长老"、"伊斯兰教教长"、"智慧的男子"等。

③ 1 英担相当于 50.80 千克。

"请以真正信仰的名义,向铜的海洋中投入一些金银币,作为施舍!"人们用船上的帆桁那么长的竿子将金银混入铜锡合金;竿子被熔化后,就立刻换上新的竿子。

一连三天三夜,若干组铸造工人一刻不停地操纵风箱,对点燃的木炭进行过热处理,直到目光敏锐的铸造师傅判断出,合金已经变成正确的炽热红色。连续好几星期的艰苦工作在这一周到达了一个关键时刻,需要做出精准的判断。"时限已到……铸造师傅和其他工匠师傅们穿上笨拙的毛毡防护服,用铁钩子打开熔炉口,并高呼'安拉!安拉!'。液态金属开始流出,足以照亮百步之外的人脸。"[19]熔化的金属就像岩浆一样沿着陶土管道缓缓流动,进入大炮模具的孔洞。汗流浃背的工人们用非常长的木杆戳着黏滞的金属,把气泡戳破,因为气泡可能会导致金属在烧制时破裂。"青铜从管道中流入模具,直到将其注满,还溢出了一腕尺①。大炮就这样铸成了。"[20]紧压在模具外围的湿沙子会减缓冷却的速度,并阻止青铜在这一过程中破裂。金属冷却之后,人们要费尽九牛二虎之力将大炮(它就像是包裹在陶土茧里的幼虫)从地里挖出来,并用牛群将它拖到地面上。这是一个神奇的变化过程。

工人们将模具敲碎拆除,并对金属进行刮擦和打磨之后,呈现在人们眼前的是"一头恐怖而超凡的怪兽"[21]。原始的炮管在冬日阳光下呈现黯淡的光泽。它长达 27 英尺。

---

① 古代的一种长度计量单位,相当于从中指尖端到肘部的长度。

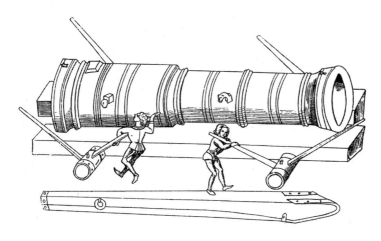

**15 世纪的射石炮**

由坚固的青铜铸就的炮管壁厚达 8 英寸，足以抵御火药爆炸的冲击力；炮管口径为 30 英寸，足以让一个成年人手脚并用地钻入，能够发射圆周长达到 8 英尺、重量超过半吨的超重型石弹。1453 年 1 月，穆罕默德二世下令在位于埃迪尔内的新宫外进行一次试射。巨大的射石炮被拖曳到城门附近的指定位置。全城人都得到警告，次日"炮声将有如雷霆，大家务必多加小心，免得毫无准备、耳朵被震聋，或者孕妇被惊吓导致流产"[22]。这一天早上，炮手们给大炮装填了火药。一群工人将一块巨大的石弹抬入炮口，将它滚进炮管深处，稳妥地安放到火药室前方。炮手将点燃的火把伸向点火孔。一声巨响，滚滚浓烟遮天蔽日，巨大的石弹呼啸出膛，在开阔的原野上飞了 1 英里，最后坠入松软的泥土，一直钻到 6 英尺深的地下。杜卡斯本人可能也目睹了这次试射。据他说，"这火药的威力如此巨大"[23]，甚至 10 英里外也能听得见爆炸声。穆罕默德二世则特意让人们将关于恐怖巨炮的消息传回君士坦丁堡：巨炮不仅是实用的武器，也是心理战的利器。在埃迪尔内，乌尔班的铸造厂继续生产尺寸各异的更多火炮；它们都没有第一门那么庞大，但也有不少身管长度超过了14英尺。

2月初，奥斯曼人开始将注意力转移到将乌尔班巨炮从埃迪尔内运往君士坦丁堡（路程为140英里）的巨大的实际困难上。大批人员和牲畜被分配去执行这个艰巨任务。人们用铁链将许多大车锁在一起，艰难地将巨大的炮管装载到车上，然后用60头公牛拖曳大车。大车嘎吱作响地在起伏延绵的色雷斯乡间蹒跚前进，200人专门负责扶着炮管，还有一队木匠和劳工负责逢山开路、遇水搭桥。巨炮以每天2.5英里的速度向君士坦丁堡的城墙缓缓前进。

# 7. 浩瀚如繁星
## 1453 年 3～4 月

它前进时，枪矛如林；它止步时，营帐遮盖大地。[1]

——穆罕默德二世的史官图尔松贝伊

如此描绘奥斯曼军队

穆罕默德二世的计划要想完成，不仅需要火炮优势，还需要兵力优势。他决心以压倒性的强大兵力迅速猛攻君士坦丁堡，抢在基督教世界来得及做出反应之前，就把君士坦丁堡彻底打垮。奥斯曼人素来深知，攻城战中兵贵神速。像近卫军战士米哈伊尔（他是当时为奥斯曼人作战的一名战俘）这样得以观察奥斯曼军队的外国人也对此心知肚明："土耳其皇帝不惜重大代价，快速猛攻和占领城市以及要塞，为的是避免长期围城。"[2] 成功取决于能否在巨大规模上快速地动员人力和装备。

于是，穆罕默德二世在年初发布了传统的征召令。按照古老的部落习俗，苏丹将他的马尾旗树立在皇宫庭院内，宣布即将发动战役。这个讯号发出后，"传令官被派往各行省，命令所有人都前来参加攻打君士坦丁堡的战役"[3]。奥斯曼帝国的两支军队——欧洲军和安纳托利亚军的指挥结构确保了征召令能够得到即刻回应。根据一整套复杂的契约和征募规则，整个帝国都动员起来。外省的骑兵（他们将组成军队的主力）作为地主，对苏丹负有服兵役的义务，因此必须应征前来，每个人都必须带来自己的头盔、链甲和战马护甲，以及自己的扈从（扈从的数量由他的地产规模决定）。在骑兵之外，还"从手艺人和农民"[4]中征募一支季节性的穆斯林步兵部队，军费由全体公民按照一定的比例承担。这些士兵将成为君士坦丁堡战役的炮灰。"两军交锋时，"一个意大利人冷嘲热讽道，"他们就像猪群一样被毫无怜悯地驱赶上前，然后成群地倒毙。"[5]穆罕默德二世还从巴尔干征召了基督徒辅助部队，主要是斯拉夫人和瓦拉几亚人（他们是帝国的附庸封臣，按照法律规定，有服兵役的义务）。另外他还准备好了精锐的职业军队——著名的近卫军步兵，以及若干骑兵团和相应的炮手、军

马尾旗：奥斯曼
帝国威严的象征

械匠、卫队和宪兵部队。这些精锐部队能按期领到军饷（三个月发放一次），其武器装备的开支由苏丹个人承担；他们全都是前基督徒，大部分来自巴尔干，幼年时就被掳掠并皈依伊斯兰教。他们只忠于苏丹一个人。虽然他们人数很少（步兵可能不超过 5000 人），却构成了奥斯曼军队恒久的核心。

战役的动员工作惊人地高效。在穆斯林地区并不需要强拉壮丁，人们会主动报名参军，其积极性让匈牙利的乔治（他此时也是身在奥斯曼帝国的战俘）这样的欧洲人瞠目结舌：

> 开始招兵买马的时候，他们立刻前去报到，如此积极和迅速，就好像他们被邀请去参加婚礼，而不是战争似的。他们按照征召的顺序在一个月内就集结完毕，步兵和骑兵分开，各自有指定的首领，集结的编组也被用于扎营；在备战时……人们热情高涨，争先恐后地报名，愿意代替邻居去服役，那些被留在家里的人感到自己受了冤屈。他们说，战死疆场、马革裹尸要比在家里寿终正寝强得多……在战争中阵亡的人不会被哀悼，而是被颂扬为圣徒和胜利者，成为世人的榜样，受到极大的景仰。[6]

"人们听说这次战役将是攻打君士坦丁堡，全都蜂拥而至，"杜卡斯补充道，"包括少不更事的孩童和耄耋之年的老人。"[7]对获得战利品和飞黄腾达的憧憬以及圣战的使命感让他们激情满怀，这些主题密不可分地结合在《古兰经》

中：根据伊斯兰教的神圣法律，凡是通过武力攻克一座城市之后，可以在三天之内合法地进行掳掠。辉煌的目标更是让人们更加斗志昂扬：穆斯林普遍相信（尽管这种想法或许是错误的），君士坦丁堡的红苹果拥有神话般的大量金银珠宝。很多没有受到征召的人也主动来了：志愿兵和自由劫掠者、显贵们的追随者、德尔维希和被古老预言感召的圣徒，他们用先知的训诫和殉道的光荣前景煽动群众。整个安纳托利亚激情如火，记起了，"先知曾许诺和预言，这座巨大城市……将成为信士们的居所"[8]。

人们从安纳托利亚的各个角落蜂拥前来，"从托卡特、锡瓦斯、科马契、埃尔祖鲁姆、甘噶、巴伊布尔特和特拉布宗"[9]赶往位于布尔萨的集结点。欧洲地区的集结点则是埃迪尔内。一支大军逐渐成形："骑兵、轻步兵、重步兵、弓箭手、弹弓手和长枪兵。"[10]与此同时，奥斯曼帝国的后勤机器也隆隆开动，对铠甲、攻城武器、火炮、帐篷、船只、工具、兵器和粮食进行收集、修理或生产。骆驼队在绵延的高原上来回穿梭。奥斯曼人在加里波利维修船只。部队被运送过博斯普鲁斯海峡，抵达割喉堡。从威尼斯间谍那里获取了情报。在战役的组织工作上，世界上任何一支军队都无法与奥斯曼军队相提并论。

2月，奥斯曼人的欧洲军在卡拉加贝伊指挥下开始肃清君士坦丁堡的腹地。君士坦丁堡在黑海沿岸、马尔马拉海北岸和博斯普鲁斯海峡附近还控制着一些设防的前哨阵地。附近乡间的希腊人撤进了各个要塞。奥斯曼军队将拜占庭的每座要塞都围了个水泄不通。投降的人被释放，没有受到伤害；但也有一些人，比如马尔马拉海边埃皮巴托斯附近一座塔楼的守军则选择了抵抗。奥斯曼军队猛攻了这座塔楼，将守军斩尽杀绝。有些要塞很坚固，没办法迅速攻克；奥斯曼军队就绕过它们，但对其加以监视。关于这些战斗的消息传回了君士坦丁堡，令因为宗教仇隙而内斗不休的市民们愈发惶恐。为了防止君士坦丁十一世率军冲杀出城、扰乱准备工作，奥斯曼军队已经派遣了三个团的兵力对城市进行严密监视。同时，工兵部队在加固桥梁、平整道路，为大炮及重装备（它们在 2 月份已经在穿越色雷斯）的运输做准备。到 3 月，一队战船从加里波利起航，驶过了君士坦丁堡，然后将安纳托利亚部队的主力运往欧洲。大军开始集中。

最后，在 3 月 23 日，穆罕默德二世耀武扬威地"率领他的军队，包括骑兵和步兵，穿过乡间，大肆破坏、恣意袭扰，一路带来极大的恐惧和痛苦"[11]。这一天是星期五，对穆斯林来说是一周中最神圣的日子，穆罕默德二世特意选择这一天开拔，就是为了强调此次战役的神圣性。伴随他的有很多宗教人士："众多乌理玛①、谢赫和先知后裔……不断重复祷言……与大军一道前进，策马骑行在苏丹身旁。"[12]穆罕默德二世身边可能还有一位叫作图尔松贝伊的官员，他将记载围城战的始末，这是极其罕见的来自奥斯曼帝国方面的关于此次战役的第一手资料。4 月初，这支大军在君士坦

---

① 乌理玛的阿拉伯文原意为学者，是伊斯兰教学者的总称。任何一位了解古兰经注疏学、圣训学、教义学、教法学，及有系统的宗教知识的学者，都可被称为乌理玛。它被用来泛指伊斯兰社会中所有的知识分子，包括阿訇、毛拉、伊玛目等。

1453

一名土耳其近卫军士兵

丁堡城下集结完毕。4月1日是复活节，东正教日历中最神圣的一天，市民们带着虔诚与恐惧的复杂心情庆祝了这个节日。午夜，在教堂内，人们用烛光和焚香来宣示复活的基督的神秘。在被黑暗笼罩的城市内，简单但富有魔力的复活节连祷的声音以神秘的四分之一节拍不断升降起伏。教堂大钟被敲响。只有圣索菲亚大教堂一片沉寂，没有东正教徒前来做礼拜。在前几周内，人们"哀求上帝，不要让城市在复活节的神圣一周内遭到攻击"[13]，并从圣像中寻找精神力量。按照习俗和传统，最受尊崇的一幅圣像——"指路圣母像"，这是一幅能够创造奇迹的圣母像——被抬到布雷契耐皇宫，在那里度过复活节的一周。

第二天，奥斯曼先遣部队已经出现在城墙外。君士坦丁十一世派兵出击，与这些敌人对抗。在随后发生的战斗中，一些奥斯曼劫掠者被杀死。但随着时间一分一秒过去，越来越多的奥斯曼士兵出现在地平线上。君士坦丁十一世决定将部队撤入城内。壕沟上的桥梁全部被摧毁，城门紧锁。城市被彻底封闭，静候它的命运裁决。苏丹的军队开始排兵布阵，这些阵势都已经操演熟练，既小心谨慎，又深谋远虑。4月2日，奥斯曼主力部队在离城5英里处停下脚步。它被分为若干部分，每个团都有自己的阵地。随后几天内，大军分批逐步前进，这无情的步步紧逼让观察者想起"奔流入海的大河"[14]。很多史学家都使用了这个比喻来描绘奥斯曼军队难以置信的强大和一刻不停的运动。

围城的准备工作进展神速。工兵们开始将城外的果园和葡萄园夷为平地，以便为火炮开辟出开阔的射击场。他们还挖掘了一条与陆墙相距250码、沿着陆墙全线与之平行的堑壕，堑壕前方筑起了土墙，以抵御炮火。堑壕顶部覆盖了木制框架，以提供防护。在这道防线之后，穆罕默德二世将他的主力部队部署到离陆墙1英里处的最终阵地上："按照惯例，在伊斯坦布尔城外扎营的那天，全军各团分别列队。他在中军，身边簇拥着头戴白帽的近卫军弓箭手、土耳其和欧洲裔弩手、火枪手和炮手。戴红帽的步兵部队排列在他左右两侧，骑兵压阵。全军以这样的队形进逼伊斯坦布尔。"[15]每个团都有自己的指定位置：安纳托利亚军在右翼（奥斯曼人以右为尊），指挥官是土耳其将军伊沙克帕夏，他的副将是一名叛教的前基督徒马哈茂德帕夏。基督徒和巴尔干部队则在左翼，由卡拉加帕夏指挥。另外一支庞大队伍则在改信伊斯兰教的希腊人扎甘帕夏统领下，前往金角湾以北的沼泽地带铺设道路，并控制一直通往博斯普鲁斯海峡的山地，监视加拉塔的热那亚人居民点的动静。4月6日（又是一个星期五），穆罕默德二世抵达了精心选择的前沿指挥部所在地——居高临下的马尔特佩山，位于大军的中间，对面就是他认为最脆弱的城墙地段。1422 年，他的父皇穆拉德二世也是在这里指挥了攻城战。

城墙上的守军目睹城外平原迅速建起一座帐篷的城市，不禁惊恐万状。据一位作家称，"苏丹的军队人数众多，就像无数沙粒……遮蔽了两片海岸之间的地域"[16]。奥斯曼帝国的战役准备执行得井井有条，而对具体目标秘而不宣，这种低调更是令人恐惧。拜占庭史学家哈尔科孔蒂利斯①承认："穆罕默德苏丹的军队和营地秩序井然，粮草充足，扎营时的秩序颇具美感，没有任何混乱和尴尬局面。除了苏丹之外没有任何一位君主能做得到这些。"[17]锥形帐篷安排得非常整齐清爽，每一群帐篷的中间都是指挥官的营帐，它的主杆上飘扬着显眼的旗帜。在整个营地的中间，人们郑重其事地搭建起穆罕默德二世本人的金红两色刺绣营帐。苏丹的营帐是其尊贵和威严的视觉象征——使苏丹权力具象化，折射出苏丹作为游牧领袖的汗国起源。每位苏丹登基时都会命人为他制作一顶华丽的帐篷，以表现他作为君主的特别之处。穆罕默德二世的营帐位于拜占庭守军弩箭射程之外；按照惯例，在营帐周围建起了木栅，挖掘了壕沟，安放了盾牌；以苏丹营帐为圆心，如同"光晕环绕月亮"[18]一般部署着他的最为忠心耿耿的部队——"最精锐的步兵、弓箭手和支援部队，以及他的其他私家兵卒，这些士兵是全军的佼佼者"[19]。这些士兵的任务是像保护自己的眼睛一样保护苏

---

① 拉奥尼科斯·哈尔科孔蒂利斯（约 1423～1490），拜占庭史学家。他的著作是研究拜占庭末期和奥斯曼帝国崛起时期历史的重要资料来源。

丹，整个帝国的安全就寄托在他们身上。

整个营地的组织工作非常细致。帐篷如海洋一般，顶部飘扬着各色大小旌旗：苏丹本人的金白两色皇旗、他的近卫骑兵的红旗、近卫步兵的绿红两色或红金两色旗帜。旗帜是中世纪军队中权力和秩序的标志。城墙上的观察者还能看得见众位维齐尔和主要指挥官的色彩鲜艳的帐篷，以及不同部队的独特帽子和服饰：近卫军戴着非常突出的白色拜克塔什教派①的帽子；步兵头缠红色头巾；骑兵戴着尖顶的头巾式盔帽，身披链甲；斯拉夫人则穿着巴尔干式服装。目睹奥斯曼大军盛景的欧洲人对他们的士兵和装备做了评述。佛罗伦萨商人贾科莫·特塔尔迪声称："他们中的四分之一穿着链甲或者皮甲，其他很多人的装备是法兰西式的，还有匈牙利式的，还有人戴着铁盔，配备土耳其弓弩。其他士兵除了盾牌和弯刀——这是一种土耳其式的剑——没有任何装备。"[20] 让站在城墙上的观察者愈发震惊的是，敌人拥有的牲畜数量惊人。"我承认，在军营里的牲口数量常常比人多，以便运输补给和粮食，"哈尔科孔蒂利斯写道，"但是这些人……不仅带来了足以满足运输需求的骆驼和骡子，还把牲畜作为一种娱乐工具，所有人都热衷于展示最好的骡子、马匹或骆驼。"[21]

守军看到敌人忙忙碌碌、用意明显，不禁心生畏惧。黄

---

① 拜克塔什教派是伊斯兰教的一派，受到苏非派的影响，混合了逊尼派、什叶派和苏非派的神学观点，具有神秘主义特点，历史上主要在安纳托利亚和巴尔干流行。这一派在奥斯曼近卫军中势力很大。1826 年，奥斯曼帝国发起改革，裁撤了近卫军，拜克塔什教派也一度被禁止。

昏将近时，宣礼员们从营地的数十个地点发出召唤祈祷的呼声，这呼声萦绕回荡在营地上方。人们点燃篝火，准备一天中的唯一一餐（因为奥斯曼军队在作战时生活非常节俭），炊烟随风飘散。两军仅仅相隔250码，城墙上的守军可以听得清敌营的种种声响：喃喃低语声，木槌敲击声，打磨刀剑的声音，马匹、骡子和骆驼的响鼻和嘶鸣声。更糟糕的是，他们或许还能听见敌军中由欧洲人组成的那一翼传来的基督教祷告声。奥斯曼帝国虽然决意打一场圣战，对他们的附庸却非常宽容："尽管他们是苏丹的臣民，他并没有强迫他们摒弃基督教信仰，所以他们可以随心所欲地信仰和祈祷。"特塔尔迪如此写道。奥斯曼军队从基督徒臣民、雇佣兵、叛教者和技术专家那里得到的巨大帮助成了令欧洲史学家们再三哀叹的主题。"我可以作证，"莱奥纳德大主教咆哮道，"土耳其人那边有希腊人、拉丁人、德意志人、匈牙利人、波西米亚人和来自其他所有基督教国家的人……如此背弃基督，是多么可憎！"[22]他的咒骂并不完全公正，因为很多基督徒士兵是作为苏丹的附庸，被强迫参战的。"我们不得不骑马前往伊斯坦布尔，去为土耳其人效力，"[23]近卫军战士米哈伊尔回忆道，因为如果拒绝服役，就只有死路一条。在被迫参加攻城战的士兵中有一个名叫涅斯托尔－伊斯坎德尔的年轻的俄罗斯东正教徒。他在俄罗斯南部边疆靠近摩尔达维亚的地区被一支奥斯曼军队俘虏，被迫接受了割礼，以准备皈依伊斯兰教。他所在的部队接近君士坦丁堡时，他开了小差，溜进城市，对后来发生的事件做了生动的描述。

穆罕默德二世麾下的围城军队究竟有多少兵力，没人能说得清。奥斯曼帝国在极其宏大的规模上动员正规军和志愿兵的天赋一次次令他们的对手瞠目结舌、胡乱猜测。为苏丹歌功颂德的奥斯曼史学家简单地将（这种规模）比喻为"钢铁洪流"[24]"浩瀚如繁星"[25]。目睹这支大军的欧洲人给出了一些具体的数字，但都是很大的粗略数字。他们的估算从 16 万一直到 40 万都有。得以在近距离观察奥斯曼军队的近卫军战士米哈伊尔的说法更务实一些："土耳其皇帝为正面交锋动员的兵力不可能有人们传说的那样雄厚。有人说土耳其军队数不胜数，这是不可能的，因为所有的统治者都希望知道他的军队究竟有多少人，以便进行组织。"[26]特塔尔迪的估计数字似乎最为现实，他冷静地计算出："在围城战中，一共有 20 万人。其中大约 6 万人是士兵，其中 3 万~4 万人是骑兵。"[27]在 15 世纪，这已经是惊人的数字了，因为阿金库尔战役中英法两军的总数只有 3.5 万人。如果特塔尔迪的估算接近实际情况的话，奥斯曼军队带来的马匹的数量非常庞大。在 6 万士兵之外，奥斯曼大军的其余部分是辅助和随军人员：补给队伍、木匠、铸炮工匠、铁匠、军械匠以及"裁缝、糕点师、手艺人、小贩，以及其他为了获利或掳掠战利品而追随军队的人"[28]。

君士坦丁十一世要统计自己的兵力就简单得多，只需要数一数就行了。3 月底，他命令对各城区做一次人口统计，记录"有多少身体健全的人，包括僧侣，以及每个人拥有多少可以用于城防的武器"[29]。在得到统计结果后，他就把计算的工作托付给了他忠心耿耿的大臣和毕生挚友乔治·斯弗朗齐斯。斯弗朗齐斯回忆道："皇帝召见了我，并说：

'这项任务属于你的职责范围,只有你最适合,因为你有本事进行必需的计算、监督城防的准备工作,并保守秘密。请把这些清单拿回家研究,做出精确的评估:我们究竟有多少手持武器、盾牌、弓和火炮。'"[30]斯弗朗齐斯尽职尽责地进行了计算。"我执行了皇帝的命令,向他呈报了对我方资源的详细估算,计算的结果相当让人灰心丧气。"原因很简单:"我们的城市虽然面积辽阔,守军却只有4773名希腊人和仅仅200名外国人。"[31]除此之外还有一些没有利益瓜葛的局外人也主动前来参战,包括"热那亚人、威尼斯人和那些偷偷从加拉塔前来帮助守城的人",这些人的总数"不到3000"[32]。因此,全城守军只有不到8000人,却要防守长达12英里的城墙。在这不到8000人的守军中,"大部分希腊人不擅长作战,他们使用盾牌、利剑、长枪和弓箭作战时完全是凭本能,而没有任何军事技能"[33]。守军严重缺乏"擅长使用弓弩的人"[34]。对政府心怀不满的东正教群众能帮多少忙,也很难说。君士坦丁十一世担心兵力如此匮乏的消息如果传播出去,会严重影响士气,因此决定把真实情况隐瞒起来。"真实的数字被当作秘密保守起来,只有皇帝和我两个人知道。"[35]斯弗朗齐斯回忆道。很显然,这场战役的攻防双方力量悬殊。

君士坦丁十一世把真实情况隐瞒起来,开始着手最后的准备工作。4月2日,也就是城门最后一次紧闭的那天,他派遣船只将金角湾的铁链升起,铁链从城内卫城角附近的尤金尼乌斯门一直拉到加拉塔海墙内的一座塔楼上。这项工程由一位名叫巴尔托拉米奥·索利戈的热那亚工程师负责。之所以选择他，或许是因为他能够说服在加拉塔的热那亚同胞，让他们同意将铁链固定在他们的城墙上。这个问题是很有争议的。加拉塔的热那亚居民允许拜占庭人这么做，就可以算是破坏了自己的严格中立性。如果战事不利，这肯定会招来穆罕默德二世的怒火，但热那亚人还是同意了拜占庭的请求。对君士坦丁十一世来说，只要有足够的海军力量保护铁链，金角湾沿岸的 4 英里城墙就几乎不需要部署兵力了。

穆罕默德二世在城外排兵布阵的同时，君士坦丁十一世召开了作战会议，与朱斯蒂尼亚尼和其他指挥官共同商议如何将他的小小军队部署在 12 英里长的战线上。他知道，只要铁链巩固，金角湾一带就是安全的；他也不是很担心其他地段的海墙。博斯普鲁斯海峡的海流非常迅猛，敌人无法轻易地乘船在那里登陆。马尔马拉海沿岸同样有强大的海流，而且岸边浅滩也不利于敌人的登陆作战。最需要关注的是陆墙，尽管它们貌似固若金汤。

双方都知道陆墙的两个弱点。第一个弱点是城墙的中段，即两座具有战略意义的城门——圣罗曼努斯门和查瑞休斯门之间的那段城墙（被希腊人称为"中墙"）。在这两座城门之间，地势向着里卡斯河谷的方向下降了大约 100 码。在那里，有涵洞将里卡斯河从城墙下方引入城内。奥斯曼军队在 1422 年的攻势就聚焦在这一地段。穆罕默德二世将指挥部设在这一段城墙对面的马尔特佩山上，显然是有所图谋。第二个弱点是金角湾附近的那段仅有一层、没有壕沟保护的城墙，特别是两段城墙以直角相接的那个地点。3 月底，君士坦丁十一世说服威尼斯桨帆船的船员沿着这段城墙紧急开挖了一道壕沟，但这个地段仍然令人忧心忡忡。

君士坦丁十一世根据具体问题，对自己的部队做了具体部署。他把全城的 14 个区分为 12 个军区，并相应地分配了资源。他决定把自己的指挥部设在里卡斯河谷，于是皇帝和苏丹几乎能隔着城墙直接面对面。他把最精锐的主力部队（约 2000 人）部署在这里。朱斯蒂尼亚尼最初驻扎在北面山岭处的查瑞休斯门，但后来把他的热那亚士兵调往中部，与皇帝会合，并接管了这个关键地段的日常指挥工作。

然后对陆墙的各个地段进行了分配，由"君士坦丁堡的重要人物"[36]指挥。在皇帝的右侧，查瑞休斯门的指挥官可能是卡里斯特斯的西奥多，"一个老当益壮的希腊人，箭术娴熟"[37]。再往北的地段，一直到直角处，被托付给了热那亚的博基亚尔多兄弟，他们"自费前来参战，带来了自己的装备"[38]，包括火枪和威力巨大的大型弩箭；布雷契耐皇宫周围较薄弱的单独一道城墙也大体被交给意大利人防守。威尼斯市政官米诺托亲自住进了布雷契耐皇宫；皇宫塔楼上，圣马可的旗帜和皇帝的旗帜一起飘扬。皇宫的大门之一卡里加利亚门由"来自德意志的约翰"指挥，他其实是苏格兰人，是个职业军人和"能干的军事工程师"[39]。他还有一项任务是管理城内希腊火的供应。

君士坦丁十一世统率的是一支真正意义上的多国部队，但由于宗教、民族的不同和商业竞争，仍然存在矛盾。为了减少热那亚人和威尼斯人之间、东正教徒和天主教徒间、希腊人和意大利人间的摩擦，他特意将士兵们混编，希望能加强他们之间的互相依赖。他左翼的那段城墙的指挥官是他的亲戚"希腊人西奥菲勒斯，一个来自帕里奥洛格斯家族的贵族，精通希腊文学，而且是几何学专家"[40]。西奥菲勒斯对《伊利亚特》耳熟能详，但对如何防守特洛伊城墙却知之甚少。在接近黄金门的地段，城墙由一群希腊、威尼斯和热那亚士兵防守，陆墙在马尔马拉海岸与海墙相接的那个点则由一名来自拜占庭的坎塔库泽努斯望族的名叫德米特里的贵族镇守。

马尔马拉海岸的守军更加混杂。雅各布·孔塔里尼率领一支队伍驻扎在斯图狄翁村；邻近的那段城墙是敌人不大可能进攻的地段，由一群东正教僧侣负责监视。君士坦丁十一世把一支由叛教的土耳其人（由觊觎苏丹位置的奥尔汗王子指挥）组成的队伍部署在远离陆墙的埃莱夫塞雷港，尽管这些人的忠诚度是非常可靠的，因为假如城市陷落，苏丹一定不会给他们好果子吃。城市北端的海岸由一支加泰罗尼亚队伍驻防，卫城则被托付给伊西多尔红衣主教和他麾下的200人。尽管这一地段有大海的保护，君士坦丁十一世还是决定给每座塔楼配备两名神射手——一名弓箭手和一名弩手或火枪兵，这说明他对这一带守军的战斗力是多么不放心。金角湾则由热那亚和威尼斯水手防守，指挥官是威尼斯军官特里维萨诺；停在港内的两艘克里特船只的船员则负责把守铁链附近的一座城门——美丽之门。阿卢威克瑟·迪艾多负责保护铁链本身和港内的船只。

为了给他的薄弱"大军"提供进一步的支持，君士坦丁十一世决定保留一支快速反应的预备队。有两支队伍被保留在离城墙较远的地方，随时待命。其中一支由卢卡斯·诺塔拉斯大公指挥，他是一名技艺娴熟的军人，"在君士坦丁堡的重要性仅次于皇帝本人"[41]，驻扎在佩特拉区，拥有一百名骑兵和一些轻型火炮。第二支快速反应部队由尼科弗鲁斯·帕里奥洛格斯指挥，驻扎在已经废弃的圣使徒教堂附近的中央山岭上。这些预备队一共有大约 1000 人。

君士坦丁十一世在这些部署上倾注了他一生的作战和调动军队的经验，但或许他自己也没想到，在随后的日子里，这些互相竞争的队伍将会打得多么顽强。他把很多关键地段交给外国人防守，因为他是主张东西方教会联合的，不知道城内的东正教信众会不会忠于他。他把四座主要城门的钥匙托付给了重要的威尼斯指挥官，并确保城墙上的希腊指挥官都是宗教上的联合派。卢卡斯·诺塔拉斯可能是反对联合的，所以皇帝特意把他安排在后方，免得他防守城墙时被迫和天主教徒合作。

在君士坦丁十一世努力将他的薄弱兵力部署到 4 英里长的陆墙上时，还有一个关键问题需要决断。当初设计三道城墙系统时的设想是有兵力强大得多的部队，可以进行纵深防御，较高的内墙和较低的外墙上都能部署守军。他没有足够的兵力同时防守两道城墙，因此不得不选择在哪一道城墙上抵抗。城墙在 1422 年的围攻中遭到了炮击，外墙得到了大体修复，内墙却没有修理。在过去的围城战中，守军也曾遇到过同样的抉择，他们都选择了防御外墙，并且都取得了成功。君士坦丁十一世和他的围城战专家朱斯蒂尼亚尼选择了同样的战略。在有些地段，这个决定引起了争议。"我一直是反对这么做的，"永远持批评态度的莱奥纳德大主教写道，"我极力敦促不要放弃较高的内墙的防御。"[42]但他的建议可能是过于强人所难了。

皇帝决心竭尽全力去鼓舞士气。他知道穆罕默德二世害怕天主教国家会援救这座东正教城市，于是决定做一次自己的小规模的武力展示。按照他的请求，威尼斯桨帆船的船员于 4 月 6 日上陆，穿着他们显眼的欧洲式铠甲，在陆墙全线游行，"队伍前面举着旗帜……让市民们颇感安慰"[43]。这是明白无误地让敌人知道，法兰克人也参加了守城。同一天，那些桨帆船也做了作战准备。

穆罕默德二世则派遣一小队骑兵旌旗招展地来到城门前，与守军谈判。按照《古兰经》教法的传统要求，他们先邀请拜占庭人自行缴械投降。《古兰经》称："派遣使者之前，我不惩罚（任何人）。当我要毁灭一个市镇的时候，我命令其中过安乐生活者服从我，但他们放荡不检，所以应受刑罚的判决。于是我毁灭他们。"[44]按照这个模式，基督徒守军可以皈依伊斯兰教，举手投降，缴纳人头税，或者选择抵抗，一旦城市被攻破，就将遭到三天的掳掠。拜占庭人早在 674 年就听到过这种程序化的警告，后来还经历了好几次。他们的回复一直是："我们不接受人头税和伊斯兰教，也不会将我们的堡垒拱手让出。"[45]在投降的要求遭到拒绝后，奥斯曼军队就可以认为，他们的攻城得到了神圣法则的批准，于是传令官们在军营中到处宣布，攻城战正式开始了。穆罕默德二世继续将他的大炮运往前线。

君士坦丁十一世决定尽可能多地亲临战场，让士兵们都能看得见他。他的指挥部就是圣罗曼努斯门后的一个大帐篷，每天他都从那里出发，骑着他的阿拉伯种小母马，与乔治·斯弗朗齐斯和西班牙人堂弗朗西斯科·德·托莱多一起，"鼓舞士兵，检查岗哨，搜寻擅离职守的人"[46]。他无论走到何处，都会在距离最近的教堂做弥撒，并确保每队士兵都有自己的僧侣和教士，以便听取告解和在战场上为临终者做最后的圣礼。他还命令日夜不停地做礼拜，为城市的救赎祈祷；晨祷结束时，人们要抬着圣像在大街小巷以及城墙上游行，以鼓舞士气。城外的穆斯林能看得清基督徒的长胡子，听得见圣歌在春季的空气中回荡。

恶劣的天气对守军的斗志造成了进一步打击。当时发生了一系列轻微地震，还下起了倾盆大雨。在高度紧张的气氛下，很多人自以为看到了预兆，记起了古老的预言。"教堂内的圣像以及廊柱和圣徒雕像出了汗，"史学家克利托布罗斯回忆道，"有人被恶灵附体，受到不吉利幻象的感召，占卜者预言了很多灾难。"[47]预言没有给君士坦丁十一世本人造成很大困扰，更让他头痛的是敌人大炮的到来。1446年，奥斯曼军队的大炮在五天之内就摧毁了他精心建造的赫克萨米利翁城墙，随后大开杀戒，他对此仍然记忆犹新。

穆罕默德二世凭借卓越的后勤保障能力对装备、物资和雄厚的人力进行了调度协调，现在已经做好了战斗准备。他的炮弹、硝石、坑道挖掘装备、攻城武器和粮食都已经收集齐备，做了清点和部署。奥斯曼军队对武器做了清理，将大炮拖曳到指定位置，士兵们（骑兵和步兵、弓箭手和长枪兵、军械匠、炮手、劫掠轻骑兵和坑道工兵）都已经集结完毕，摩拳擦掌。奥斯曼帝国苏丹们对奥斯曼人作为游牧部族的往昔还记忆犹新，非常理解如何去驱动士兵，把他们的热情引导到共同的目标上去。穆罕默德二世熟知如何激励人们的圣战狂热。乌理玛们在军营中来来往往，背诵圣训中关于君士坦丁堡陷落的古老预言，以及它对伊斯兰教的重大意义。穆罕默德二世每天都在金红两色帐篷前的地毯上当众朝向东方的麦加方向（也是圣索菲亚大教堂的方向）祈祷。同时，他还许诺，如果能攻克城市，士兵们将得到无限的战利品。信众受到了红苹果的巨大诱惑，满心期待。在为真主的意志效劳的同时还能捞到大量战利品，这种双重诱惑对以劫掠为生的游牧民族来说是不可抵御的。穆罕默德二世就在这双重许诺的基础上开始准备攻城。

他知道（他的年迈的维齐尔——哈利勒帕夏对这一点的认识更为深刻），必须速战速决。攻城拔寨需要人的牺牲。对攻城的热情和期待，以及用横遭践踏的尸体填满沟壑的意志力都是有时间限制的。意想不到的挫折能够很快导致士气消沉；在如此集中的一大群人中，谣言、异议和不满情绪能够像草原劲风一般快速席卷所有的帐篷；如果战役一直拖到酷夏，哪怕是井井有条的奥斯曼军营也很容易流行伤寒。这次冒险对穆罕默德二世本人来说也是很危险的。他通过威尼斯间谍的网络得知，不管基督教各国是多么耽于争吵和四分五裂，西方最终还是会从陆路或海路驰援君士坦丁堡。他从马尔特佩的小山上仰视起伏的陆墙和排布紧密的塔楼以及三道防御体系，回忆起它们在历史上表现出的固若金汤。他在公共场合或许会宣称自己坚信士兵们的英勇，但他的最终希望还是寄托在大炮上。

对君士坦丁十一世来说，时间同样是至关重要的。守军的图谋非常绝望而简单。他们无力发动反击来解除围困。他们唯一的希望是，坚持足够长的时间，等待西方的援军强行打破封锁。他们在 678 年曾经抵挡住了阿拉伯人，现在也必须坚守。

如果说君士坦丁十一世有一张王牌的话，那就是乔万尼·朱斯蒂尼亚尼这个人。这个热那亚人来到君士坦丁堡之前，市民们就早已熟知他作为"久经沙场的老将"[48]的威名。他懂得如何对防御工事的明显弱点进行评估和弥补，如何最有效地使用投石机和火枪这样的防御武器，以及如何让有限的兵力发挥最大的效力。他将守城战的高超本领传授给守军，并考虑了从城市的侧门发动反击的可能性。意大利各城邦之间的残酷战争造就了朱斯蒂尼亚尼这样才华横溢的军事家和技术型雇佣兵，他们把城防当作一门科学和艺术来研究。但朱斯蒂尼亚尼此前从未经历过大规模的炮击。即将发生的事件将在最大限度上考验他的本事。

## 8. 世界末日的恐怖号角
### 1453 年 4 月 6 ~ 19 日

何人的口舌能够言说此等灾难与恐惧？[1]

———涅斯托尔－伊斯坎德尔

大炮被装在圆盘轮的大车上，在从埃迪尔内通往君士坦丁堡的泥泞道路上冒着春雨缓缓前进，花了很长时间才抵达前线。老远之外就能听见它们行进的嘈杂。拖曳大车的公牛艰难地挣扎，大声吼叫；赶车的人们呼喊着；嘎吱作响的车轴发出持续不断、音节单调的音乐，如同恒星放射出的诡异声波。

大炮抵达前线后，又花了很长时间用起重机械将每一门大炮从车上卸下，部署就位，并调整好射角。到 4 月 6 日，只有一些轻型火炮准备就绪。它们对城墙发动了第一轮炮击，但显然收效甚微。在战斗打响后不久，一支热情高涨的奥斯曼非正规部队向里卡斯河谷的薄弱城墙地段发动了一次零乱的进攻。朱斯蒂尼亚尼的士兵从城墙上冲杀出来，把入侵者打得抱头鼠窜，"杀死了一些敌人，还打伤了一些"[2]。奥斯曼军队不得不发动一次相当规模的反击，迫使守军回到城墙上，才恢复了秩序。这次最初的失败让苏丹更加坚定了决心——等待炮兵完全部署就绪，而不是贸然进攻，损耗士气。

在此期间，他开始执行奥斯曼军队攻城战术的另一套策略。工兵们隐藏在泥土壁垒之后的地堡内，开始在城墙中段之外挖掘地道；他们的目标是挖掘一条长250码的地道，一直通到城墙脚下，然后从地下将城墙炸塌。苏丹还命令士兵们开始"将石头、木料、泥土送往前线，并聚集所有其他种类的物资"[3]，选择合适的地点，尝试将城市的壕沟填平，为大规模攻势铺平道路。这项工作非常危险，甚至是致命的。壕沟离有人据守的城墙只有40码远，没有任何防护，城墙守军可以对壕沟处的人随意扫射，除非用猛烈的火力压制住城墙守军。双方将为争夺每一个立足点或可供推进战线的地域而展开激烈厮杀。朱斯蒂尼亚尼对地形做了研究，开始采取措施，扰乱奥斯曼人的行动。守军多次发动突袭，并在夜色掩护下进行伏击；他们"冲出城门，袭击城墙外的敌人"[4]。他们从壕沟中跳出，有时会被打退，有时则能俘虏土耳其人，从他们口中榨取情报。争夺壕沟的这些小规模战斗很有效，但守军很快就无法接受兵力损失的交换比了。不管能杀死多少土耳其人，己方死亡的每一名战士都是严重的损失，于是在战役早期守军就决定尽量不再出击，而主要从城墙上防守，"有的人用弩箭射击，其他人用普通的弓"[5]。争夺壕沟的战斗将成为这场战役的一场激烈角逐。

4月7日之后的时间里，苏丹一面焦躁不安地等待重炮送抵，一面把注意力转移到其他方面。奥斯曼军队横扫色雷斯时，将途经的村庄全部占领，但还有少数孤立的要塞仍然在坚守。穆罕默德二世绕过了这些要塞，只留下少量兵力予以监视。大约在4月8日，他派遣了一支相当规模的队伍和一些火炮去攻打希拉比亚要塞（位于割喉堡远方、俯瞰博斯普鲁斯海峡的一座山上）。希拉比亚要塞抵抗了两天，直到奥斯曼军队的大炮将防御工事全部摧毁并杀死了大部分守军。剩余的人"无力继续抵抗，举手投降，表示愿意听从苏丹发落。于是他把这40人全部穿刺在尖木桩上"[6]。马尔马拉海岸边斯图狄乌斯处的一座类似的城堡也很快被炮火摧毁。这一次，有36名不幸的俘虏被穿刺在城墙外的尖木桩上。

几天后，穆罕默德二世的海军统帅巴尔托格鲁率领部分舰船占领了马尔马拉海中的王子群岛，拜占庭皇族在动荡时期常常选择在这里躲避。在群岛中最大的岛屿——王子岛上有一座巩固的要塞，驻有"30名重武装士兵和一些当地人"[7]，他们拒不投降。炮火未能让他们屈服，于是巴尔托格鲁的部下在要塞城墙外堆积了大量柴火，放火烧城。在沥青、硫黄和大风的助威下，大火侵袭了塔楼，城堡本身很快起火。没被烧死的人只得无条件投降。投降的士兵被就地处决，村民则被卖为奴隶。

到4月11日，穆罕默德二世返回了金红帐篷，此时全部大炮都已集结完毕。穆罕默德二世把它们分组为14或15

个炮兵连，部署在城墙沿线较为薄弱的关键点上。乌尔班的大炮之一（"一门恐怖的大炮"[8]）被部署在金角湾附近布雷契耐的单一城墙前，这段城墙"没有壕沟或外墙的保护"[9]。另外一门大炮被安置在两段城墙的直角相接处，第三门则在更南面的泉源之门处。其他大炮则被拖曳到薄弱的里卡斯河谷沿线的关键地点。乌尔班的超级巨炮（希腊人称之为"皇家大炮"）被部署在苏丹营帐前方，直接威胁圣罗曼努斯门——"全城最薄弱的城门"[10]。苏丹从他的营帐处就可以对巨炮的表现做出评估。每门重炮都得到一些较小的火炮的支持，组成一个炮兵连，奥斯曼炮手们亲切地把它们称为"带着小崽子的大熊"。这些火炮发射的石弹的重量从 200 磅到 1500 磅不等，乌尔班的超级巨炮配备的就是1500 磅的巨型石弹。根据一位目击者的估测，最大的两门炮所发射炮弹的高度"分别有人的膝盖和腰那么高"[11]。另外一名观察者则声称，最大的炮弹"周长达到我手掌长度的 11 倍"[12]。虽然目击者谈及了"不计其数的作战机械"，但穆罕默德二世可能一共拥有约 69 门大炮——按照当时的标准这是一支极其庞大的炮兵部队，同时还有一些技术上更为古老的投石机械，比如杠杆抛石机，这是一种利用杠杆原理抛射石弹的攻城武器。杠杆抛石机在 300 年前穆斯林军队攻克十字军城堡的战斗中扮演了极其重要的角色，现在却已经是与时代格格不入的旧事物。

安装大炮和准备射击是一个艰苦的过程。炮管是独立式的，没有成套的炮车。运输的时候，只是简单地将炮管捆绑在坚固的大车上。奥斯曼军队在前线有土墙保护的地段修建起倾斜的木制平台，并在其前方树立木栅栏，以抵御敌人的火力，木栅栏上有带铰链的门，开炮前要将门打开，炮弹就穿过这个门飞出；炮管运抵前线后，要搭建一个巨大的滑车装置将炮管安放到平台上。

大炮需要极其繁杂的后勤支持。在黑海北岸，奥斯曼人开采了数量巨大的黑色石料，并将其制作成炮弹的形状，然后用商船将它们运往前线。4月12日，这样一支船队抵达了双柱港，送来了"大炮所需的石弹、栅栏和木料，以及军营所需的其他弹药"[13]。如果要长期射击，还必须征用相当数量的硝石。穆罕默德二世命令扎甘帕夏修建一条绕过金角湾尖端、通往港口的道路，应当就是为了加快这些补给物资的运输。运输大炮本身需要大型的木制大车以及大量人员和公牛。和乌尔班一起在埃迪尔内铸造大炮的工匠同时也是炮手。他们亲自运送自己的劳动成果，将其部署到位，装填炮弹，发射，并就地维修。乌尔班巨炮虽然是在150英里之外制造的，奥斯曼军队却把大量资源带到了前线，足以对现有的火炮进行改造，甚至可以锻造或铸造新的火炮。所以，除了攻城士兵之外，工匠们也非常活跃。大量的铁、铜和锡被带到了前线；劳工们挖掘了半球形的木炭坑，建造了砖砌的熔炉。军营内的一个单独区域被改建成临时的工业作坊，那里黑烟滚滚，铁匠们锤音叮咚。

为大炮做战斗准备需要时间和对细节的高度重视。火药被装入炮管，然后向炮管内填入木制或羊皮制的炮塞，用铁棒压紧，以确保"无论何种情况，除了受到火药爆炸的冲击力外，炮塞绝对不会飞出炮膛"[14]。然后炮手们将石弹抬到大炮前端，小心翼翼地填入炮膛。炮弹被设计成与炮膛匹配，但口径很难做到完全相符。炮手们通过"某些技术和对目标的计算"（在实践中其实就是试射并不断调整）进行瞄准；通过用木楔垫高炮台来调整俯仰射角。另外还要用巨大的木梁将大炮垫放到位，同时用石块压住木梁，以吸收后坐力，"以免火药爆炸的冲击力和猛烈的后坐力使得大炮偏离正确位置，导致射偏"[15]。起爆火药被填入火门，射击准备就完成了。4 月 12 日，在 4 英里的正面上，苏丹的炮手们将火把凑近火门，世界上第一次大规模集中炮击拉开了帷幕。

如果说在战争史上有这样一个时刻能够让人们真切地对火药的强大威力心生敬畏的话，那就是 1453 年春季奥斯曼大炮开始轰鸣的时刻。根据当时的记载：

> 火药被点燃后，瞬间就发出一声可怕的轰鸣，脚下的大地猛烈颤动，一直传播到远方，那噪音是闻所未闻的。然后是恐怖的雷鸣般巨响和可怖的爆炸，火焰照亮和炙烤了周边的万物，木塞子被干燥空气的炽热爆炸冲出，石弹被强大的冲击力推出。难以置信的力量驱使着石弹呼啸而去，击中了城墙，当即将城墙撼动和击毁。石弹本身则被炸裂为无数碎片，碎片四处乱飞，附近站着的人无不死于非命。[16]

巨大的石弹击中较薄弱地段的城墙时产生的效果是毁灭性的："有时它能将整段城墙摧毁，有时能打垮一半，有时能或多或少地摧毁部分塔楼，或一堵胸墙。没有任何一段城墙足够巩固或厚实，能够抵挡这威力，或者完全不受石弹力量或速度的影响。"[17]起初，守军感到，攻城战的整个历史都在他们眼前展开了。狄奥多西陆墙是两千年来防御工程演化的结晶，是人类智慧所能构建的工程学奇迹，而且得到上帝的保佑；而现在，城墙在遭到一连串瞄准精确的炮弹轰击后就开始坍塌了。莱奥纳德大主教在皇宫附近观察了大炮对单一城墙进行轰击的效果："他们用炮弹将城墙炸为齑粉。尽管它非常厚实和坚固，还是在这可怕机械的轰击下倒塌了。"[18]

轰击城墙的超级大炮发射的炮弹可以穿越 1 英里的距离，直接射进君士坦丁堡的心脏，以可怕的力量摧毁房屋或教堂，将平民成群地打倒，或者将他们活埋在萎缩了的城市的果园和田野上。一名目击者震惊地发现，一发炮弹击中了一座教堂的墙壁，令它当场土崩瓦解。还有人说，方圆 2 英里内的大地都在震颤，甚至安全地系牢在金角湾港口的桨帆船的坚固木制船体也受到了这震动的影响。博斯普鲁斯海峡对岸 5 英里远的亚洲也听到了炮声。与此同时，抛射轨迹更为弯曲的杠杆抛石机也开始将石块投掷到城墙后方的屋顶上，并射中了皇宫的部分建筑。

最初，炮击对守军的心理效果甚至比实际效果更为强大。大量集中的火炮产生的噪音和震动、浓厚的烟雾和石弹撞击石墙产生的巨大冲击力让久经战阵的老兵也不禁胆寒。对于平民来说，这是即将到来的世界末日的预告和对他们罪孽的惩罚。按照一位奥斯曼史学家的说法，炮声"如同世界末日的恐怖号角"①<sup>[19]</sup>。人们跑出自己的房屋，锤击胸膛，画十字架，呼喊着："主啊，怜悯我们！会发生什么事？"有妇女在街上晕倒。教堂内挤满了信徒，他们"请愿、祈祷、哀号和高呼：'主啊！主啊！我们远离了你。我们的遭遇和你的圣城遭到的苦难，全都是对我们罪孽的公正惩罚。'在忽闪的烛光下，人们跪在最神圣的圣像前，持续不断地祈祷着：'在最后关头，不要把我们抛弃给你的敌人；不要灭杀你的有德的人民；不要取走你对我们的爱，让我们在这时节虚弱。'"<sup>[20]</sup>

君士坦丁十一世竭尽全力，通过务实的工作和宗教的慰藉去维持城内的士气。他每个钟头都要巡视城墙，鼓舞指挥官和士兵们的斗志。教堂钟声响个不停，他告诫"全体人民，教导他们不要放弃希望，坚持不懈地抵抗敌人，全心地信任全能的上帝"<sup>[21]</sup>。

守军尝试了很多方法来减轻石弹的冲击力。他们向城墙外表面泼下了白垩和砖灰混合而成的灰泥，给城墙增加一层保护。他们还在一些地方悬挂了带有成捆羊毛的木梁、成片皮革，甚至珍贵的挂毯，以吸收石弹的部分冲击力。但火药的推进力十分强大，这些措施收效甚微。守军尽了最大努力，尝试用自己的少量火炮去摧毁敌人的大炮。但他们缺少硝石，而且奥斯曼军队的大炮有木栅的保护。更糟糕的是，他们发现，城墙和塔楼不适合做炮台。它们不够宽阔，无法

---

① 典出《古兰经》第 36 章。按照伊斯兰教的教义，在末日审判时，死人将复活。这个说法与基督教类似。

承受大量火药爆炸产生的后坐力；也不够坚固，无法抵御震动，因为"开炮时城墙会撼动，大炮对己方城墙的破坏要比对敌人的杀伤更为严重"[22]。他们最大的火炮很快炸膛了，这让饱受折磨的守军怒不可遏，他们怀疑炮长是苏丹的卧底，想把他处死，"但没有足够的证据能证明他应得这样的处罚，于是把他释放了"[23]。最重要的是，守军很快发现，在战争的新时代里，狄奥多西城墙在结构上是不完善的。

希腊史学家们努力将他们目睹的情形付诸笔端，但甚至找不到合适词汇来描述大炮。"这种装置没有自古就有的名称，"头脑专注于古典时代的克利托布罗斯宣称，"除非把它称为某种攻城锤或攻城器。但在日常语言中，大家都把它称为'器械'。"[24]其他名字也四处传扬：射石炮、破城者、攻陷城市者、梦魇，不一而足。在压力极大的时刻，一种新的可怕现实（大炮轰击的地狱般场景）改变了人们的语言。

穆罕默德二世的战略是打一场消耗战，尽管他自己也颇为焦躁。他决定用炮火日夜轰击城墙，并不断发动没有规律可循的小规模攻击，以拖垮守军，为最后的总攻打开缺口。"袭击日夜进行，没有间歇，有两军交锋，有爆炸，以及石块和炮弹对城墙的轰击，"梅里西诺斯记述道，"我们兵力远逊于他，因此苏丹希望用持续炮击炸死我们，拖垮我们的精神，用这种方法轻松地拿下城市。于是他不给我们一刻休息的时间。"[25]炮击和争夺壕沟的战斗从 4 月 12 日一刻不停地持续到 18 日。

大炮虽然在最初产生了极大的心理震慑，但操纵它们却是非常艰难的工作。皇家大炮的装填和瞄准需要花费很大力气，所以每天只能发射七次，黎明前会先打一发，以警示敌人，这一天的炮击开始了。火炮的表现难以预测，容易误伤炮手。在春雨中，要把大炮固定在阵地上都很困难。后坐力非常大，大炮就像狂暴的犀牛一样向后猛冲，常常脱离炮台，陷入泥浆。如果不多加小心，附近的人就可能被大炮压死；如果炮管炸膛，站在周边的人就极有可能粉身碎骨。皇家大炮很快就让乌尔班忧心忡忡。火药爆炸产生的高温开始在不够纯净的金属上产生发丝般的裂纹。显然，铸造如此庞大的火炮的要求是非常高的。希腊史学家杜卡斯对这个技术问题非常感兴趣，回忆说，为了控制这个问题，在炮弹发射出去之后，炮手就立刻用温热的油浸泡炮管，以阻止较冷的空气进入、扩大裂纹。

但炮管可能会像玻璃一样炸得粉碎的危险继续困扰着乌尔班。根据传说，这个基督徒技术雇佣兵很快就遭到了报应。他仔细检查后发现，炮管裂缝的确非常严重，于是希望把这门大炮撤走，重新铸造。一直在前线观察大炮表现的穆罕默德二世急于求成，命令继续射击。与大炮炸膛相比，乌尔班更害怕苏丹的不悦，于是重新装填了大炮，并请穆罕默德二世站远些。点燃火药后，皇家大炮"开炮时炸得四分五裂，碎片乱飞，打死打伤附近多人"[26]，包括乌尔班自己。有很有力的证据表明，乌尔班不是这么死的（基督徒史学家们恨不得他早死早好），但很显然，他的超级大炮在战役初期就毁坏了。奥斯曼军队迅速用铁圈对它进行了加固，重新投入作战，但它很快又炸膛了，这令穆罕默德二世暴跳如雷。这门超级大炮显然超越了当时冶金技术的极限。它的主要效果是对拜占庭人的心理震慑；造成实际破坏的是尺寸较小但仍然威力惊人的其他射石炮。

不久，匈牙利人匈雅提·亚诺什派来了使者，使得穆罕默德二世速战速决的需求愈显突出。穆罕默德二世的政策一直是对他的各个敌人分而治之；因此他与当时的匈牙利摄政王匈雅提签订了一项为期三年的和约，以确保在他攻打君士坦丁堡期间不会遭到西方的陆路进攻。匈雅提的使者来到奥斯曼宫廷，向苏丹宣布，他们的主公匈雅提已经辞去了摄政王职位，还政于他的被监护人——国王拉斯洛五世，和约不再有效。因此匈雅提希望将和约文本返还，并收回苏丹手中的那份和约。狡猾的匈牙利人以此向奥斯曼帝国施压，并且可能是受了梵蒂冈方面的唆使。苏丹不得不考虑，匈牙利军队有可能会渡过多瑙河，前来援救君士坦丁堡，这在奥斯曼军营中也掀起了不安的波澜。这消息当然加强了守军的信心。

不幸的是，匈牙利人的来访也让拜占庭人产生了猜疑，于是流传开了这样一条无法证实的谣言：到访的匈牙利人向奥斯曼帝国提供了重要支持。其中一名到访的匈牙利使者兴致勃勃地观看了大炮的发射。当他看见一发炮弹击中了城墙的某个地段，同时炮手们装填第二发炮弹，准备轰击同一地段时，他因为对炮兵技术感兴趣，大笑炮手们的幼稚。他建议炮手们将第二发炮弹瞄准"离第一发炮弹的弹着点 30～36 码的地方，但高度相同"，第三发炮弹则瞄准前两发的弹着点中间的位置，以便"让三发炮弹的弹着点形成一个三角形。那段城墙就会倒塌"[27]。这种射击策略能够加快摧毁城墙的速度。很快，"带崽子的大熊"就开始紧密协调和配合。由较小的火炮在已经削弱不少的中段城墙上打出三角形的两个底点，然后由一门乌尔班巨炮完成这个三角形："魔鬼般的力量和不可阻挡的动力将炮弹射往城墙，造成了不可修复的破坏。"[28]史学家们围绕匈牙利人的这条良策编织出了一个奇怪的解释：一位塞尔维亚预言家曾宣称，在君士坦丁堡被土耳其人占领之前，基督徒的苦难不会终结。关于匈牙利人来访的故事凸显了基督徒的几个固执观念：奥斯曼军队只有得到了欧洲人的优越技术知识，才能得胜；君士坦丁堡的陷落是由于基督教世界的衰败；宗教预言仍然在历史中扮演重要角色。

虽然大炮的瞄准有困难，而且射速很慢，炮击还是从 4 月 12 日一刻不停地进行了 6 天之久。现在最凶猛的火力被集中到里卡斯河谷一带的城墙和罗曼努斯门。每天能向城市发射约 120 发炮弹。城墙不可避免地开始坍塌。一周之内，外墙的一段、两座塔楼以及它背后内墙的一座炮塔就崩溃了。但是，尽管守军起初被炮击吓得肝胆俱裂，但在火力之下却渐渐恢复了信心："我们的士兵每天感受苏丹战争机器的强力，已经见怪不怪，没有表现出任何恐惧或怯懦。"[29]朱斯蒂尼亚尼毫不松懈地修理破碎的城墙，很快就想出了有效解决外墙坍塌问题的办法。他命人用尖木桩建起了临时壁垒，然后守军在此基础之上堆砌手头能搞得到的任何东西。石块、木料、木柴、灌木和大量泥土被运去封锁城墙的缺口。为了防止木制的临时壁垒被火箭烧毁，还在它的外表面覆盖了兽皮；临时壁垒达到足够高度后，守军在它顶端每隔一段距离就安放一些装满泥土的木桶作为城堞，以保护守军免受奥斯曼军队弓箭和火枪的扫射。为了修补城墙，投入了大量的人力；天黑之后，男女市民前来干活，整夜搬运木料、石块和泥土，努力填补白天被打破的防御工事。这种持续的夜间劳动让越来越疲惫的市民愈发劳顿，但他们建成的泥土工事抵御石弹的毁灭性冲击力却惊人地有效。石弹落到泥土工事上，就像石子被抛到烂泥里一样，失去了效力：炮弹"被埋在松软和易变形的泥土中，不像撞击坚硬的石墙那样能够打开缺口"[30]。

同时，争夺壕沟的激烈战斗仍在继续。奥斯曼军队在白天努力将壕沟填满。他们在火力掩护下，将手头能搞得到的所有东西——泥土、木料、瓦砾甚至（根据某种记载）他们自己的帐篷——都拖运到无人地带，然后倾倒进壕沟。夜间，守军从小门出击，将壕沟里的东西清理出来，使它恢复原先的深度。城墙前的小规模战斗非常惨烈，而且是近距离的白刃战。有时土耳其人会试图用网将滚入壕沟的珍贵炮弹回收；有时他们会对被削弱的城墙发动试探性进攻，确保承受极大压力的守军没有任何机会休息。他们还试着用带钩子的木棒将临时壁垒顶端的装满泥土的木桶拽下来。

在近距离交战中，铠甲质量更好的守军比较占便宜，但就连希腊人和意大利人也对敌人在战火下的英勇印象深刻。"土耳其人在近距离作战中打得非常勇敢，"莱奥纳德回忆道，"所以他们全都死了。"[31]城墙上的守军用长弓、劲弩和火绳枪扫射下方，令土耳其人损失惨重。守军发现自己的火炮无法发射重型炮弹之后，就把它们改装成巨型霰弹枪。他们给一门火炮装填五或十个胡桃大的铅球。这些炮弹在近距离攻击中的效果是惊人的：它们"穿透力极强，如果一发铅弹击中一名身披铠甲的士兵，能够直接击穿他的盾牌和身躯，然后击穿站在他身后的人，然后还能再打死一个人，直到火药的力量耗尽。一发铅弹能同时杀死两三个人"[32]。

奥斯曼士兵遭到如此凶悍的火力袭击，伤亡非常惨重；他们去回收己方死者的尸体时，又给守军提供了一个大开杀戒的良机。威尼斯外科医生尼科洛·巴尔巴罗被自己亲眼所见的情景惊呆了：

> 有一两人被击毙后，随即就会有其他土耳其人上前，将死者尸体搬走。他们会将尸体扛在肩上，就像扛猪一样，也不管自己离城墙是多么近。但我们在城墙上的人用火枪和弩弓向他们射击，瞄准搬运战友尸体的土耳其人，把他打倒在地，然后会有其他土耳其人来搬运尸体，丝毫不畏惧死亡，宁愿死去十个人，也不愿让一具土耳其人的尸体留在城墙前，因为那会给他们带来极大的耻辱。[33]

守军尽了最大努力，但奥斯曼士兵还是在无情炮火的掩护下，将里卡斯河谷的一段壕沟填平了。4月18日，穆罕默德二世判断，对城墙的破坏和对敌人的消耗已经使得发动集中总攻的时机成熟。这一天春光明媚。暮色降临时，奥斯曼军营回荡起召唤人们祈祷的呼声，带着一种平静的确定性；在城墙内，东正教徒们来到教堂参加守夜，点燃蜡烛，向圣母祷告。两个钟头之后，在温和的春季月光下，穆罕默德二世命他的一支相当规模的精锐部队开始前进。士兵们敲响

## 8. 世界末日的恐怖号角

骆驼皮制成的战鼓，奏响笛子和铙钹（这是奥斯曼军队以音乐为武器的心理战），火光照耀，呐喊连连。穆罕默德二世开始鞭策"重步兵、弓箭手、标枪手和全部近卫步兵"[34]前进。他命令部队进攻里卡斯河谷里的一个薄弱点，那里的陆墙有一段已经崩塌。市民们第一次亲耳听到奥斯曼军队大举进攻时发出的令人毛骨悚然的声音，不禁惊慌失措。"我无法描述他们向城墙冲锋时发出的呼喊声。"[35]巴尔巴罗后来战栗地写道。

君士坦丁十一世高度紧张。他害怕敌人会发动全线总攻，并且深知他的部下准备不足。他命令敲响教堂大钟。惊恐万状的群众跑上大街，士兵们则匆匆赶回自己的阵地。奥斯曼军队在大炮、火枪和弓箭的猛烈火力的掩护下越过了壕沟。他们的火力非常强大，守军根本无法在临时搭建的土墙上立足，因此奥斯曼近卫军得以携带着云梯和攻城锤抵达城墙脚下。他们把城墙上的防护城堞都拆除，让守军进一步暴露在地毯式火力之下。同时他们还尝试将木制栅栏烧毁，但未能成功。城墙缺口很狭窄，而且地势倾斜，进攻者的冲锋很不顺利。根据涅斯托尔－伊斯坎德尔的说法，在黑暗中双方厮杀成一团，非常嘈杂和混乱：

> 大炮和火绳枪的轰鸣声、教堂大钟的咆哮、兵器碰撞声混成一片，枪口焰如同闪电，人们（城内的妇女儿童）的哭喊和呜咽让人相信，天与地已经相接，都在颤抖；如此吵闹，完全听不清别人的说话声。哭泣和尖叫、人们的哀号和抽噎、大炮的怒吼和教堂钟声混合成雷鸣般的巨响。很多地方起火，浓烟滚滚，再加上大炮和火绳枪发出

的黑烟，双方阵线上的浓烟都越来越厚，遮蔽了整座城市。两军都看不见对方，也不知道自己在打的是谁。[36]

在皎洁的月光下，双方在小路的狭窄空间内互相砍杀。甲胄较好的守军在朱斯蒂尼亚尼的勇敢指挥下占了上风。进攻者的势头渐渐衰弱了："他们被砍成碎片，兵力在城墙上消耗殆尽。"[37]四个小时的鏖战后，城墙上突然一下子安静下来，只有躺在壕沟内的垂死者的呻吟打破这平静。奥斯曼军队"完全不管丢弃的尸体"，收兵回营了。守军则在持续六天的死战之后终于"像死人一样瘫倒在地"。次日清晨，君士坦丁十一世及其随从前来视察城墙。壕沟及其两岸堆满了"残缺不全的尸体"。攻城锤被抛弃在城墙下，火焰还在燃烧。军队和市民都已经筋疲力尽，君士坦丁十一世没法让他们去安葬死去的基督徒，于是这个任务被交给了僧侣。和以往一样，各方面估计的伤亡数字相差极大：涅斯托尔－伊斯坎德尔声称奥斯曼军队有1.8万人死亡；巴尔巴罗给出的数字（200人）更为现实。君士坦丁十一世命令不准阻挠敌人回收他们的死者尸体，但烧毁了攻城锤。然后他带领教士和贵族前往圣索菲亚大教堂，向"全能的上帝和最纯洁的圣母感恩，希望邪恶的异教徒在蒙受如此惨重的损失之后，能够自行退去"[38]。城市获得了一个喘息之机。穆罕默德二世的回应则是进一步加强炮击。

## 9. 上帝的神风
### 1453 年 4 月 1～20 日

> 海战比陆战更危险和激烈，因为在海上没有任何退
> 路，别无他法，只能死战到底，听凭命运安排，每个人
> 尽其所能。[1]
>
> ——让·傅华萨①，14 世纪法兰西史学家

4 月初，在大炮轰击陆墙的同时，穆罕默德二世也开始
首次部署他的另一个新式武器：舰队。他很快就认识到了一
个事实（从阿拉伯人围困君士坦丁堡以来，所有意图攻打
这座城市的人都很容易意识到这一点）：如果不能牢牢控制

---

① 让·傅华萨（1333？～1400/1401），法兰西诗人和宫廷史官。他作为
学者四处游历，生活在若干欧洲宫廷的达官显贵之中。他的《闻见录》
是叙述英法百年战争的第一手资料，包括佛兰德、西班牙、葡萄牙、法
兰西和英格兰的大事。《闻见录》是封建时代最重要和最详尽的文献材
料，也是对当时骑士与宫廷生活的真实记述。他也写谣曲、回旋诗和寓
言诗，赞颂典雅的爱情。

大海，攻城很可能会失败。他的父亲穆拉德二世在 1422 年攻城时无力阻滞拜占庭的海上航道，因为奥斯曼舰队于 6 年前在加里波利被威尼斯人歼灭了。如果不能封锁住博斯普鲁斯海峡和达达尼尔海峡，黑海沿岸的希腊城市以及地中海的其他基督教国家就能轻易地从海上为君士坦丁堡提供补给。正是为了控制海峡，穆罕默德二世才在 1452 年夏季兴建了割喉堡，并为其配备了重炮。从那以后，没有任何船只能够不经检查就自由通过博斯普鲁斯海峡、进出黑海。

与此同时，他还开始修理舰船，扩充海军。1452 年冬天，奥斯曼帝国启动了一项雄心勃勃的造舰计划，在加里波利的奥斯曼海军基地，或许还在黑海沿岸的锡诺普以及爱琴海畔的其他一些船坞大量建造新船。根据克利托布罗斯的记载，穆罕默德二世"认为在围城战以及日后的战斗中，舰队的影响将比陆军更大"[2]，因此特别重视造舰工作。帝国在沿着黑海和地中海开疆拓土的过程中获得了一大批经验丰富的造船匠、水手和领航员（既有希腊人也有意大利人），这支技术力量可以运用于造舰事业。穆罕默德二世还拥有造舰所需的大量自然资源：木材和大麻纤维、用于船帆的布、用来制作锚和钉子的铸铁，以及用来堵缝防漏和涂抹船体的沥青和油脂。这些资源来自帝国各地，甚至国外。穆罕默德二世借助卓越的后勤保障能力将这些资源集中起来，用于战争。

就像大炮一样，奥斯曼人很快就从基督教敌人那里学会了造船和海战的技术。中世纪地中海的主要战船是桨帆船，它是古典时期希腊和罗马桨帆船的天然继承者。桨帆船从青铜时代开始，一直到 17 世纪，不断演化发展，雄霸整个地

## 9. 上帝的神风

中海。克里特岛米诺斯文化的印章、埃及的纸莎草纸和古典时期希腊的陶器上都留下了对桨帆船基本外形的描绘。桨帆船在地中海历史上的地位就像葡萄酒和橄榄树一样重要。到中世纪晚期，典型的桨帆战船外形狭长、行动迅捷，长度一般在 100 英尺，宽度不到 12 英尺，较高的船首可作为作战平台或者强行登上敌船的桥梁。海战的战术和陆战几乎没有什么区别。桨帆船上载满了士兵，两军交锋时先使用投射武器，然后士兵们就会尝试冲上敌船，展开凶残的白刃战。

桨帆船的出水高度极小，因此船体显得非常低矮。为了将划桨的机械优势最大化，满载的桨帆船的船体超过水面的高度可能仅有 2 英尺。桨帆船也可以用帆，但在战斗中的速度和灵活性还是主要依靠划桨。桨手只有一排，坐在甲板上，因此在战斗中非常暴露；每个桨位上通常有两到三人；每名桨手操纵一支桨，桨的长度由他所在的位置决定。桨位上非常拥挤；每名桨手坐的空间只有现代的客机座位那么大，划桨时的侧面空间是极其宝贵的；桨手必须用肘部力量将船桨笔直地向前推，在这过程中要从位置上起身，然后再坐回到位置上。因此，划桨需要技术熟练的桨手节奏协调一致地工作；一支桨可能长达 30 英尺，重量约 100 磅，所以需要相当大的肌肉力量。桨帆船的优势就是战斗中的高速和灵活性。一艘龙骨得到充分润滑的桨帆船在人力驱动下可以维持每小时 7.5 海里的冲锋速度达 20 分钟左右。如果划桨超过一个小时，桨手很快就会疲惫。

桨帆船在平静海面上速度很快，但也有特别突出的缺陷。出水高度太小使得它的适航性惊人地差，甚至在虽然波浪滔滔但距离较短的地中海也是如此，因此桨帆船的航行主要限制在夏季，而且偏好在近海航行，而不适合长期远航。不合时令的风暴常常将整支桨帆船舰队摧毁。只有在风从船尾方向吹来时，桨帆船的帆才能派上用场；如果有猛烈的逆风，船桨也就没用了。而且，为了获得尽可能高的速度，桨帆船的设计导致船体非常脆弱，而且出水高度太低，在进攻舷侧较高的船只（比如风帆商船或较高的威尼斯大型桨帆船）时就会吃很大的亏。在争夺君士坦丁堡的战役中，桨帆船的优缺点都将受到严峻考验。

穆罕默德二世集结了一支相当规模的舰队。他修复了一些旧船，还建造了一批新的三层桨战船（即每个桨位的上下三层分别有一名桨手的桨帆船）以及一些用于快速袭击的轻型桨帆船，即"有完整甲板的快速长形桨帆船，配备30~50名桨手"[3]，欧洲人称其为"弗斯特战船"。他很可能亲自监督了很大一部分造船工作，精挑细选"来自欧亚所有海岸地区的经验丰富的水手、技术特别熟练的桨手、非熟练船员、舵手、三层桨战船船长、其他船只的船长和海军统领，以及各种类型的船员"[4]。这支舰队的部分船只早在3月份就在博斯普鲁斯海峡运兵，但直到4月初，舰队主力才在加里波利集结就绪。舰队司令是巴尔托格鲁，"一位伟人，是拥有丰富的海战经验而且技术娴熟的海军统领"[5]。在奥斯曼军队的七次攻城战中，这是他们第一次带来一支舰队攻打君士坦丁堡。这是一个关系重大的变革。

加里波利被誉为"信仰守护者的家园"[6]，对奥斯曼军队来说是座充满神奇魔力的城市，也是非常吉利的远征出发点。1354年，在一次带来好运的地震之后，奥斯曼军队在这座城市获得了在欧洲的第一个立足点。充满圣战热情和渴望征服的舰队从达达尼尔海峡起航，开始驶入马尔马拉海。据说，在出发时，船员们"高声呐喊，欢呼雀跃，吟唱祷文，呼喊着互相鼓励"[7]。事实上，这支舰队的欢呼声可能没有那么高昂，因为很大一部分桨手很可能是被强征来的基督徒。根据一位后世史学家的说法，"真主佑助的神风推着他们前进"[8]，但真实情况肯定是很不一样的。在这个季节刮的主要是北风，因此在马尔马拉海北上的航行既不顺风，也不顺水。通往君士坦丁堡的航道长达120英里，对桨帆船来说是一次缓慢而艰难的旅途。奥斯曼舰队到来的消息沿着航道不胫而走，激起了人们的震惊和恐慌。穆罕默德二世深知，和陆军一样，海军的优势兵力也具有心理上的优势。海面被密密麻麻的船桨和桅杆遮蔽的景象让两岸的希腊村民惶恐不已。旱鸭子更容易被这景象震撼，所以对奥斯曼舰船的数量所做的估计过于夸张；像贾科莫·特塔尔迪和尼科洛·巴尔巴罗这样有经验的基督徒航海家的估计就比较可靠。按照他们二人的说法，奥斯曼舰队约有12~18艘桨帆战船（三层桨和两层桨的战船混编）、70~80艘较小的弗斯特战船、约25艘重型运输驳船、一些轻型双桅帆船和小型传令船，总计约140艘大小船只。这支舰队浩浩荡荡地出现在西方海平线上，一定是幅宏伟的盛景。

在舰队抵达君士坦丁堡很久之前，守军就得知了穆罕默德二世雄壮海军的情况，因此他们有足够的时间精心制定自己的海军策略。4月2日，他们用铁链封闭了金角湾，为自己的船只建立了安全锚地，并有效地保护较弱的海墙。这种策略在君士坦丁堡的历史上曾多次运用。早在 717 年，拜占庭人就用一条铁链封锁了海峡，以阻挡攻城的穆斯林海军。按照巴尔巴罗的说法，在 4 月 6 日，"我们让来自塔纳的三艘桨帆船和另外两艘狭长形桨帆船做好了战斗准备"[9]，然后船员们在陆墙全线游行，以夸耀自己的兵力。4 月 9 日，守军在港内所有可用的海军资源都得到了组织，准备就绪。他们的船只种类混杂，能够聚集到一起也是被不同的动机驱使。在场的有来自意大利各城邦及其殖民地（威尼斯、热那亚、安科纳和克里特）的船只，还有 1 艘加泰罗尼亚船、1 艘普罗旺斯船，以及 10 艘拜占庭船只。守军的桨帆船尺寸不一，有 3 艘"大型桨帆船"，这种船是意大利海上贸易的主要工具，比普通的桨帆战船慢，但是更为坚固，舷侧更高；还有两艘"狭长形桨帆船"，船体细长，出水高度很小。1453 年 4 月初停泊在金角湾的大部分船只都是风帆商船——侧舷较高、以风为动力的"圆船"，也就是船尾及艉楼较高、坚固耐用而带有桅杆的克拉克帆船①。理论上，这些船只都不是战船，但在当时的地中海，海盗活动猖獗，因此很多商船都配有武器，所以商船和战船的区别是很微妙的。这些克拉克帆船出水很高，甲板和桅杆瞭望台居高临下，因此如果配备武器和善战的士兵的话，对低矮的桨帆战船有天然优势。在海战史的这个时期，帆船常常能有效地自

---

① 克拉克帆船是 15 世纪盛行于地中海的一种三桅或四桅帆船。它的特征是巨大的弧形船尾，以及船首的巨大斜桅。克拉克帆船体型较大，稳定性好，是欧洲史上第一种可用作远洋航行的船只。

卫，打退最坚决的进攻。桨帆船才刚刚开始搭载火炮，口径很小，而且位置太低，很难对克拉克帆船构成威胁。直到50年后，威尼斯人才设计出能够装载在桨帆船上的大威力火炮。另外，来自威尼斯和热那亚（这两个城市共和国的生存和繁荣完全依赖海上霸权）的水手精通所有航海问题，自信满怀。他们制定了相应的计划。

于是在4月9日，他们把10艘最大的商船开到铁链前方，"队形紧密，船首向前"[10]。巴尔巴罗对各艘船的尺寸和船长姓名都做了忠实的记载：热那亚人佐尔齐·多里亚的船是2500桶，还有一艘是600桶①。他还记录了其中3艘的船名：来自甘地亚的"菲罗玛蒂"号和"古罗"号，以及来自热那亚的"加塔罗科萨"号。这些商船旁边部署着最坚固的桨帆船。这些船只"全副武装，秩序井然，似乎求战心切，全都非常优秀"[11]，占据了从君士坦丁堡到金角湾对岸的加拉塔的整段铁链的距离。内港还有17艘配有横帆的商船和更多的桨帆船担任预备队，包括皇帝本人名下的5艘船（它们的武器可能已经被拆除，以便加强铁链处的防御）。还有几艘多余船只被凿沉，以防它们被炮火击中、蔓延火势。在队形密集的舰队中，水手们最怕的就是火。船长们对自己的防御措施和航海技术非常自信，并且还在前滩部署了火炮作为额外的保障，于是在海上静候奥斯曼舰队的到来。守军可能总共有37艘船，敌人舰队则拥有140艘。从

---

① 古时常用船只能够容纳木桶的数量来衡量船的尺寸，类似于今天说某船能够搭载多少个集装箱。

表面上看，双方力量对比悬殊，但是意大利水手深通海战的精髓。操纵船只是一种技术性很强的活动，依赖于训练有素的船员，因此海战的结局并不由数量决定，而是更取决于经验、决心以及风向和海流带来的偶然运气。"我们看到自己拥有一支如此强大的舰队，感到非常自信，一定能打败异教徒土耳其人的舰队。"[12]巴尔巴罗自鸣得意地如此写道，流露出威尼斯人对奥斯曼帝国航海技术一贯的低估。

4 月 12 日下午 1 点左右，君士坦丁堡守军终于看到奥斯曼舰队顶着北风徐徐接近。海平线逐渐被桅杆遮蔽，海墙上一定挤满了争相观看的市民。奥斯曼舰队"坚定无比地"[13]驶来，但看到基督教船只已经在铁链处摆开了阵势，就驶向了海峡的另一侧，在对岸排开队形。观看的拜占庭人听到"热切的呼喊声、响板和手鼓的奏乐。敌人用这些声音威慑我们的舰队和城内的人，让我们心生恐惧"[14]，受到了极大震撼，城内气氛愈加阴郁。下午晚些时候，整个奥斯曼舰队在博斯普鲁斯海峡北上 2 英里，来到欧洲一侧海岸的一个小港（希腊人称之为"双柱港"，就是今天的多尔玛巴赫切宫所在地）。这支威武雄壮的庞大舰队无疑让意大利人也颇为沮丧，因为铁链处的船只全天在那里待命，一直到夜间，"等待了一个又一个钟头，以防敌人攻击我们的舰队"[15]，但奥斯曼舰队没有发动进攻。一场消磨意志的猫鼠游戏拉开了帷幕。为了尽可能减小遭到突袭的风险，中立的加拉塔城的城墙上一直部署有两名哨兵，从那个有利地势可以紧密监视博斯普鲁斯海峡远方双柱港的奥斯曼舰队。哪怕是一艘奥斯曼船只在海峡中有所动静，马上会有人跑过加拉

## 9. 上帝的神风

塔的街道，奔向金角湾，去向港口指挥官阿卢威克瑟·迪艾多报告。然后作战号角会被吹响，在船上待命的人立刻站起身来，准备战斗。他们就这么神经紧绷地日夜等待，他们的舰船在金角湾平静的水面上轻轻摇曳。

穆罕默德二世给他的新舰队下达了三个明确的任务：封锁城市、尝试冲进金角湾、阻击任何有可能从马尔马拉海驶来的援救舰队。起初，巴尔托格鲁只是派遣巡逻船在城市周边水域游弋，目的是阻止船只进出城市在马尔马拉海那一边的两个小港。差不多在同一时期，另外一队奥斯曼船只满载着炮弹和其他弹药从黑海赶到。这些补给物资的运抵似乎让奥斯曼军营里展开了新一轮的忙碌。

穆罕默德二世急于加紧对君士坦丁堡的遏制，于是命令巴尔托格鲁尝试进攻铁链。如果奥斯曼军队能够冲进金角湾，君士坦丁十一世就将不得不从陆墙抽调宝贵的兵力去防守海岸。双方为这个时刻都小心翼翼地做了准备。穆罕默德二世对炮兵技术革新的胃口是无止境的。显然是在他的鼓动下，奥斯曼军队将小型火炮装上了他们的桨帆船。他们在桨帆船的作战平台上挤满了重步兵，并给船只配备了大量武器：石弹、羽箭、标枪和易燃物。加拉塔城墙上的瞭望员紧密地观察着这些准备工作，好让拜占庭舰队的指挥官卢卡斯·诺塔拉斯能有足够的时间为大型克拉克帆船和桨帆船配备人员和弹药。

大约在 4 月 18 日，也就是奥斯曼陆军向圣罗曼努斯门处的陆墙发动首次总攻的同时，巴尔托格鲁发动了奥斯曼新海军的第一次攻势。舰队从双柱港大举出动，绕过金角湾的尖端，快速向铁链推进。桨手们拼命划桨，向停泊在铁链前方的高大船只的战线冲去，奥斯曼水手们高声呐喊并发出战斗口号，以此互相激励。他们进入了弓箭射程之内，然后放慢速度，用弓箭和火炮向拜占庭舰队发出一轮齐射。石弹、金属炮弹和火箭呼啸着掠过海面，扫荡了拜占庭舰船的甲板。在最初一轮齐射之后，奥斯曼战船继续向停泊不动的敌舰冲去。两军相接时，奥斯曼军队努力按照常规战术强行登上敌船，展开近距离作战。他们投掷抓钩和梯子，企图爬上高大的敌船；他们还尝试砍断这些商船的锚缆。标枪和矛枪像冰雹一样飞向守军。奥斯曼海军的进攻固然非常凶猛，但优势还是在守军更为高大也更为坚固的克拉克帆船那边。奥斯曼桨帆船上的火炮发射的石弹太小，不足以损坏克拉克帆船结实的木制船体，而且奥斯曼水手们是从低处向上仰攻的，就像从壕沟底部攀爬陆墙一样，非常吃亏。基督教船只上的水手和士兵可以从船首和船尾平台，以及更高的桅杆瞭望台上向下投掷武器。带有稳定翼的铁制标枪、羽箭和石块像大雨一样倾泻到努力攀爬船舷、毫无防护的敌人头上，"打伤很多人，还杀死了相当多的人"[16]。商船的水手们接受过海上近距离作战的训练，而且配有相应的装备；他们早已准备好了水罐，随时可以扑灭火焰；桅杆上安装的简易吊车装置可以抛掷沉重的石块，将它们投向外壳脆弱的大群狭长桨帆船，"以这种方式给敌人造成了相当严重的损失"[17]。争夺铁链的战斗非常激烈，但最终基督徒占了上风。他们成功地从侧翼包抄了奥斯曼桨帆船舰队。巴尔托格鲁害怕失败受辱，于是选择撤退，返回了双柱港。

## 9. 上帝的神风

第一轮海战的获胜者是拜占庭守军。他们对自己的船只了如指掌，而且深深懂得海战的这样一个基本事实：如果船员纪律严明、装备精良，严阵以待的商船完全能够抵挡住一大群低矮的桨帆船的进攻。穆罕默德二世在海上运用火炮的希望也落空了。桨帆船的船体比较脆弱，只能安装小型火炮，而这些火炮对大帆船的坚固侧舷没有什么效力；而且火炮操纵的条件（火药很容易吸收海上的湿气，而且在颠簸的甲板上很难有效瞄准）更使得成功的概率大打折扣。到 4 月 19 日，穆罕默德二世的军队在陆路和海路都受到了挫折，而守军斗志不减。围城战越拖越久，这让穆罕默德二世越来越焦躁，而西方援救君士坦丁堡的可能性也越来越大。

对君士坦丁十一世来说，成功的防御依赖于基督教欧洲的援助。战前的无数次外交活动都是为了向西欧哀求或者租借兵员与资源，以捍卫基督教世界。市民们每天都会向落日的方向眺望，期待能看到一支新的舰队——一群威尼斯或热那亚桨帆战船，带冲角的船首从马尔马拉海的波涛中出现，战鼓齐鸣，号角吹响，圣马可的雄狮旗或者热那亚的旌旗在带咸味的海风中招展。但大海上一直空荡荡的。

事实上，君士坦丁堡的命运完全被意大利各城邦错综复杂的内政所决定。早在 1451 年底，君士坦丁十一世就派遣使者到威尼斯，告诉他们，如果没有援助，君士坦丁堡必然陷落。威尼斯元老院对这一问题作了漫长讨论；热那亚人对此支吾搪塞；罗马教皇深表关切，但要求拜占庭人拿出教会联合确已完全执行的证据来。何况，没有威尼斯人的帮助，教皇也没有实际的资源来援助拜占庭。热那亚和威尼斯是商业上的竞争对手，紧盯着对方，却什么也没做。

君士坦丁十一世向西方求援是基于宗教上的考虑，这种思维是典型中世纪的；但他求援的对象却是被经济因素驱动的国家，而且这些国家的思维惊人地现代化。威尼斯人对拜占庭人支持还是反对东西方教会联合并不感兴趣，对保卫基督教信仰也没有兴趣。他们是精明而讲究实际的商人，忙于订立商业协定、保障自己航道的安全，以及对经济利益的计算。他们更担心海盗，而不肯为神学费脑筋；更关心商品，而不是宗教信条。他们的商人仔细研究可供买卖的商品（小麦、皮毛、奴隶、葡萄酒和黄金）的价格、桨帆船舰队人力的补给，以及地中海季风的模式。他们靠贸易和大海生存，依赖折扣、利润和现金。威尼斯指挥官和苏丹关系极其融洽，和埃迪尔内的贸易利润很高。另外，君士坦丁十一世在之前的二十年里在很大程度上损害了威尼斯人在伯罗奔尼撒半岛的利益。

就是在这样的气氛里，1452 年 8 月，少数元老甚至投票主张任凭君士坦丁堡自生自灭。第二年春天，威尼斯人得到报告，奥斯曼帝国控制了通往黑海的贸易航道，而且有威尼斯船只被击沉，他们才开始改变对拜占庭的冷漠态度。2 月 19 日，元老院决定组建一支拥有 2 艘武装运输船和 15 艘桨帆船组成的舰队，于 4 月 8 日起航。这次远征的组织工作被托付给了艾尔维索·隆哥，并给了他谨慎的指示，其中有一条有益的命令：避免在海峡内与奥斯曼军队发生冲突。他最后于 4 月 19 日起航，也就是君士坦丁堡城墙首次遭到总攻的第二天。其他国家也做出了类似的缺乏协调的救援努力。4 月 13 日，热那亚共和国政府请求"在东方、黑海和叙利亚"[18]的公民、商人和官员尽一切努力帮助君士坦丁堡的皇帝和摩里亚的君主德米特里。仅仅在 5 天之前，热那亚政府还在批准贷款为船只提供武装，以对抗威尼斯人。大约在同一时期，教皇写信给威尼斯元老院，表示希望从威尼斯租借 5 艘桨帆船去援救君士坦丁堡。威尼斯人在追讨债务方面永远是算盘打得很响，他们在原则上接受了这一请求，但是回信提醒教皇，教廷在 1444 年为了瓦尔纳的圣战（这场战役以失败告终）建造桨帆船而欠威尼斯的债务尚未还清。

但教皇尼古拉五世已经自费采取了一项果断措施。他对君士坦丁堡的命运深感忧虑，在 3 月份雇用了 3 艘热那亚商船，为其提供了粮食、人员和武器，派遣它们去援助君士坦丁堡。到 4 月初，这些船只已经抵达了安纳托利亚海岸之外的希俄斯岛（属于热那亚），但无法继续前进。让奥斯曼舰队步履艰难的北风把这些热那亚人困在希俄斯岛达两周之久。4 月 15 日，风向转为南风，3 艘商船再次起航了。到19 日，它们抵达了达达尼尔海峡，与拜占庭帝国的一艘重型运输船一起继续前进。这艘运输船满载着拜占庭皇帝从西西里买来的粮食，船长是一个叫弗朗切斯科·利卡奈拉的意大利人。这 4 艘船在达达尼尔海峡北上，未受阻挡就经过了加里波利的奥斯曼海军基地，这是因为奥斯曼舰队已经全部开往双柱港。这 4 艘船很可能与几天前在金角湾铁链处抵抗奥斯曼海军的那些商船类似：舷侧很高的帆船，可能是克拉克帆船，奥斯曼史学家图尔松贝伊称其为柯克船①。在南风的吹拂下，它们在马尔马拉海的前进速度很快，到 4 月 20 日早上，船员们已经看得清东方海平线上巍然屹立的圣索菲亚大教堂的巨大圆顶。

君士坦丁堡市民如痴似狂地坚持瞭望，等待援军抵达。大约上午 10 点，人们看到了这些船只，认清了船上飘扬的热那亚白底红十字旗。这消息让市民们当即骚动起来。几乎就在同时，奥斯曼海军的巡逻船也发现了这些船只，把消息报告给正在马尔特佩的营帐内的穆罕默德二世。他纵马狂奔到双柱港，向巴尔托格鲁发布了清楚而专断的命令。穆罕默德二世无疑是因为舰队在铁链处的挫折和陆军在陆墙下的失败而恼羞成怒，给指挥官和舰队发出了毫不含糊的命令："将这些帆船俘虏，把船员带来见我，否则就不要活着回来。"[19]奥斯曼桨帆船舰队紧急作了战斗准备，配备了满员的桨手，挤满了精锐士兵——重步兵、弓箭手和近卫军。轻型火炮再次被抬上战船，还有燃烧武器和"其他很多武器：圆盾和方盾、头盔、胸甲、投射武器、标枪、长矛，以及其他适合这种战斗的装备"[20]。舰队沿着博斯普鲁斯海峡南下去迎战擅自闯入的热那亚船只。为了维持士气，他们必须胜利。但这第二次海战的战场在海峡中离城市更远处，博斯普鲁斯海峡反复无常的风向和当地的海流更加难以捉摸，对船只的要求也更严酷。热那亚商船顺风前进，奥斯曼舰队则是

① 柯克船是 10 世纪出现在波罗的海地区的一种单桅帆船，汉萨同盟在北欧的海上贸易中大量使用这种船只。

## 9. 上帝的神风

顶风，所以无法使用风帆，于是降下了船帆，在波浪汹涌的大海上划桨南下。

到下午早些时候，4 艘救援船已经抵达城市东南方，稳步驶向德米特里大帝塔，那是君士坦丁堡卫城的一个显著地标。它们离海岸较远，准备掉转方向驶入金角湾入口。双方力量的巨大悬殊让巴尔托格鲁的部下"充满必胜的信心"[21]。他们稳稳地接近，"敲响了响板，并向那 4 艘船高呼，快速划桨，就像渴望胜利的人一样"[22]。奥斯曼桨帆船舰队接近对方时，鼓点和唢呐的乐声飘过了海面。100 艘战船的桅杆和木桨汇聚在 4 艘商船周围，结局似乎是不难猜到的。市民们蜂拥到城墙上、屋顶上或者赛马场的斯芬多恩，以及其他能够俯瞰马尔马拉海及博斯普鲁斯海峡入口的高处。在金角湾的另一侧、加拉塔城墙的远方，穆罕默德二世及其随员从一座小山上观看海战。巴尔托格鲁的三层桨战船逼近了最前方的热那亚商船，双方都紧张焦虑而又抱有希望地注视着。巴尔托格鲁从艉楼上专横地命令热那亚商船落帆。热那亚人置之不理，继续前进，于是巴尔托格鲁命令他的舰队向这些克拉克帆船猛烈开火。石弹从空中掠过；弩箭、标枪和火箭从四面八方射来，但热那亚人岿然不动。这一次，优势仍然在高大的帆船那边："他们居高临下地作战，从桁端和木制塔楼上射下箭矢、标枪和石块。"[23]汹涌的浪涛使得桨帆船很难稳定地射击，也难以在克拉克帆船周围准确地运动。热那亚船只在南风劲吹下仍然在破涛斩浪地前进。战斗演变成一场运动战，奥斯曼战船在惊涛骇浪中努力接近对方，以便登船或者烧毁对方的船帆，而热那亚船只则从有城堞的艉楼上使用投射武器猛击敌人。

由高大帆船组成的小船队毫发未伤地抵达了卫城处，准备拐弯驶入安全的金角湾，这时灾难降临了。风突然停息了。船帆毫无生气地垂挂在桅杆上，城市已经近在咫尺，但这4艘船却无力继续前进，开始在金角湾开阔入口处诡异难测的反向海流上无助地漂浮，逐渐飘向加拉塔海岸——穆罕默德二世及其陆军就在那里观战。帆船一瞬间就丧失了优势，主动权转移到了划桨船那一边。巴尔托格鲁聚拢了他较大的战船去包围热那亚商船，再次用投射武器猛击它们，但效果并没有改进多少。奥斯曼桨帆船上的火炮口径太小，安放位置也太低，无法损伤对方的船体，也不能摧毁对方的桅杆。基督徒船员们能够用成桶的水将船上的火焰扑灭。巴尔托格鲁看到猛烈火力也没有奏效，于是"声如洪钟地呼喊"[24]，命令舰队逼近敌人，强行登船。

成群的桨帆船和长船将笨重而丧失行动力的克拉克帆船团团围住。大海上，桅杆和船体纠缠成乱糟糟的一团，按照史学家杜卡斯的说法，"看上去有如陆地"[25]。巴尔托格鲁的三层桨战船的船首撞上了4艘基督教船只中最大但武装最弱的那艘——拜占庭帝国的重型运粮桨帆船。奥斯曼步兵从登船桥梁上蜂拥而去，用抓钩和梯子拼命努力接舷，用斧子砍对方的船体，或者努力用火把将其烧毁。有些士兵沿着锚缆和绳索爬了上去；其他人向木制壁垒投掷长矛和标枪。战斗在近距离演变成了一场残酷的肉搏战。基督教船员穿着优质铠甲，从高处用棍棒猛击爬上船舷的进攻者的脑袋，用短弯刀砍断爬船的敌人的手指，向下方拥挤的人群投掷标枪、长矛、长枪和石头。他们从居高临下的桁端和桅杆瞭望台上"用可怕的投石机向下轰击,石头像雨点般坠落到队形密集的土耳其舰队头顶上"[26]。弩手小心瞄准,将选定的目标一一杀死;船员们用起重机将沉重的石块和水桶升起,然后砸向敌人长船的薄弱船体,将很多敌船打伤或击沉。各种嘈杂声混成一团:呼喊和嚎哭声、大炮的轰鸣声、身着铠甲的人身体后仰落水溅起的波浪声、船桨断裂声、石头撞击木头的破裂声、钢铁撞击声、箭雨的呼啸声(箭矢降落如此之快,以至于"无法把桨插进水里"[27])、刀剑砍刺人肉的声音、火焰爆裂声,以及伤者的痛苦哀鸣。"四面八方尽是呼喊和混乱,士兵们互相激励,"克利托布罗斯记载道,"人们砍杀敌人,也被敌人砍杀;屠戮他人,也被他人屠戮;互相推搡、咒骂、威胁和呻吟。这噪音可怕极了。"[28]

一连两个小时,奥斯曼舰队与无比顽强的对手激烈搏斗着。莱奥纳德大主教不情愿地承认,奥斯曼士兵和水手们打得非常勇敢,而且充满激情,"像魔鬼一样"[29]。渐渐地,虽然奥斯曼人损失很重,但他们毕竟兵多将广,开始占了上风。1 艘基督教船只被 5 艘三层桨战船包围,还有一艘被 30 艘长船团团围住,第三艘则被 40 艘满载士兵的驳船围了个水泄不通,就像一大群蚂蚁在围攻一只巨大的甲虫。一艘奥斯曼长船因为船员精疲力竭而后撤,或者被击沉,披甲的士兵被海流卷走,或者紧紧抓住船柱,同时更多的战船补充上来,撕咬对手。巴尔托格鲁的三层桨战船顽强地死咬着最大但武装最弱的拜占庭运输船,后者"英勇地自卫,船长弗朗切斯科·利卡奈拉跑来援助"[30]。但热那亚船长们渐渐认

奥斯曼帝国桨帆船攻击基督教帆船

识到，如果短期内得不到援救，那艘运输船就完了。他们用操演过的战术设法将自己的船只靠到运输船侧面，并用缆绳将 4 艘船连接在一起，于是（按照某位观察者的说法）它们就像 4 座塔楼一样在黑压压一大群奥斯曼战船之间巍然屹立。海面上拥挤的船只如此之多，甚至"几乎看不见海水"[31]。

蜂拥在城墙上和铁链后方、金角湾港内船只上的人们只能无助地观看，只见 4 艘基督教船只在卫城脚下缓缓地漂向加拉塔海岸。随着海战的战场越来越近，穆罕默德二世策马跑到前滩，激动万分地向英勇奋战的士兵们发出命令、威胁和鼓励，然后催马走进浅水，希望亲自指挥战斗。巴尔托格鲁已经能听得见苏丹呼喊出的命令，但对其置之不理。暮色降临了。战斗已经持续了三个钟头。奥斯曼舰队看来必胜无疑，因为"他们轮流上前战斗，不断接替战友，生力部队取代伤亡者的位置"[32]。基督徒的投射武器迟早要耗尽，他们的力气迟早要用完。就在这时发生了一件事情，一瞬间又扭转了战局，基督徒认为唯一的解释是上帝伸出了援手。南风又刮了起来！4 艘克拉克帆船的巨大方形帆慢慢被吹动起来，逐渐饱满，船只在不可阻挡的劲风吹动下开始一起向前运动。它们逐渐加速，冲破了脆弱的桨帆船组成的包围圈，向金角湾入口冲去。穆罕默德二世向他的指挥官和战船大声诅咒，"狂怒之中撕坏了自己的衣服"[33]，但此时夜色已经降临，要追击敌人已经太晚了。恼羞成怒、暴跳如雷的穆罕默德二世只得命令舰队返回双柱港。

在没有月光的黑暗夜色中，两艘威尼斯桨帆船从铁链后方驶出，每艘船上吹响了两三次号角，船员们则高声呐喊，以欺骗敌人，让他们以为"至少 20 艘桨帆船"[34]正在前来迎战，不敢继续追击。在教堂钟声和市民们的欢呼声中，这两艘桨帆船把帆船拖进了港内。穆罕默德二世"目瞪口呆。他一言不发，狠狠抽动马鞭，狂奔离去"[35]。

## 10. 鲜血的螺旋

### 1453 年 4 月 20 ~ 28 日

战争就是欺骗。[1]

——先知穆罕默德

博斯普鲁斯海峡的海战产生了深远的直接影响。短短几个钟头就猛烈地逆转了整个战役的局面，出人意料地让守军重新获得了心理优势。春季的大海如同巨大的礼堂，公开展示了奥斯曼舰队的战败之耻，城墙上人头攒动的希腊人和金角湾对岸的奥斯曼陆军右翼及穆罕默德二世本人都目睹了这一场景。

双方都清楚地认识到，庞大的奥斯曼舰队出现在海峡的时候虽然对基督徒产生了极大的震撼，但在航海技术上无法与西方人相提并论。西方人凭借优越的技术和装备、桨帆战船内在的缺陷以及很好的运气赢得了这场海战。奥斯曼帝国未能牢牢地占有制海权，不管苏丹的大炮在陆墙处能够取得什么战果，攻城战都将举步维艰。

城内的情绪突然间又高涨起来:"苏丹的野心遭到了挫折,他那威名远播的力量遭到削弱,因为他的这么多三层桨战船甚至无法俘虏一艘船。"[2] 新来的 4 艘船不仅带来了急需的粮食、武器和兵员,也给守军带来了宝贵的希望。这支小舰队说不定只是一支更强大的救援舰队的前驱。如果 4 艘船就能抗衡奥斯曼海军,意大利各共和国的十几艘装备精良的桨帆船或许就能决定战局?"这个意想不到的结局重新点燃了他们胸中的希望,给他们带来了鼓舞和非常乐观的情绪,他们对未来有了美好憧憬。"[3] 在这场弥漫着宗教狂热的冲突中,这种事件绝不仅仅是人和物资的较量,或者偶然的风向变化,它们被认为是上帝伸出援手的明证。"他们向他们的先知穆罕默德祷告,但徒劳无益,"医生尼科洛·巴尔巴罗写道,"而我们的永恒上帝却听到了我们这些基督徒的祈祷,所以我们才赢得了这场战斗。"[4]

大约在这个时期,君士坦丁十一世可能是受到这场胜利的鼓舞,或者是因为打败了奥斯曼军队的早期陆路进攻,感到求和的时机已经成熟。他可能提议向奥斯曼帝国纳贡,给穆罕默德二世一个台阶下,好让他能够体面地撤军;求和的建议可能是通过哈利勒帕夏发出的。在攻城战中,进攻者和防御者之间其实有着一种复杂的共生关系。君士坦丁十一世完全清楚,城外的穆斯林军营陷入了一种危机情绪。自战役开始以来,奥斯曼人第一次开始表示严重的疑虑。君士坦丁堡依旧岿然不动,是一块"卡在真主喉咙里的骨头",就像十字军建造的城堡一样。对于有伊斯兰信仰的战士们来说,这座城市不仅是个军事难题,也是个心理障碍。他们原本对战胜异教徒、扭转历史大潮信心十足，因为他们拥有技术和文化上的优势，但现在这信心突然间脆弱起来，人们又回忆起了八个世纪以前先知的旗手艾优卜（Ayyub）在城墙下阵亡的故事。"这个事件，"奥斯曼史官图尔松贝伊写道，"在穆斯林队伍中产生了绝望和混乱……军心大乱。"[5]

对奥斯曼人圣战事业的自信心而言，这是个关键时刻。在4月20日晚上，从务实的角度来看，漫长围城的惨淡前景似乎触手可及，而随之而来的将是后勤困难和士气低落、疾病流行（这对中世纪的攻城军队来说始终是个大灾难），以及士兵们开小差的可能性。这对穆罕默德二世的个人权威也是个明白无误的威胁。近卫军已经处在公开叛乱的边缘。与他的父亲穆拉德二世不同，穆罕默德二世从来没有赢得过常备军的爱戴。近卫军此前曾两次反叛暴躁任性的年轻苏丹，这一点并没有被人们淡忘，首席大臣哈利勒帕夏记得尤其清楚。

那天晚上，穆罕默德二世接到了他的精神导师和奥斯曼军营中的主要宗教领袖——谢赫阿克谢姆赛丁的一封信，信里集中体现了当前的严重局势。它描绘了军队的情绪，并提出了警告：

> 此事……给我们带来了很大痛苦，沉重地打击了士气。机遇没把握住，导致了一些负面的发展：首先……异教徒欣喜若狂，大肆喧哗地夸耀；其次，有人认为，陛下在发号施令中判断失误，能力欠缺……陛下需要进行严厉处罚……如果不即刻施加严惩……需要填平壕沟、最后总攻命令发出之时，部队就不会竭尽全力。[6]

谢赫还指出，这次失败很可能会打击士兵们的宗教信仰。"有人指责说，我的祷告都失败了，"他继续说道，"还有人说，我的预言被证明是毫无根据的……陛下必须对此善加处置，免得最终我们不得不满面羞耻、灰心丧气地撤退。"[7]

在此鞭策下，穆罕默德二世于次日（4月21日）清晨"率领1万骑兵"[8]，从位于马尔特佩的军营出发，前往双柱港，他的舰队就停泊在那里。巴尔托格鲁被召唤到岸上，为这次惨败做出解释。在前一天的激战中，这位不幸的海军司令一只眼睛被己方士兵投掷的石块严重击伤；他匍匐在苏丹面前的时候，一定是魂不附体。根据一位基督徒史学家的生动描述，穆罕默德二世"从内心深处发出呻吟，怒火中烧，气得七窍生烟"[9]。他暴跳如雷地质问，为什么在风平浪静的时候也没能俘虏敌船："如果你连这几艘船都对付不了，怎么能消灭君士坦丁堡港内的舰队？"[10]海军司令回答说，他已经尽了最大努力去俘虏基督教船只。"陛下明察，"他为自己辩护道，"所有人都看得一清二楚，我的桨帆船的冲角一直死死咬住拜占庭皇帝船只的艉楼。我一直浴血奋战，大家都很清楚，我的很多部下都阵亡了，其他桨帆船上也损失了很多人。"[11]穆罕默德二世怒火中烧又心烦意乱，命令将海军司令钉死在尖木桩上。群臣大为震惊，匍匐在穆罕默德二世面前，替巴尔托格鲁求情，说他确实是勇敢地死战到底，眼睛负伤就是努力奋战的明证。穆罕默德二世发了慈悲。死刑被撤销；作为惩罚，巴尔托格鲁在舰队和骑兵部队目睹下接受了100下鞭笞。他的官衔和财产全被剥夺，财

一幅 15 世纪绘制的由城墙环绕的君士坦丁堡地图。圣索菲亚大教堂和赛马场在右侧，主路从左侧的陆墙处延伸出来。金角湾港口北方是热那亚人的城镇佩拉（或称加拉塔）。

15 世纪君士坦丁堡的景象。加拉塔在右侧，金角湾之外。铁链封锁着金角湾。

奥斯曼细密画，晚年的穆罕默德二世，
表现的是他热爱自然和学术的一面。

"我们不知道，自己是在天堂还是人间。"圣索菲亚大教堂的宏伟中殿，这是古典时代晚期最神奇的建筑。

19世纪布雷契耐皇宫的照片，这是君士坦丁十一世在守城期间的指挥部，位于金角湾附近单层陆墙处。

在现代，三道陆墙的一段遗存。首先是内层塔楼一线，然后是被炮火严重破坏的外层塔楼。中间是壕沟，今天已经大部分填平了，但当年深达10英尺，沟壁上砌着砖，在攻城战中给奥斯曼人带来了很大麻烦。越过壕沟之后，攻城者必须先在守军劈头盖脸的火力之下冲过开阔的平台，然后才能攀爬外墙。

金角湾的巨大铁链，每个铁环长 18 英寸。这幅照片是在 19 世纪拍摄的，说明历经数百年之后，铁链的许多部分仍然散落在城市各处。△

乌尔班的攻城巨炮早已销声匿迹，但有几尊较小的大炮在伊斯坦布尔被保存至今。这尊巨大的铜炮长 14 英尺，重 14 吨，发射的是重达 500 磅的石弹。△

今日的君士坦丁堡（伊斯坦布尔）城墙，可见其塔楼和壕沟。▷

今日伊斯坦布尔的圣索菲亚大教堂。1453 年 5 月
29 日至 1931 年，它是清真寺。后来随着土耳其的
世俗化，它被改建为博物馆，于 1935 年 2 月 1 日
对外开放。

贝利尼的画作，描绘的是一名近卫军士兵，头戴标志性的白帽，身配箭筒、弓和剑。这位意大利艺术大师能够在平面的纸上创作出栩栩如生的立体人像，据说迷信的穆罕默德二世对他的这种神奇本领既着迷，又很害怕。

16 世纪的近卫军士兵像，他是奥斯曼帝国的
一名精英战士，
帽子上配有羽饰，肩扛火枪。

Ianissaire allant à la guerre.

1453 年后不久欧洲人创作的攻城图，表现了战役的许多关键事件。在下方是苏丹的大帐，旁边是他的大炮。君士坦丁堡城在上方。金角湾入口处的铁链被画成一座桥。

现代人创作的最后总攻图：
前景中是巨炮。士兵们用云梯爬城。塔楼上有一
名奥斯曼士兵挥舞红旗，但塔楼前方仍然悬挂着
拜占庭的双头鹰旗帜。

贝利尼的著名穆罕默德二世肖像，处在皇室穹顶的框架之下，文字是"世界的征服者"，但穆罕默德二世看上去有些憔悴消瘦，可能身体不适。△

征服者穆罕默德二世在伊斯兰战士的簇拥下入城。前景地面上是守军的尸体。◁

16 世纪的圣索菲亚大教堂，被改建为清真寺，由著名的奥斯曼建筑师希南添加了尖塔。

---

君士坦丁十一世的宫殿，位于希腊伯罗奔尼撒半岛的米斯特拉斯，被称为"小君士坦丁堡"，是拜占庭精神的一个寓意深远的纪念。

产被分给近卫军。穆罕默德二世深知这种决策在积极和消极两方面的宣传价值。巴尔托格鲁从此消失在了茫茫史海中，海军司令的苦差事被重新交给了哈姆扎贝伊，他在穆罕默德二世的父亲治下曾担任海军司令。目睹巴尔托格鲁受辱的士兵和水手们，以及苏丹身边的维齐尔和谋臣们都得到了一个深刻教训。他们对苏丹不悦的可怕后果有了第一手的观察。

关于这个事件，还有一个不同版本，是希腊史学家杜卡斯记载下来的。他讲述的关于攻城战的故事非常生动有趣，但常常令人难以置信。根据他的版本，穆罕默德二世命人将巴尔托格鲁按在地上，他亲自用"重达 5 磅的金棒（这位暴君命人制作了这根金棒，专门用来打人）"[12]抽打了巴尔托格鲁 100 下。然后，一个希望获得苏丹宠信的近卫军士兵用石块狠砸巴尔托格鲁的头部，并挖出了他的眼睛。这个故事很生动，但几乎可以肯定是虚构的。不过它反映了西方人对穆罕默德二世的普遍看法：东方暴君、富裕的野蛮人、虐待狂，并且有一支奴隶大军对他绝对服从。

穆罕默德二世严惩了海军司令，以儆效尤之后，立即召集近臣，对君士坦丁十一世前一天提出的议和请求进行讨论。这许多事件发生得如此之快，已经互相交叠，对局势产生了很大影响。在经历重大挫折和首次异议与骚动之后，苏丹面临的问题很简单：是继续打下去，还是寻求以有利条件媾和。

在奥斯曼帝国最高层有两个派系，长期以来一直在苏丹反复无常的统治下为了生存和争夺权力而斗争。其中一派是首席大臣哈利勒帕夏，他是纯血统土耳其人和奥斯曼帝国传统统治阶级的成员，在穆罕默德二世的父亲穆拉德二世治下就担任过维齐尔，并在年轻的苏丹动荡的早期统治中对他进行了引导。哈利勒帕夏亲身经历了 15 世纪 40 年代的危机岁月和近卫军在埃迪尔内对穆罕默德二世的反叛。他深知，假如穆罕默德二世在希腊人的城墙下失败受辱，生存的机会将颇为堪忧，因此他非常谨慎。在整个战役期间，哈利勒的战略一直受到政敌的破坏。他们称他为"异教徒的朋友"[13]，并指控他接受了希腊人的贿赂。

另外一派是奥斯曼帝国的暴发户：一群野心勃勃的军事领袖，他们大多是外来者，即来自不断开疆拓土的帝国的五湖四海的新穆斯林。他们一向反对任何和平政策，并鼓励穆罕默德二世去梦想征服世界。他们自己飞黄腾达的梦想与攻克君士坦丁堡息息相关。他们中领头的是第二维齐尔——扎甘帕夏，他是个皈依伊斯兰教的希腊人，"最令人生畏，影响力和权威也最大"，并且他还是个卓越的军事指挥官。这个派别得到了宗教领袖和圣战宣扬者，比如学识渊博的伊斯兰学者乌理玛艾哈迈德·古拉尼（穆罕默德二世的严厉教师）和谢赫阿克谢姆赛丁的坚决支持，这些人代表了伊斯兰世界长久以来占领这座基督教城市的狂热梦想。

哈利勒提出，必须抓住这个机遇，以有利的条件体面地撤军。他指出，海战的失利已经揭示了攻城的困难；如果战役继续拖下去，匈牙利军队或者意大利舰队前来救援的可能性就越来越大。他表示自己坚信红苹果注定有一天会落入苏丹手中，"就像成熟的果实从树上掉落"[14]，但红苹果尚未成熟。如果他们对拜占庭强加一个条件苛刻的惩罚性和约，胜利的一天就会来得更快。他提议向拜占庭皇帝索要每年7万杜卡特的天价贡金，作为撤军的条件。

主战派坚决反对议和。扎甘回答说，必须加倍努力，坚持打下去；热那亚船只的到来只是突出了对敌人施以决定性打击的必要性。现在是关键时刻。奥斯曼帝国的领导层认识到，他们的命运已经到了一个关键点，但争论的激烈性也反映出，领头的维齐尔们深知，争夺在苏丹面前的影响力，最终也是在为自己的生存而奋斗。穆罕默德二世端坐在宝座上，观察着群臣为谋求晋身而互相争斗，但他的天性一直是个主战派。这次会议上以明显多数决定继续打下去。他们向君士坦丁十一世发去了回复：只有立即献城投降，和平才可能降临；苏丹将会把伯罗奔尼撒半岛割让给君士坦丁十一世，并补偿半岛目前的统治者——君士坦丁十一世的两个兄弟。苏丹刻意提出了一个对方不可能接受的条件。君士坦丁十一世很自然地拒绝了这个条件，因为他深明自己的历史责任，必须把父皇的衣钵延续下去。1397年，奥斯曼军队兵临城下时，拜占庭皇帝曼努埃尔二世曾喃喃地说："我主耶稣基督，不要让众多基督徒听到，在曼努埃尔皇帝统治的时期，君士坦丁堡以及城内的基督教信仰的神圣与可敬之物被拱手交给异教徒。"[15]君士坦丁十一世要秉承父亲的精神，死战到底。于是战役继续进行，奥斯曼主战派感到压力巨大，于是决心加紧攻城。

3英里之外，奥斯曼军队继续攻打城市，执行了一个秘密的综合进攻计划，计划的内情只有穆罕默德二世及其将领知晓。从前一天开始，奥斯曼军队开始大规模炮击，一刻不停地轰击了一整夜，持续到苏丹作战会议的那天。炮火主要集中在里卡斯河谷内圣罗曼努斯门附近的城墙上，也就是攻防双方都知道的城墙最薄弱的地段。

在持续炮火之下，一座主塔——巴克塔提尼安塔楼轰然倒塌，好几码宽的外墙也随之坍塌。城墙上一下子打开了一个相当大的缺口，守军骤然暴露了。"城内和舰队上的人们开始感到恐惧，"尼科洛·巴尔巴罗记载道，"我们丝毫没有怀疑，他们想立刻发动全面总攻；所有人都相信，戴头巾的土耳其人很快就会冲进城。"[16]在足够的火力集中到一个点上之后，哪怕是看上去固若金汤的防御工事也会在奥斯曼军队的炮口下快速瓦解，这严重地挫伤了守军的士气。"有很长一段城墙被炮火打坏，所有人都以为自己完蛋了，因为敌人在区区几天内就摧毁了这么长的城墙。"[17]从大缺口向外张望的守军清楚地明白，哪怕"只有1万人"[18]从这个地段发动集中攻势，城市也必然会陷落。他们在等待不可避免的浩劫，但此时穆罕默德二世和全部高级将领正在双柱港商讨是否继续作战，所以没有发布进攻的命令。基督教守军派系众多，防御作战在很大程度上依赖个人的主动性；而奥斯曼军队是高度中央集权的，只有在接到了中央的指令之后才会做出反应。因此奥斯曼军队没有做任何事情去利用和扩大炮击的战果，守军得到了重新排兵布阵的时间。

在夜色掩护下，朱斯蒂尼亚尼和他的部下开始对损坏的城墙进行紧急抢修。"他们用装满石块和泥土的木桶修补城墙，在城墙后方开挖了一条非常宽的壕沟，壕沟的一端建有石坝，石坝上覆盖着葡萄藤和多层枝叶，并用水浸透，让它们变得像城墙一样坚硬。"[19]这道用木头、泥土和石块堆积而成的壁垒仍然非常有效，能够让巨型石弹的威力大打折扣。守军的这些抢修是在敌人的持续火力之下进行的，敌人的"巨炮和其他火炮，以及很多火枪、不计其数的弩弓和很多手枪一刻不停地射击着"[20]。巴尔巴罗在对这一天战事的记载的结尾处描绘了敌人的恐怖形象。大群装束颇具异国情调的敌人蜂拥而上，让这位随船医生心生恐惧：城墙前的地面"根本看不见，因为完全被土耳其人遮盖住了，尤其是近卫军，他们是苏丹麾下最勇敢的士兵，还有苏丹的很多奴隶，他们戴的是白色头巾，而普通土耳其人戴的是红色头巾"[21]。但敌人没有再进攻。显然，在这一天，君士坦丁堡凭借好运气，以及"我们大慈大悲的救主耶稣基督"[22]的保佑，躲过了噩运。

4月21日的战局发展极其迅速和错综复杂，似乎双方都意识到，一个关键时刻来临了。守军持续地采取措施应对敌人的进攻；他们没有兵力可供出击，只能从古老城墙组成的三角之内观察敌情，把希望寄托在防御工事的坚固上。他们等待敌人的进攻，匆匆地应付每一个危机，堵塞防线上的缺口，同时还在互相争吵。他们有时听到敌人即将总攻的传闻，就灰心丧气；有时听说援军即将抵达，心中又充满了希望，如此周而复始。他们一刻不停地拼命努力去守住防线，并遥望西方的海平线，寻找船帆的迹象。

近几天的事件似乎让穆罕默德二世愈发焦躁，疯狂地大肆活动。海军的战败、对西方援军的畏惧和部队的悲观情绪，他在 21 日这一天受到了这些问题的困扰。他在城市外围焦躁不安地转来转去，从金红两色营帐到双柱港，又前去视察加拉塔以北的奥斯曼部队，亲自进行实地考察，研究问题，从不同角度观察"红苹果"，脑子里运筹帷幄。他对君士坦丁堡的渴望可以一直追溯到他的孩提时代。从幼年时他从远方眺望这座城市，一直到 1452 年冬天在阿德里安堡①街道上辗转徘徊，他一向对君士坦丁堡痴迷不已，所以专心研究了关于攻城战的西方著作，对地形进行了初步勘察，还绘制了城墙的详细地图。穆罕默德二世为了占领这座城市做了坚持不懈的努力：不耻下问、搜集资源、招募技术人才、讯问间谍、积攒信息。他将对君士坦丁堡的痴迷深藏起来（在奥斯曼宫廷的危险世界里，他在少年时期就学会了保守秘密），自己的计划在没成熟之前绝不会示人。据说，曾有人询问穆罕默德二世关于未来一场战役的情况，他不肯直接回答，而是说："请君谨记，假如我的一根胡须知道了我的秘密，我就会把它拔下来，丢进火焰。"[23]他下一步将如何行动，也是一个严格保守的秘密。

他推断，主要问题在于保护金角湾的铁链。它的存在使得苏丹的海军无法从三角形的这一边对城市施压，因此守军可以节约兵力，集中力量防守陆墙，奥斯曼军队的巨大兵力优势因此大打折扣。当初在科林斯地峡，奥斯曼军队的大炮

---

① 即奥斯曼帝国当时的首都埃迪尔内。

## 10. 鲜血的螺旋

在一周之内就摧毁了君士坦丁十一世的护墙。虽然此时大炮已经在古老的狄奥多西城墙上打开了一些缺口，但进度比他预想的慢得多。从外界看，城墙系统过于复杂、层次太多，壕沟也太深，很难速战速决。另外，朱斯蒂尼亚尼是个天才的战略家。他极其高效地调动了有限的人力和物资：石墙被打破，土墙却岿然不动，防线坚守了下来。

被封闭起来的金角湾为可能抵达的基督教救援舰队提供了安全的锚地，并为基督教海军的反击提供了基地。金角湾还导致穆罕默德二世的各支陆军部队与海军之间的交通线大为延长，部队要从陆墙前往双柱港就不得不走很远的路，以便绕过金角湾的顶部。铁链的问题非解决不可。

没人知道穆罕默德二世的妙计从何而来，也不知道他酝酿了多久，但在 4 月 21 日，他提出了加快解决铁链问题的方案。他推断，如果无法强行突破铁链，就必须绕过它；要绕过它，就必须从陆路把舰队运走，让它在铁链防线的内部进入金角湾。当时的基督教史学家对这个策略的来源有着自己的解释。莱奥纳德大主教确信，这又是背信弃义的欧洲人给苏丹出谋划策，并用他们的技术帮助苏丹；给穆罕默德二世献计的是"一个毫无信义的基督徒。我相信，那个人是从威尼斯人在加尔达湖的策略中学到了这个把戏，并将它传授给土耳其人"[24]。早在 1439 年，威尼斯人就从陆路将若干桨帆船从阿迪杰河搬运到了加尔达湖，但中世纪的战史中有很多这样的先例，而且穆罕默德二世非常热衷于钻研军事史。在 12 世纪，萨拉丁曾将桨帆船从尼罗河运到红海；

1424 年，马穆鲁克①军队把桨帆船从开罗运到了苏伊士。不管穆罕默德二世是从哪里得到这条良策的，其计划显然在 21 日前就已经开始执行；战事的不利迫使他加紧实施这项计划。

穆罕默德二世这么做还有一个理由。他感到，必须对金角湾对岸加拉塔城的热那亚殖民地施压。加拉塔在这场战役中暧昧的中立让攻守双方都颇为不满。在战前，加拉塔和君士坦丁堡及奥斯曼人都有贸易往来，生意兴隆。在此期间，它在两大势力之间起到了渠道的作用，物资和情报都通过加拉塔来往穿梭。有谣言说，加拉塔市民白天在奥斯曼军营里公开活动，为其提供冷却大炮所需的油料，以及其他有利可图的货物；夜间则溜过金角湾，去君士坦丁堡的城墙上站岗放哨。铁链的一端固定在加拉塔城墙内，奥斯曼人无法直接对付，因为穆罕默德二世不愿意与热那亚撕破脸皮。他深知，假如与加拉塔发生直接的冲突，热那亚城就可能会派来一支强大的舰队。同时，他也认识到，加拉塔市民当然会同情基督徒。朱斯蒂尼亚尼就是个热那亚人。前来支援的热那亚船只或许也打破了加拉塔人的暧昧态度。希俄斯岛的莱奥纳德记载道："此前加拉塔人非常小心谨慎……但他们现在却急于提供武器和兵员，但只能是秘密提供，以防对他们假

---

① 马穆鲁克王朝在约 1250~1517 年统治埃及和叙利亚。"马穆鲁克"是阿拉伯语，意为"奴隶"。自 9 世纪起，伊斯兰世界就已开始起用奴隶军人。奴隶军人往往利用军队篡夺统治权。马穆鲁克将领阿尤布苏丹萨利赫·阿尤布（1240~1249 年在位）去世后夺取王位。1258 年，马穆鲁克王朝恢复哈里发的地位，并保护麦加和麦地那的统治者。在马穆鲁克王朝统治下，残余的十字军被赶出地中海东部沿岸，而蒙古人也被赶出巴勒斯坦和叙利亚。文化上，他们在史书撰写及建筑方面成就辉煌。最后他们被奥斯曼帝国打败。

装友好的奥斯曼人发现。"[25] 热那亚人的脚踩两只船意味着，信息在拜占庭与奥斯曼人之间的传递并不是单向的，这将很快产生悲剧性后果。

加拉塔城外原先遍布葡萄园和灌木丛，这一地域已经完全被扎甘帕夏指挥的奥斯曼部队占领。苏丹可能在攻城战的早期就做出了决定，要修建一条道路，具体走向是：从博斯普鲁斯海峡岸边靠近双柱港的某个点出发，沿着一座陡峭的山谷爬升，来到加拉塔城外的一座山岭，然后从另一座山谷下降，来到热那亚殖民地之外金角湾沿岸一个叫作泉源谷的地方，那里处于加拉塔城墙之外，设有热那亚人的墓地。穆罕默德二世决定就用这条道路来搬运船只。这条道路的制高点大约有海拔 200 英尺，对搬运船只的工作来说将是个严峻的挑战。但穆罕默德二世有的是人力。他素来高瞻远瞩，而且口风很严，早就为这个行动收集了物资：用来修建简易轨道的木材、用来承载船只的滚轴和支架、成桶的油脂和大量公牛与劳工。奥斯曼人先把这一地域的灌木丛清除干净，并尽可能将地面铲平。4 月 21 日，搬运舰队的工作开始加速进行。成群劳工将木制轨道从博斯普鲁斯海峡一直铺向山谷，预备好滚轴并涂抹了油脂，还建造了支架，用来将船只抬出水面。为了转移守军的注意力，穆罕默德二世把一个连的大炮调到了加拉塔城以北不远处的一座山上，然后命令扎甘轰击保卫金角湾的基督教船只。

守军能够从加拉塔这个渠道或者奥斯曼军营内的基督徒士兵那里得到情报，却未能发现敌人在开展如此大规模的工程，真是令人匪夷所思。早先，加拉塔的热那亚人可能认为奥斯曼军队是在做简单的修路工作。后来，他们要么是被炮火压得抬不起头来，无法严密观察；要么（按照威尼斯人的说法）他们与奥斯曼人暗地勾结。穆罕默德二世很可能也明令确保他的基督徒士兵不得参加此项工程。不管真相如何，君士坦丁堡守军对敌人的新动向一无所知。

4月22日（星期日）清晨，奥斯曼人的炮火仍在咆哮，基督徒们前往教堂去做礼拜。第一具支架被放入博斯普鲁斯海峡的水中。奥斯曼人将一艘轻型弗斯特战船放入支架，然后借助滑轮将它搬到轨道之上的木制滚轴上，滚轴事先已经用油脂做了润滑。始终亲临一线的苏丹在那里观看和鼓励士兵们的努力。"滚轴上已经捆缚了绳索，他将长长绳索的另一端固定在战船的边角上，命令士兵们去拖曳。有的人直接用手拽拉，有的人借助某种绞车和绞盘装置。"[26]成群的公牛和劳工将战船拖上了斜坡，同时两侧还有更多的工人和士兵扶着战船。战船在轨道上前进一段距离之后，劳工们在它前方铺设更多轨道。在大量人力畜力资源的支持下，战船在陡峭的斜坡上缓缓前进，走向200英尺之上的山岭。

海上吹来了怡人的晨风，穆罕默德二世灵机一动，命令正在被搬运的各艘战船的基本人员登船。"有些人高呼着升起船帆，就好像他们要扬帆远航一样。海风把船帆吹得鼓鼓涨涨的。还有的人坐在桨位上，手里抓着船桨，前后划动，就好像真的在划船一样。指挥官们在桅杆基座旁跑来跑去，吹着口哨，大呼小叫，向桨手们挥动皮鞭，命令他们划船。"[27]船上五颜六色的旌旗迎风招展，战鼓擂响，小型乐队在船首上吹响喇叭。这是一幅即兴表演的狂欢景象，非常

## 10. 鲜血的螺旋

离奇和梦幻：旗帜飘扬、乐队大吹大擂、船桨划动、船帆在清晨的清风中鼓动、牛群低吼着使劲。土耳其人在战争中期做出的这个姿态给对方带来了极大的心理震撼，这个故事也将成为土耳其民族征服神话的重要元素。"这景象非同寻常，"克利托布罗斯记载道，"除非亲眼所见，没人会相信。战船被运过陆地，就像在海上航行一样，船员和全部装备都在船上，船帆也张挂了起来。"[28] 在附近的高地上，扎甘帕夏继续炮击下方的港口。2 英里之外，大炮在轰击圣罗曼努斯门处的陆墙。

第一艘被搬运的战船从山岭顶端开始艰难地向下运动，前往泉源谷。特别注重细节的穆罕默德二世已经把第二个炮兵连调到岸边，以防止船只入水时遭到攻击。离正午还有一段时间，第一艘船水花四溅地进入了金角湾的平静水域，船员已经做好了抵挡突袭的准备。其他战船很快也陆续入水。当天一共有约 70 艘船接二连三地在泉源谷附近入水。这些船都是弗斯特战船，也就是快速的轻型两层或三层桨战船，"配备 15～20 个，甚至 22 个桨位"[29]，船身长度在 70 英尺左右。尺寸更大的桨帆船则留在双柱港海域。

此次行动的所有微妙细节（时间安排、路线以及动用的技术）仍然神秘莫测。事实上，要在 24 小时内完成整个工程，可能性是极小的。从人体工程学角度来看，搬运距离至少有 1.25 英里，斜坡角度为 8°，要先上坡，然后再稳妥地下坡，哪怕有大量人力畜力以及绞车的帮助，也肯定需要长得多的时间。奥斯曼人很可能在 4 月 22 日之前很久就把大型船只拆解，然后在靠近金角湾的地方重建起来，其他船只的搬运也肯定早就开始了。穆罕默德二世是个城府极深的人，把秘密保守到最后一刻是很符合他秉性的，但所有的史学家都同意，在 4 月 22 日早上，战船接二连三地进入了金角湾。整个行动在战略和心理上都是了不起的杰作，筹划巧妙，执行有力。甚至后世的希腊史学家也不情愿地予以称赞。"这是一项丰功伟绩，也是杰出的海战策略。"[30]梅里西诺斯如此写道。这将给守军带来极其严重的后果。

由于金角湾沿岸的海墙得到了铁链的保护，而且陆墙承受了极大压力，所以海墙上几乎没有守军。肯定很少有基督徒士兵亲眼看到第一艘敌船从对面山上出现，然后下坡入水。他们发现这个新变化之后，恐慌很快不胫而走。人们从陡峭的街道上跑来，在城墙上战战兢兢地看着奥斯曼舰队陆续进入金角湾。这是奥斯曼人在博斯普鲁斯海峡战败之后在战略和心理上做出的巧妙还击。

君士坦丁十一世立刻就认识到，这对他那已经承受了极大压力的部队意味着什么。"现在金角湾沿岸海墙也处于前线，他们不得不派兵驻守，并从其他防区抽调兵力去那里。从城墙其他地段抽调兵力是非常危险的，因为那些地段现有的兵力已经屈指可数，无法有效地防守。"[31]作为海战指挥官的威尼斯人同样忧心忡忡。这条封闭的海峡只有几百码宽，奥斯曼舰队就在不到 1 英里之外；金角湾曾经是躲避敌人的避难所，现在却变成了一个没有喘息之地的狭窄杀戮场。

我们舰队的船员们看到那些弗斯特战船时无疑非常害怕，因为他们确信这些敌舰当晚就会联合在双柱港的

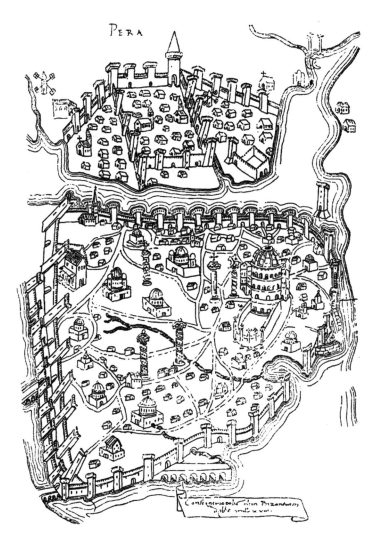

**加拉塔和金角湾：双柱港位于右上方，泉源谷位于左侧风车下方**

舰队，内外夹击地攻打我们的舰队。我方舰队在铁链之
内，土耳其舰队在铁链内外都有战船，所以我们面临的
危险是极大的。我们还担心敌人发动火攻，烧毁在铁链

209

处的我方船只。我们被迫在海上昼夜守备，对土耳其人
万分畏惧。[32]

守军清楚地认识到，必须尽快消灭金角湾内的敌人舰
队。第二天，威尼斯市政官和皇帝携手在威尼斯人的圣马利
亚教堂召开了作战会议，决心"烧毁敌人舰队"[33]。这次会
议只有 12 人参加，而且是秘密的闭门会议。除了君士坦丁
十一世，与会者大多是威尼斯的指挥官和船长。威尼斯人认
为这是他们自己的事务，但也允许了一个外人参加：热那亚
人乔万尼·朱斯蒂尼亚尼，"在所有事务上都值得信赖的
人"，他的意见受到普遍尊重。会议各方进行了漫长而激烈
的辩论，提出了多种不同方案。有人主张整个舰队在白天大
举出动，发动全面进攻，这就需要热那亚船只的配合。但这
个方案被否决了，因为与加拉塔谈判就会非常复杂，而战局
已经十万火急。还有人主张出动一支陆军部队去消灭保护敌
人舰队的火炮，然后将敌船烧毁。但守军的兵力非常薄弱，
这么做风险太大，因此也被否决了。最后，一艘特拉布宗桨
帆船的船长贾科莫·科科，"一个果断坚决、沉默寡言的
人"[34]，强烈支持第三种方案：在夜间发动一次小规模海
战，通过出其不意的奇袭烧毁土耳其舰队；行动必须秘密筹
划，不通知加拉塔的热那亚人，并立即执行，因为时间就是
生命。他提议由他自己来指挥此次突袭。与会者进行了投票
表决，最后这个计划得以通过。

4 月 24 日，科科开始着手实施他的计划。他选择了两
艘坚固的高舷商船，在其船舷上堆积了大量装满羊毛和棉花

的麻袋，并填塞平整，用来抵御奥斯曼火炮发射的石弹。还有两艘桨帆船将伴随商船前进，击退敌人的反击，而真正挑大梁的将是两艘快速的轻型弗斯特战船，每艘船上配有 72 名桨手。这两艘弗斯特战船上装满了希腊火和其他易燃物，用来火攻敌人。每艘大船还有一艘运载其他物资的小船伴随。计划很简单：有防护的风帆商船将作为肉盾，保护快速的弗斯特战船，直到后者接近敌人。弗斯特战船将冲出己方的保护圈，向队形密集的奥斯曼战船发动火攻。参战船只将在日落一小时后集合，于午夜发动突袭。事先做了周全的准备；但是，当指挥官们聚集在港口指挥官阿卢威克瑟·迪艾多的桨帆船上听取战前的最后指令时，计划却出人意料地受到了阻挠。城内的热那亚人不知通过什么渠道打探到了这个消息，也想参加突袭。他们坚决要求暂缓行动，好让他们的船只做好准备。威尼斯人不情愿地同意了。进攻被推迟了。

　　热那亚人的战斗准备花了四天时间。在此期间，陆墙遭到持续轰击。威尼斯人等得不耐烦了。"从这个月的 24 日一直等到 28 日，"巴尔巴罗记载道，"4 月 28 日，以我主耶稣基督的名义，他们终于决定尝试将奸诈的土耳其人的舰队烧毁。"[35]为了安抚敏感的热那亚人，进攻舰队做了一些微调：威尼斯人和热那亚人各自提供了 1 艘有防护的商船；2 艘威尼斯桨帆船分别由加布里埃尔·特里维萨诺和扎卡里亚·格廖尼指挥；运载易燃物的 3 艘快速弗斯特战船由科科指挥；另外还有一些运载更多沥青、木柴和火药的小船。

　　4 月 28 日，离拂晓还有两个小时，进攻舰队从金角湾东北角加拉塔海墙的庇护下安静地驶出，绕过通往泉源谷的黑暗海岸的弯曲处，路程不到 1 英里。打头阵的是两艘商船，朱斯蒂尼亚尼就在其中的热那亚商船上。其他船只紧随其后。海面上波澜不兴，没有任何动静。唯一能够显示有人在的迹象就是热那亚人的加拉塔城楼上短暂闪烁的光亮。他们接近奥斯曼舰队时，听不到任何声响。

尺寸较大的商船在使用人力划桨时速度较慢，而理应接受商船保护的弗斯特战船的桨手更多，速度很快。不知道是受了缓慢接近时的沉寂和紧张情绪的刺激，还是因为进攻被推迟而恼火，或者是由于渴望"扬名天下"[36]，贾科莫·科科突然间摈弃了精心制定的计划。他自作主张，率领他的火攻船脱离了舰队，全速向停泊着的敌人舰队冲去，抢先发动了进攻。一瞬间周遭万籁俱寂。然后敌人向没有防护的火攻船开了炮。第一发炮弹很接近目标，但没有命中。第二发炮弹击中了一艘弗斯特战船的中部，将其击穿。"这艘弗斯特战船坚持的时间还不够念十遍主祷文，就沉没了。"[37]巴尔巴罗记载道。一瞬间，披甲的士兵和桨手们坠入夜色下的大海，很快无影无踪了。

夜色漆黑，跟在后面的船只不知道前面发生了什么状况，继续前进。更多的火炮在近距离开火。"大炮和火枪发出如此之多的浓烟，大家什么都看不见，双方都在大喊大叫。"[38]基督教船只上前时，特里维萨诺的大型桨帆船冲入了火线，当场被两发炮弹击穿了船体。海水迅速灌入船体，但躺在甲板下方的两名伤员沉着冷静地采取了措施，避免了船只沉没。他们用储存在舱内的斗篷堵住破口，总算阻止了海水灌入。被严重击伤的桨帆船虽然已经被海水淹了一半，但仍然漂浮在水面上，桨手们艰难地把船划回了安全地带。其他船只试图继续进攻，但敌人猛烈开炮，投掷石块和其他武器，火力非常凶猛，再加上特里维萨诺的桨帆船严重受损，于是它们选择了撤退。

天渐渐亮了，但在混乱之中，两艘大型商船仍然停留在战场上，按照原计划摆开了防御阵势，竟没有发现其他船只已经撤退。看到这两艘船出人意料地落了单，奥斯曼舰队从锚地出发，意图将它们包围和俘虏。"爆发了一场可怕而凶残的战斗……看上去着实有如地狱；子弹和箭如同倾盆大雨，大炮不时轰鸣，火枪不断脆响。"[39] 70艘小船蜂拥上去攻击基督教船只，穆斯林水手们高呼安拉的尊名。但那两艘商船侧舷较高，而且有防护，再加上船员们作战经验丰富，因此抵挡住了进攻。近距离激战一连持续了一个小时，双方都没有占到任何便宜，最终双方脱离接触，各自鸣金收兵。奥斯曼舰队损失了一艘弗斯特战船，但赢得了整个战斗的胜利。"土耳其军营中欢呼雷动，因为他们击沉了贾科莫·科科的弗斯特战船，"巴尔巴罗回忆道，"而我们满心恐惧地哭泣，害怕土耳其人用他们的舰队打败我们。"[40] 意大利人对损失做了清点：一艘弗斯特战船被击沉，全体船员和一些士兵随之坠入深渊；一艘桨帆船严重受损；意大利人在海战中的优势地位被打破了。阵亡者的名单很长，包括不少有名望的人："贾科莫·科科，船长；科孚岛的安东尼奥，合伙人；安德烈亚·斯泰科，大副；朱安·马拉尼奥，弩手；特罗伊洛·德·格雷齐，弩手……"；等等。"那艘被击沉的弗斯特战船上的人全都葬身大海，愿上帝怜悯他们。"[41]

4 月 28 日①上午，守军发现，他们不仅损失惨重，而且还要蒙受更恐怖的苦难。原来，失踪的人并非全部被淹死，有大约 40 人从下沉的战船泅水逃生，在黑暗和混战中游到了敌占海岸，被俘虏了。穆罕默德二世命令将俘虏全部钉死在尖木桩上，并展示给君士坦丁堡全城人看，以儆效尤。海战的幸存者在城墙上战战兢兢地看着敌人的准备工作。一位名叫雅各布·德·坎皮的热那亚商人（他在奥斯曼帝国做了 25 年的生意）将这可怕景象描绘如下：

> 苏丹命令将他想要惩罚的人按倒在地；一根削尖的长木桩被插入此人的肛门；刽子手用双手举着一个大木槌，使出全身力气向下锤击，木桩被钉入人体。按照木桩插入位置的不同，这个可怜人要么当场死亡，要么还要忍受一段时间。然后刽子手将木桩抬起，将它插入地面。于是受刑的可怜人就只能这样苟延残喘，很快就会死去。[42]

"木桩就这样被安插在那里，受刑者在城墙卫兵众目睽睽之下悲惨地死去。"[43]

当时的欧洲作家对这种死刑方式的残暴大肆口诛笔伐，并认为它是土耳其独有的刑罚。刺刑（尤其是作为一种震慑被围攻的城市的心理战工具）其实是奥斯曼军队从基督教巴尔干学来的。后来，奥斯曼人自己也经受了史上最恶名

---

① 原文为"4 月 29 日"，有误。

## 10. 鲜血的螺旋

昭彰的一次暴行：据说，弗拉德·德古拉①于 1461 年在多瑙河平原将 2.5 万名奥斯曼人钉死在尖木桩上。目击者称："无数尖木桩被安插在地上，上面挂的不是水果，而是死尸"[44]，而在这些刑具的正中央有一根较高的木桩（以彰显这名受刑者的地位）钉着曾经担任海军司令的哈姆扎贝伊的尸体，还穿着红紫两色的官服。假如穆罕默德二世听到这个描述，一定也会大为震惊、心惊肉跳。

4 月 28 日下午，意大利水手被刺穿在尖木桩上的可怕景象收到了苏丹希望的效果。"城内为这些青年发出的哀恸无法描述。"[45]梅里西诺斯写道。但悲痛很快变成了狂怒。为了取得一点心理平衡，也为了发泄进攻失败的挫折感，他们以牙还牙，自己也做出了暴行。自围城开始以来，城内就扣押着约 260 名奥斯曼俘虏。次日，很可能是在君士坦丁十一世命令之下，守军进行了血腥的报复。"我们的人暴跳如雷，在城墙上当着奥斯曼全军的面野蛮地屠杀了土耳其俘虏。"[46]俘虏被一个一个地带上城墙，在奥斯曼军队的注视下被吊死。众多绞架围成一个圆圈。莱奥纳德大主教哀叹道："就这样，由于不虔诚和残忍的行为，这场战争变得愈发野蛮。"[47]

悬挂在绞架上的俘虏和被钉死的水手隔着战线相望，这真是一种无言的讽刺。但在这一系列暴行之后，战役主动权显然已经再次回到了进攻方那一边。金角湾内的奥斯曼舰队实力几乎毫发无损，守军也清楚地认识到，具有关键意义的

---

① 即瓦拉几亚大公弗拉德三世·采佩什（1431～1476），即后世传说中"吸血鬼德古拉伯爵"的原型。

金角湾彻底丧失了。这次笨拙的夜袭严重地损害了君士坦丁堡的实力。他们对此进行思考，寻找失败的原因，并控诉负有责任的人，尤其在意大利人之间发生了争吵。很显然，科科的进攻被推迟是个致命错误。敌人通过某种途径得到了风声，在海上守株待兔。穆罕默德二世此前把更多的火炮调到了内港，准备伏击基督徒的突袭舰队。加拉塔城楼上的光亮显然是热那亚殖民地内部有人在向苏丹通风报信。意大利人各个派系之间的互相指责越来越激烈，也越来越丧失理性。

# 11. 恐怖的机械

## 1453 年 4 月 28 日～5 月 25 日

　　　　围城战需要机械：各种类型和形式的龟甲撞城

　　锥……可移动的木制塔楼……不同形式的梯子……挖掘

　　不同类型城墙所需的不同工具……不用云梯登城所需的

　　机械。[1]

　　　　　　　　　　——10 世纪关于围城战技术的手册

　　"呜呼，最有福的圣父，这是多么可怕的灾难，海神的
狂怒竟然一击将他们灭顶！"[2]夜袭失败之后，守军当即就
为失败的责任爆发了尖刻和激烈的争吵。威尼斯人在这次惨
败中损失了 80～90 名亲密战友，找出了他们认为应该为此
负责的人。"可憎的来自佩拉的热那亚人是叛徒，是背弃基
督教信仰的逆贼，"尼科洛·巴尔巴罗宣称，"他们借此向
土耳其苏丹邀宠。"[3]威尼斯人声称，加拉塔的某人溜到了
苏丹军营，将夜袭的消息报告给了他。威尼斯人还提出了具

体的指控：他们认为是加拉塔的市长自己派人去向苏丹报告的，或者是一个叫做法尤佐的人。热那亚人则反驳，威尼斯人应当为这次惨败负全责。科科"是个沽名钓誉之徒"[4]，无视命令，给整个行动造成了灾难。另外，他们还指责威尼斯水手偷偷将物资装上船，准备逃离城市。

双方大吵特吵起来，"互相指责企图逃跑"[5]。意大利人内部的深层敌意浮出了水面。威尼斯人声称，他们已经服从皇帝的命令，将船上的货物卸载上岸，并要求热那亚人也"将你们船只的舵和帆保存在君士坦丁堡城内的安全地点"[6]。热那亚人反驳说，他们绝无逃离城市的企图；与威尼斯人不同，他们的妻儿老小和财产都在加拉塔，"我们将保卫加拉塔，直到流尽最后一滴血"，并且拒绝将"我们的高贵城市、为热那亚增光添彩的珍宝交给你们"。加拉塔的热那亚人的暧昧态度使得他们受到了各方面的指控，大家都控诉他们是欺骗盟友的叛徒。热那亚人与拜占庭和奥斯曼帝国都是贸易伙伴，但他们天性是同情其他基督徒的，而且他们允许拜占庭人将铁链固定在他们的城墙上，就已经破坏了自己的中立性。

君士坦丁十一世很可能亲自干预了互相猜忌的意大利人之间的争吵，但金角湾本身仍然是个悬而未决的难题。基督教舰队害怕敌人的夜袭或者两面夹击（金角湾内部、泉源谷附近有一支奥斯曼舰队；金角湾之外、双柱港附近还有另一支舰队），丝毫不敢松懈。水手们昼夜处于戒备状态，小心谨慎地捕捉火攻船接近的声响。在泉源谷附近，奥斯曼军队的大炮严阵以待，准备应对基督教舰队的第二次进攻，但奥斯曼舰队没有采取行动。在科科阵亡之后，威尼斯人对自己的队伍进行了重组。一位新指挥官多尔芬·多尔芬（Dolfin Dolfin）受命接管科科的战船，同时他们还在考虑可否用其他方法消灭金角湾内的奥斯曼战船。在 4 月 28 日的失败之后，海路进攻显然是太危险了，于是他们决定用远程手段来骚扰敌人。

5 月 3 日，两门尺寸相当大的火炮被部署到金角湾沿岸某一座水门处（700 码外的对岸就是奥斯曼舰队的锚地），并开始炮击奥斯曼船只。起初炮击的效果很可观。他们击沉了一些弗斯特战船，按照巴尔巴罗的说法，"我们的炮击打死了很多敌人"，但奥斯曼军队迅速采取措施来应对这一威胁。他们把舰船调离基督徒火炮射程范围内的区域，并用他们自己的三门大炮还击，"造成了相当严重的破坏"。双方的大炮在随后 10 天内隔着海面互相轰击，但都无法摧毁对方，"因为我们的大炮在城墙后，他们的大炮则得到了堤岸的良好保护，而且双方的距离达到半英里"[7]。于是，这场炮击竞赛逐渐陷入僵局，但金角湾的压力还在，而且穆罕默德二世在 5 月 5 日回敬以自己的炮击计划。

他那不知疲倦的头脑一定早就在思考这个问题：既然加拉塔城墙处在火线上，如何才能炮击铁链处的基督教船只呢？解决方案是建造一门弹道更为弯曲的大炮，让它从加拉塔城的后方射击，炮弹就可以从加拉塔城头顶上越过，不至于误击这座中立城市。于是他命令铸炮工匠们开始研制一种原始的臼炮，"能够将石弹射得很高，石弹落下来之后就能够正中敌船，将其击沉"[8]。新的大炮已经制造成功，准备就绪。它从加拉塔后方一座山上向铁链处的基督教船只开了火。加拉塔的城墙正处于这门炮的火线之内，但这对穆罕默德二世来说有个好处：向态度可疑的热那亚人施压。这门臼炮的第一批炮弹从加拉塔市民们的屋顶上呼啸而过，市民们一定感到奥斯曼帝国勒紧了他们脖子上的绞索。当天的第三发炮弹"从山顶上轰鸣着飞下"[9]，没有命中敌船，却击中了一艘中立的热那亚商船的甲板。该船"容积为 300 桶，装载着丝绸、蜂蜡和其他商品，总价值 1.2 万杜卡特。它当场就沉底了，桅顶和船体都消失得无影无踪，船上有人被淹死"[10]。于是，守卫铁链的所有船只都转移到了加拉塔城墙之下，寻求庇护。臼炮继续轰击，射程略有缩短，炮弹开始落在城墙和城内房屋上。桨帆船和其他船只上不断有人被石弹击毙，"有时一发炮弹能打死 4 人"[11]，但城墙提供了足够的防护，因此没有更多船只被击沉。加拉塔的热那亚人第一次遭到直接炮击，尽管只有 1 人死亡（"一位名誉极佳的妇女，当时站在大约 30 人的人群中间"[12]），奥斯曼人的意图是一清二楚的。

加拉塔城派出了一个代表团来到苏丹的大营，向他抱怨此次攻击。一位维齐尔面无表情地抗议说，他们以为被击沉的船属于敌人，并平静地向代表们保证，最终占领君士坦丁堡之后，"欠他们的钱都会还清"[13]。"土耳其人就用这种侵略行径报答加拉塔人民向他们表现的友谊，"[14]杜卡斯讥讽地宣称。他说的"友谊"指的是加拉塔人向土耳其人通风报信，导致科科夜袭的失败。在此期间，石弹继续以弯曲的弹道越过金角湾。按照巴尔巴罗的说法，到 5 月 14 日，奥斯曼军队的臼炮已经发射了"212 发石弹，每一发石弹至少有 200 磅重"[15]。基督教舰队一直被压制在原地，未能发挥任何作用。

## 11. 恐怖的机械

在 14 日之前很久，基督徒们就已经失去了对金角湾的有效控制。陆墙处战事吃紧，需要更多的人力和物资，这更加深了水手们之间的矛盾。穆罕默德二世的压力消解了不少，于是命令在金角湾上修建一座浮桥，位置就在君士坦丁堡城外不远处，以缩短他的交通线，并保证人员和大炮能够自由运动。

在陆墙处，穆罕默德二世也在施加更大的压力。他的战术是消磨对方的力量，并越来越重视心理战。现在守军的兵力更加薄弱，他决定用持续炮火把他们拖垮。4 月底，他把一些大炮调到圣罗曼努斯门附近的城墙中段，"因为那里的城墙比较低，也比较弱"[16]；当然，他同时还在加紧炮击皇宫一带仅有一道城墙的地段。大炮昼夜轰鸣；奥斯曼军队还随时可能会发动小规模袭击，检验守军的决心，然后一连几天都不进攻，让守军自己松懈下来。

快到 4 月底的时候，一次大规模炮击把城墙顶端炸塌了大约 30 英尺。天黑之后，朱斯蒂尼亚尼的部下再次开始抢修，用泥土封堵缺口，但次日奥斯曼大炮又开始了狂轰滥炸。但是，快到中午的时候，其中一门大炮的火药室破裂了，可能是因为炮管的缺陷，尽管俄罗斯人涅斯托尔－伊斯坎德尔声称这是被守军的火炮击中所致。这个挫折让穆罕默德二世火冒三丈，命令立即发动一次攻势。奥斯曼军队向城墙发起了冲锋，令守军措手不及。随后爆发了一场激烈交火。城内敲响了警钟，人们冲向城墙。"兵器碰撞、火光夺目，所有人都感到城市已经被连根拔起。"[17]冲锋的奥斯曼士兵被成片地打倒在地，又被后面疯狂冲上来的其他士兵踩在脚下。对俄罗斯人涅斯托尔－伊斯坎德尔来说，这个景象极其恐怖："死尸几乎将壕沟填满，土耳其人踏过己方士兵的尸体，就像在大草原上冲锋一样，继续战斗，死者的尸体成了通往城市的桥梁或者楼梯。"守军最终无比艰难地打退了这次进攻，战斗一直持续到夜色降临。成堆的死尸被抛弃在壕沟内；"从突破口附近一直到山谷，流血漂橹"[18]。守军士兵和市民们精疲力竭，倒头就睡，任凭伤者在城墙外呻吟。第二天，僧侣们再次开始他们的忧伤工作：埋葬战死的基督徒，并清点敌人尸体。君士坦丁十一世已经被消耗战拖得身心疲惫，现在看到伤亡数字，显然非常烦恼。

疲惫、饥饿和绝望开始给守军带来严重的损失。到 5 月初，粮食已经短缺；此时已经很难和加拉塔的热那亚人做生意，划船去金角湾捕鱼也变得非常危险。在战斗间歇，很多防守城墙的士兵会离开岗位，为家人搜寻食物。奥斯曼军队知道这个情况后，不断发动突然袭击，用一端带钩子的木棍将城墙上装泥土的木桶拉下来。他们甚至能够大摇大摆地接近城墙，用网兜回收炮弹。城内的争吵愈演愈烈。热那亚人的大主教莱奥纳德控诉擅离岗位的希腊人是懦夫。希腊人反驳说："如果我的家人挨饿，城防关我什么事？"[19]莱奥纳德感到，还有很多希腊人"对拉丁人满腹仇恨"[20]。有人被指控囤积粮食、怯懦畏敌、投机倒把和妨碍城防。讲不同语言、信仰不同信条和血统出身不同的各个派系之间的矛盾越来越深。朱斯蒂尼亚尼和诺塔拉斯互相争夺军事资源。莱奥纳德严厉谴责"某些人的丑恶行径，他们是喝人血人膏的恶魔，囤积粮食，或者哄抬粮价"[21]。在围城的巨大压力之下，脆弱的基督教联盟开始瓦解。莱奥纳德责怪君士坦丁十一世没能控制住局面："皇帝行事过于宽大，抗命不遵的人既没有受到言语训斥，也没有受到刀剑的惩罚。"[22]城墙外的穆罕默德二世很可能也得知了这些争吵和矛盾。"守城军队陷入了分裂，"[23]奥斯曼史官图尔松贝伊在这个时期记载道。

为了防止士兵去搜寻粮食而玩忽职守，君士坦丁十一世命令向士兵的家属平均分配粮食。形势已经非常险恶，他在大臣们的建议下征用了教堂的圣餐盘，将其熔化、铸成钱币，分发给士兵们，让他们去购买粮食。皇帝的这个举措很可能是颇有争议的，不大可能受到虔诚的东正教徒的支持，后者认为城市蒙受的苦难是罪孽和错误应得的惩罚。

拜占庭指挥官们在加紧商讨战局。敌人舰队进入金角湾，严重打乱了守军的计划，他们被迫根据新局势重新部署部队和划分防区。城墙守军昼夜不停地瞭望西方大海，但海平线上没有任何动静。大约在 5 月 3 日，守军召开了一次重要会议。指挥官、民政要人和教会人士共商国是。敌人的大炮还在轰击城墙，守军士气越来越低落，大家感到敌人的全面进攻已经迫在眉睫。在充满不祥预感的气氛下，有人提议让君士坦丁十一世离开城市，前往伯罗奔尼撒半岛，在那里重整旗鼓，招募新兵，以图东山再起。朱斯蒂尼亚尼表示愿意提供他的桨帆船送皇帝逃离。史学家对君士坦丁十一世的答复作了非常煽情的记述。他"沉默许久，泪如雨下，然后说道：'我赞赏和感激你们的建议，感谢你们每一个人，因为这建议符合我的利益，一定是这样的。但我怎么能这么做？

怎么能离开教会、上帝的教堂、帝国和所有人民？请告诉我，如果我逃走的话，全世界会怎么看我？不，众位大人，不行。我要在这里和你们一起殒身报国。'他向他们鞠躬致敬，哭得伤心欲绝。牧首和在场的其他人都开始默默流泪"。[24]

平静下来之后，君士坦丁十一世提出了一个务实的建议：威尼斯人应当立即派遣一艘船到爱琴海东部，寻找救援舰队的迹象。要突破奥斯曼人的海上封锁是非常危险的，但当即就有 12 人自愿报名，于是准备了一艘双桅帆船来执行这个任务。5 月 3 日快到午夜时，这 12 人乔装打扮成土耳其人，登上了这艘小船。船被拖曳到铁链处。帆船张挂着奥斯曼帝国的旗帜，升起船帆，骗过了敌人的巡逻队，丝毫没有被敌人察觉，然后在夜幕掩护下向西进入马尔马拉海。

虽然大炮有一些技术问题，穆罕默德二世仍然继续炮击城墙。5 月 6 日，他判断，发动致命一击的时机已经到了："他命令陆军全军再次向城市推进，全天猛攻。"[25] 城内传出的消息可能让他确信，守军的斗志已经在崩溃；或许还有其他情报警告他，意大利人正在缓慢地组织一支援军。他感到，城墙中段的薄弱环节已经到了一个临界点。他决定再发动一次大规模进攻。

5 月 6 日，大炮再次猛烈开火，较小的火炮也加入合唱，此时炮手们对射击模式已经驾轻就熟。炮击还伴随着"呐喊声和响板的敲击声，以威慑城内的人"[26]。很快，又有一段城墙倒塌。守军要等到夜间才能修补城墙，但这一次，奥斯曼人在夜间也继续炮击，所以守军无法封闭这个缺口。次日早上，大炮继续对城墙基部狂轰滥炸，又打垮了相当长的一段。奥斯曼军队持续炮击了一整天。晚上 7 点左右，他们向城墙突破口发动了一次排山倒海的进攻，像往常一样大呼小叫、鼓乐喧天。远方港口内的基督徒水手们听到了狂野的呼喊声，担心奥斯曼舰队也会相应地发动进攻，于是做好了战斗准备。成千上万的奥斯曼士兵越过壕沟，冲向突破口，但此处非常狭窄，兵力优势发挥不出来，他们在强行猛冲的过程中踩倒了不少自己人。朱斯蒂尼亚尼冲上去迎战，突破口处爆发了一场绝望的肉搏战。

一个名叫穆拉德的近卫军士兵引领着第一波攻击。他凶猛地向朱斯蒂尼亚尼砍杀，朱斯蒂尼亚尼险些丧命，但这时有一个希腊人从城墙上跳下，用斧子砍断了穆拉德的双腿，才将朱斯蒂尼亚尼救下。率领第二波攻击的是奥斯曼帝国欧洲军的旗手奥马尔贝伊，迎战他们的是朗加比斯指挥下的一大队希腊兵。在大肆砍杀和冲刺的混战中，双方的指挥官在各自部下面前展开了一对一单挑。奥马尔"拔出利剑，向对方猛攻，两人疯狂地互相劈砍。朗加比斯走到一块石头上，双手握剑，砍到奥马尔的肩膀，将他劈成两段，因为朗加比斯的臂力极强"[27]。奥斯曼士兵们看到指挥官战死，不禁火冒三丈，将朗加比斯团团围住，把他砍倒在地。就像《伊利亚特》的场景一样，双方都冲上去争抢指挥官的尸体。希腊人急于夺回城门外的尸体，"但未能成功，自己损失惨重"[28]。奥斯曼士兵们将残缺不全的尸体砍成肉泥，把希腊兵赶回了城内。这场鏖战持续了三个钟头，但守军坚守住了战线。战斗渐渐平息下来，大炮又开始咆哮，以阻止守军封

225

闭缺口。同时奥斯曼军队发动了一次牵制性攻击，企图将皇宫附近的城门烧毁，但也被击退。朱斯蒂尼亚尼和疲惫不堪的守军士兵在黑暗中努力重建临时壁垒。由于城墙遭到轰击，他们不得不在比原先位置更靠后的地方修建土木壁垒。城墙仍然坚挺着，但非常勉强。在城内，"希腊人因为朗加比斯的战死而万分悲痛和恐惧，因为他是个了不起的武士，非常英勇，而且受到皇帝的敬爱"[29]。

对守军来说，炮击、进攻和修补城墙的循环越来越模糊不清。就像描绘堑壕战的日记一样，史学家的记载也越来越单调和重复。"5月11日，"巴尔巴罗记载道，"除了陆墙遭到相当规模的炮击，陆上和海上都很平静，没有发生什么值得一提的事情……13日，一些土耳其人来到城墙下，发动了小规模袭扰，但除了不幸的城墙遭到持续轰炸之外，白天和夜间都没有发生什么重要的事情。"[30]涅斯托尔－伊斯坎德尔对时间的把握开始出错，他记载的事件的顺序开始紊乱，甚至有重复记录。士兵和平民都厌倦了战斗、修理、埋葬死者和清点敌人的死尸。奥斯曼军队对营地内的卫生状况高度重视，总会把己方阵亡者抬走安葬，但壕沟内还是堆满了腐烂的死尸。激烈残杀威胁着饮用水的安全："河流溪涧中的污血污染了水源，发出恶臭。"[31]城内的市民越来越沉迷于教堂礼拜和圣像创造奇迹的神力，忙于思考罪孽和对局势进行神学解释。"全城到处可以看见所有男女群众组成神秘的游行队伍前往上帝的教堂，泪流满面，赞美和感恩上帝与最纯洁的圣母。"[32]奥斯曼军营里每隔一段时间就会响起

## 11. 恐怖的机械

召唤祈祷的呼声，借此计时。德尔维希们在士兵中间来回穿梭，告诫信众要坚定信心，牢记圣训中的预言："在攻打君士坦丁堡的圣战中，三分之一的穆斯林将被战胜，这是真主不能宽恕的；三分之一将英勇牺牲，成为伟大的烈士；还有三分之一将最终得胜。"[33]

守军的伤亡持续增多，君士坦丁十一世和他的指挥官们焦急地到处搜寻人力物力来填补缺口。他们虽然竭尽全力，还是无法让所有守军精诚团结。大公卢卡斯·诺塔拉斯与朱斯蒂尼亚尼争吵不休，威尼斯人则大体上独立行动、自行其是。目前唯一尚未动用的人力资源就是桨帆船的船员，于是皇帝向威尼斯社区求援。5月8日，威尼斯十二人议事会召开了会议，投票决定将三艘威尼斯大型桨帆船上的武器卸下，将船员调往城墙，然后在造船厂内将桨帆船摧毁。这是个不得已而为之的万难之策，目的是确保船员们一心一意地参加守城，但这个措施招致了激烈反对。卸载武器的工作正要开始，船员们手执利剑挡住了跳板，宣称："我们倒要看看，谁敢从这些桨帆船上卸货！……我们知道，一旦我们把这些桨帆船上的货物卸下，在造船厂内把它们击沉，希腊人就会用武力把我们扣押在城内，当作他们的奴隶。而我们现在还是来去自由的。"[34]船长和船员们害怕自己安全撤离的交通工具被摧毁，封锁了他们的船只，严阵以待。这一天，奥斯曼人仍然在持续不断地轰击陆墙。形势危急，议事会不得不在第二天再次开会，对计划做了修改。这一次，两艘长型桨帆船的指挥官加布里埃尔·特里维萨诺同意将他的船只上的武器卸下，并带领400人加入圣罗曼努斯门的防守。花

227

了四天时间才说服船员们合作并搬运装备。他们在 5 月 13 日抵达圣罗曼努斯门时，几乎已经太晚了。

虽然穆罕默德二世的炮火主要集中在圣罗曼努斯门地段，但还有一些火炮在轰击皇宫附近、狄奥多西城墙与单独一道城墙相接的地点。到 5 月 12 日，大炮已经摧毁了这里的一段外墙，穆罕默德二世决定在这个地点发动一次集中夜袭。午夜将近时，一支庞大的队伍开始向突破口前进。守军措手不及，被安纳托利亚军旗手穆斯塔法指挥的一支队伍从城墙上打退了。守军从城墙的其他地段迅速调来援军，但奥斯曼军队将他们一一逐退，开始在城墙上搭起云梯。皇宫周边小巷里的人们仓皇失措。市民们从城墙逃走，很多人"在那天夜里相信城市已经陷落了"[35]。

按照涅斯托尔－伊斯坎德尔的说法，就在此时，在 3 英里之外的圣索菲亚大教堂门廊上正在召开一场气氛肃杀的作战会议。大家必须直面严峻的形势。守军的兵力一天天减少："如果继续这样下去，我们全都必死无疑，他们就会占领城市。"[36]面对这样的残酷现实，君士坦丁十一世直言不讳地提出了一系列选择，供指挥官们斟酌：他们可以在夜间冲杀出城，尝试通过奇袭打败奥斯曼军队；或者死守到底，寄希望于匈牙利人或意大利人的救援，同时等待不可避免的噩运。卢卡斯·诺塔拉斯建议继续死守，其他人则再次恳求君士坦丁十一世离开城市。就在这时，他们得到消息，"土耳其人已经在爬城和屠戮市民"[37]。

君士坦丁十一世策马奔向皇宫。在黑暗中，他遇见了一些从突破口逃跑的平民和士兵。他徒劳无功地努力让他们返回前

## 11. 恐怖的机械

线，每过一分钟战局都愈发恶化。奥斯曼骑兵已经开始冲入城内，城墙内已经爆发了激战。君士坦丁十一世和他的卫队的到来总算稳定住了希腊兵的军心："皇帝抵达前线，向他的士兵们呼喊，鼓励他们英勇奋战。"[38] 在朱斯蒂尼亚尼的帮助下，他打退了侵入城墙的敌人，把他们困在迷宫般的小巷内，将其分割为两个部分。四面受敌的奥斯曼士兵发动了勇猛的反击，企图杀死皇帝。君士坦丁十一世毫发未伤，激情满怀地将敌人一直驱赶到突破口处，甚至还打算继续纵马冲杀出去，"但内廷贵族和他的德意志卫兵拦住了他，劝说他骑马回城"[39]。没能逃走的奥斯曼士兵全被杀死在黑暗的小巷内。次日，市民们把奥斯曼士兵的尸体拖到城墙上，丢进下方的壕沟，让他们的战友来拖回尸体。君士坦丁堡在这次危机中幸存，但敌人的每一次进攻都让城市的生存希望减小了一分。

这是穆罕默德二世向皇宫段城墙发动的最后一次大规模攻势。虽然没能得手，但他一定能感觉到，胜利已经在望。现在他似乎下了决心，要把全部火力集中在最薄弱的地段——圣罗曼努斯门。5 月 14 日，他得知基督徒已经将部分桨帆船的武器拆除，并将大部分船只撤入远离铁链的一个小港，于是得出结论：在金角湾的奥斯曼舰队已经相对安全。然后他把加拉塔附近山上的大炮也调到了陆墙前。起初，他命令这些火炮轰击皇宫附近的城墙，效果不佳，于是他又把它们调到了圣罗曼努斯门。现在炮击战术越来越改为集中所有火炮射击一个点，而不是把各门火炮平摊在宽大正面上。炮火比以往更为凶悍："这些大炮昼夜不停地轰击我们可怜的城墙，把大段城墙炸塌。我们城内的人日夜劳作，用木桶、柴火、泥土和其他所有必需的东西抢修被摧毁的城墙。"[40]特里维萨诺指挥下的桨帆船水手们就驻扎在这里，"配备了优质大炮和火枪，以及大量弩弓和其他装备"[41]。

同时，穆罕默德二世不断对守卫铁链的基督教船只施压。5月16日22时，有人发现部分双桅帆船从停泊在海峡中的奥斯曼主力舰队脱离，全速驶向铁链。负责瞭望的基督徒水手们推测，在奥斯曼舰队服役的基督徒在逃离，"我们在铁链处的基督徒欣喜地等待他们"[42]。但这些船只接近的时候，向守军开了火。意大利人立刻出动了他们自己的双桅帆船，将敌人打得抱头鼠窜。基督教战船只差一点就追了上去，但"他们开始拼命划桨，逃回了他们自己的舰队"[43]。次日，奥斯曼舰队出动了5艘快速弗斯特战船，再次发动试探性进攻。守军用"70多发炮弹"[44]的暴雨将其击退。

5月21日黎明前，奥斯曼舰队向铁链发动了第三次，也是最后一次进攻，这一次整个舰队大举出动。他们划着桨逼近铁链，"手鼓和响板的声音震耳欲聋，想用这个来吓唬我们"[45]，然后停了下来，审视对手的实力。铁链处的基督教船只全副武装，做好了战备，一场大规模海战似乎一触即发。就在这时，城内传来宣示全面进攻的警报声。金角湾内的所有基督教船只都迅速开往战斗岗位，而奥斯曼舰队则踌躇不决。最后他们调头返回了双柱港，于是"天亮两个小时之后，双方都十分平静，就好像海路进攻根本不曾发生过"[46]。这是奥斯曼人进攻铁链的最后一次尝试。奥斯曼舰队的桨手大多是基督徒，现在可能士气已经非常低落，无力真正挑战基督教船只，但这些活动让守军精神紧绷，无法休息。

在其他地方，穆斯林非常忙碌，这对守军来说是不祥之兆。5 月 19 日，奥斯曼工兵建成了一座浮桥，将它架设在城墙外不远处的金角湾海面上。这又是一个临场应变的杰作。浮桥由 1000 个大酒桶（显然是从加拉塔城内喜好葡萄酒的基督徒那里弄来的）组成，每两个木桶首尾相接，上面铺设木板，形成了一条足够宽的车道，足以让五名士兵并肩行走，同时又足够坚固，可以承载大车的重量。修建浮桥的目的是缩短陆军两翼之间的交通线（在此之前要绕过金角湾顶部）。巴尔巴罗提出，穆罕默德二世准备浮桥是为了发动一次总攻，好让他的士兵能够快速运动。但浮桥直到围城战末期才在最终位置上架设就绪，"因为假如在全面进攻前就把浮桥在金角湾上架好，只需一发炮弹就能将其摧毁"[47]。在城墙上可以对这些准备工作一览无余。守军再次被穆罕默德二世向攻城战投入的巨大人力物力所震撼。但还有一项工程没有暴露在基督徒眼前，它很快就将让他们魂飞魄散。

到 5 月中旬，穆罕默德二世已经把守军消耗到了极限，但其防线仍然完整。他已经充分使用了陆海军的资源，动用了中世纪攻城战的三项关键战术——突袭、炮击和封锁。还有一项非常经典的技术还没有尝试：挖地道。

在塞尔维亚的奥斯曼附庸国境内有一座叫作新布尔多①的城市，它是巴尔干内陆最重要的城市，凭借它的银矿带来

---

① 今属科索沃共和国。

的财富驰名全欧洲。围攻君士坦丁堡的斯拉夫部队中包括了一群来自新布尔多的熟练矿工，有可能是萨克森移民，"精通挖掘和开凿坑道的技术，对他们的工具而言，大理石就像蜂蜡一般柔软，黑压压的群山不过是一堆尘土"[48]。在战役早期，他们就尝试在城墙中段下方挖地道，但由于地形不合适，计划被放弃了。5 月中旬，其他的方法都已经失败，围城战进入了第二个月，坑道工兵展开了一个新工程，这一次是在皇宫附近的单道城墙附近。挖地道虽然非常艰苦，却是摧毁城墙最有效的手段之一，穆斯林军队使用这个手段已经有几个世纪，屡建奇功。到 12 世纪末，萨拉丁的继承人已经精通了这门技术，通过炮击和地道双管齐下，在 6 周内就占领了十字军的多座大型城堡。

大约在 5 月中旬，在木栅和碉堡的掩护下，萨克森银矿工人开始从奥斯曼军队战壕后方挖掘地道，目标是 250 码外的城墙。这是需要熟练技术的工作，非常辛苦，特别困难。在冒烟的火把照明下，矿工们挖掘了狭窄的地下坑道，前进的过程中不断用木料支撑地道。奥斯曼军队在历史上也曾经尝试挖地道来破坏君士坦丁堡的城墙，但都没有成功。年老的市民们都坚信，挖地道是行不通的，因为城墙下面大部分是坚固的岩石。5 月 16 日深夜，守军瞠目结舌地发现，这个老观念是错误的。城墙上的士兵偶然听见城墙内的地下传来鹤嘴镐的敲击声和模糊的说话声。地道显然已经从城墙底下穿过，奥斯曼工兵们将要在城内挖出一个秘密入口。守军很快将这个消息报告给了诺塔拉斯和君士坦丁十一世。他们慌忙召开了一次会议，然后在城内寻找有采矿经验的人，来

## 11. 恐怖的机械

应对这个新的威胁。临危受命的是个奇人："约翰·格兰特，德意志人，优秀的军人，精通军事问题"[49]，追随朱斯蒂尼亚尼的队伍来到了君士坦丁堡。他其实是个苏格兰人，显然曾经在德意志工作过。他在来到君士坦丁堡之前有哪些经历，已经很难揣测。他显然是个武艺高强的职业军人、攻城战专家和工程师，在一个短暂的时期曾在这场战争最奇异的支线情节中扮演了重要角色。

格兰特显然非常熟悉坑道作业。他根据敌人挖掘地道的声响判断出了地道的位置，然后偷偷地快速挖掘了自己的地道。守军有着出其不意的优势。他们在黑暗中冲进敌人的地道，烧毁了支撑地道的木料，导致地道崩塌，奥斯曼工兵被困在黑暗中，最后窒息而死。地道带来的威胁让守军彻底丧失了城墙带来的安全感。从此以后，守军特别小心谨慎地寻找敌人挖地道的迹象。格兰特一定是开创了当时防御地道的标准战术。他在城墙附近地面上每隔一段距离就放置一碗或一桶水，人们观察水面，如果有涟漪的话，说明地下有震动。确定敌人地道的位置并快速和秘密地予以拦截需要更多技术。随后的日子里，双方在地下展开了一场残酷的斗争。这场地下战斗需要特别的技术和纪律，是在光天化日之下争夺城墙和铁链的斗争之外的第三条战线。5 月 16 日之后的几天内，基督教工兵们没有发现敌人的任何新动向。21 日，他们发现了一条新地道。它同样从城墙地基下穿过，目的是在城内打开一个入口，好让部队溜进城来。格兰特的部下拦截了这条地道，但没能打敌人一个措手不及。奥斯曼士兵从地道撤退，将支撑木梁烧毁，于是地道就坍塌了。

后来双方就在黑暗的地下进行了一场猫鼠游戏，打得非常惨烈。次日，"晚祷时分"[50]，守军在卡里加利亚门附近发现了敌人的又一条地道，对其予以拦截。他们用希腊火把地道内的工兵活活烧死。几个小时后，有震动表明，附近还有一条地道，但这条地道很难拦截。但是，地道内的支撑木梁自行垮塌，在场的工兵全部死亡。

萨克森矿工们不知疲倦地埋头苦干。每天双方都要在地下交锋。贾科莫·特塔尔迪回忆说，每一次"基督徒都挖掘自己的地道，然后仔细监听，找到敌人地道的位置……他们用烟把土耳其人熏死在自己的地道内，或者有时用恶臭的东西。在有些地方，他们向地道内灌水，还常常与敌人工兵展开肉搏战"[51]。

在地道战继续进行的同时，穆罕默德二世的工兵们在地上还实施了另一项不同寻常而且完全出人意料的工程。5 月 19 日拂晓，查瑞休斯门附近城墙上的哨兵们开始准备一天的战斗，越过敌人的帐篷海洋眺望，被自己目睹的景象惊得目瞪口呆。在他们前方十步远的地方，也就是壕沟边上，屹立着一座巨大的攻城塔，"其高度超过外堡的城墙"[52]，一夜之间不知从哪里冒了出来。奥斯曼军队非常快速地建起了这座带轮子的攻城塔，在夜间将它运到城墙前，现在居高临下地面对着城墙。敌人的效率让守军无比震惊，也百思不得其解。攻城塔的骨架由坚固的木梁组成，覆盖着骆驼皮和双层木栅，以保护内部的人员。塔楼的下半部分装满泥土，外面一圈筑有土墙，"所以大炮或者火枪的弹丸奈何它不得"[53]。这座活动攻城塔内的各层之间有梯子相连，梯子也可以用作连接攻城塔和城墙的桥梁。一夜之间，大量劳工还在攻城塔背面修建了一座有防护的堤道，"这堤道有半英里长……上面铺着两层木栅，然后又覆盖了骆驼皮，士兵们就可以安全地从攻城塔走到军营，而不用害怕子弹、弩箭或小型火炮发射的石弹"[54]。守军士兵争相跑上城墙去观看这令人难以置信的景象。攻城塔是源自古典时期战争的古老事物，尽管莱奥纳德大主教认为"就连罗马人也很难建造出这样的装置"[55]。奥斯曼人设计这座攻城塔是专门为了填满城墙前棘手的壕沟。在塔内，众多士兵在挖掘泥土，并通过防护层的小口子将泥土抛入前方的壕沟。他们一整天都在这么苦干。同时，攻城塔高层的弓箭手向城内射箭，为下面的人提供掩护。弓箭手们似乎"斗志非常高昂"[56]。

　　这是典型的穆罕默德二世风格的工程——秘密筹划、规模宏大，执行起来速度奇快，就像搬运战船那样。攻城塔给守军造成的心理震慑也是极大的。奥斯曼军队的足智多谋和资源的取之不尽对守军来说一定是个不断再现的噩梦。君士坦丁十一世和他的指挥官们匆匆来到城垛，应付新的危机，"他们看到它时，无不呆若木鸡。他们非常担心，这座攻城塔将使得城市失守，因为它的高度比外堡还要高"[57]。攻城塔的威胁是非常明显的。它就在守军眼皮底下把壕沟渐渐填平了，弓箭手的掩护火力则使得守军难以做出回应。到黄昏，奥斯曼军队已经取得了相当大的进展。他们用木材、干树枝和泥土填了壕沟。攻城塔内的人推动它继续接近城墙。手足无措的守军决定必须当机立断：如果这座居高临下的攻城塔再运作一天，后果将不堪设想。天黑之后，守军在城墙后准备了成桶的火药，点燃引信后将其从城墙上推向攻城塔。发生了一连串的大爆炸："大地突然像雷鸣一般咆哮起来，攻城塔及其人员被掀上云霄，就像被猛烈暴风卷起一样。"攻城塔开裂爆炸了："人和木料从高处飞落下来。"[58]守军向下方正在呻吟的伤者倾倒了成桶的燃烧着的沥青。守军还从城墙出击，对幸存者大肆屠戮，将死尸和被推到城墙附近的其他攻城武器（"长长的攻城锤、带轮子的云梯、附有防御塔的大车"[59]）一起烧毁。穆罕默德二世从远处目睹了这次失败。他怒火中烧地命令士兵们后撤。接近了城墙其他地段的类似的攻城塔也被撤下，或者被守军烧毁。攻城塔面对火攻显然太脆弱，于是奥斯曼军队没有再重复对它的试验。

地道战越打越激烈。5月23日，守军发现并进入了又一条地道。他们借助闪烁的火光沿着狭窄的坑道前进，突然一下子迎头撞上了敌人。他们投掷希腊火，把地道顶部弄塌，将敌人的工兵活埋，还俘虏了两名军官，把他们带回地面。希腊人对这两名奥斯曼军官严刑拷打，直到他们招供了其他地道的位置；"他们招供之后，就被斩首，尸体被从城墙上抛下。土耳其人看到自己的人被从城墙上丢下，非常恼火，对希腊人和我们意大利人恨之入骨。"[60]

次日，银矿矿工们改变了战术。他们不再像以往那样挖掘穿过城墙的地道以打通进入城内的通道，而是在离城墙还有十步远时就改变方向，挖掘与城墙平行的地道。他们用木料支撑地道，并做好将其烧毁的准备，希望借此使一段城墙坍塌。守军在千钧一发之际终于发现了敌人的新动向；奥斯

## 11. 恐怖的机械

曼工兵被击退，守军用砖块堵住了城墙下的地道。这个事件在城内引起了极大的不安。5 月 25 日，奥斯曼人做了挖地道的最后一次尝试。工兵们再次在很长一段城墙下挖掘了地道，并支撑起来，做好了点火准备，但又一次被守军发现和击退。在守军眼中，这是他们所发现的地道中最危险的一条；它被发现宣告了地道战的结束。萨克森矿工们一刻不停地苦干了 10 天；他们挖掘了 14 条地道，但全被格兰特摧毁。穆罕默德二世承认攻城塔和地道都失败了，只得让大炮继续射击。

在君士坦丁堡以西，远离大炮轰鸣和夜袭嘈杂的地方，上演了另一场规模虽小但同样重要的戏剧。在爱琴海东部一个岛屿的港口，一艘帆船正在锚地摇曳。它就是从君士坦丁堡溜走的那艘威尼斯双桅帆船。5 月中旬，它游遍了各个岛屿，寻找救援舰队的迹象，却一无所获，从过往船只那里也没有获得任何好消息。现在他们知道，没有任何船只前去援救君士坦丁堡。事实上，威尼斯舰队正在希腊外海，谨慎地搜寻关于奥斯曼海军意图的情报，而教皇从威尼斯租借的桨帆船还在修建过程中。从君士坦丁堡出发寻找援军的水手们完全理解自己所处的局面。他们在甲板上激烈地争论，下一步该怎么办。一名水手强烈主张驶离君士坦丁堡，返回"基督教的土地，因为我很清楚，此时土耳其人肯定已经占领了君士坦丁堡"[61]。他的伙伴们转向他，回答说，皇帝把这个任务托付给了他们，他们必须完成使命。"所以我们必须返回君士坦丁堡，不管它在土耳其人还是基督徒的手中，不管我们此行是生是死，我们都必须返回。"[62]大家进行了民主表决，决议无论如何都要返回。

　　双桅帆船借着南风在达达尼尔海峡北上，重新假扮成土耳其船只，在 5 月 23 日破晓前不久接近了君士坦丁堡。这一次奥斯曼舰队没有上当。他们害怕威尼斯桨帆船舰队前来救援，所以在仔细地巡逻，把这艘小帆船当作了援军舰队的前驱。奥斯曼战船逼近过来，进行拦截，但双桅帆船把它们抛在了后面。铁链及时打开，放它入港。当天，船员们前去觐见皇帝，向他报告说，没有发现任何援军舰队。君士坦丁十一世感谢他们义无反顾地返回城市，随后"失声痛哭起来"。他最终认识到，基督教世界连一艘救援船只都没有派出，这让得到援救的希望彻底断绝了。"有鉴于此，皇帝决定完全听从最仁慈的救主耶稣基督、圣母马利亚以及帝都的保护者圣君士坦丁的安排，但愿能够守住城市。"[63] 这是围城战的第 48 天。

## 12. 不祥之兆
### 1453 年 5 月 24 ~ 26 日

　　我们从人们的回答和问候中看到征兆。我们注意家
禽的鸣叫和乌鸦的飞翔，并从中总结出预兆。我们研究
梦境，相信它们能够预示未来……就是这些罪孽，以及
其他的类似罪行，使我们应得上帝的惩罚。[1]

　　　　——约瑟夫·布里恩尼奥斯，14 世纪拜占庭作家

　　预言、启示和罪孽：围城战进入了 5 月的最后几周，君
士坦丁堡的人们陷入了宗教的恐惧中。拜占庭人一向迷信征
兆。君士坦丁堡的建立就是由于神迹的感召：1240 年前，
君士坦丁大帝在米尔维安大桥的关键战役前夕目睹了十字架
的幻象。人们积极地追寻和阐释各种预兆。随着帝国不可阻
挡地日渐衰败，这些预兆越来越与深度的悲观主义如影随
形。有一个流传甚广的说法认为，拜占庭帝国将是地球上最
后一个帝国，它的最后 100 年于公元 1394 年前后开始。人

们记起了早期阿拉伯人攻城时留下的古老预言书，广泛地诵读着它们晦涩玄妙的诗节："七山之城，当第二十封信在你的城墙上宣示时，灾难将降临在你头上。你的陷落和你的君王们的毁灭就不远了。"[2]拜占庭人把土耳其人看作世界末日的民族，标志着最后审判，是上帝惩罚基督徒罪孽的工具。

在这种气氛下，人们持续不断地审视有可能预示帝国末日（或者世界末日）的征兆：疫病、自然现象、天使降临等。君士坦丁堡的古老超越了居民们的理解力，城市本身笼罩在传奇、古老预言和超自然寓意中。城内那些历经千年的古老纪念碑的最初意义已经被人遗忘，被人们认为是魔法密文，隐含着对未来的预示：公牛广场雕塑基座上的雕刻檐壁据说包含着密文写就的关于城市末日的预言，而查士丁尼大帝指向东方的巨型骑马像不再表示对波斯人的自信满怀的统治，而是预示着最终摧毁城市的敌人前来的方向。

在这样的大环境下，随着围城战一天天继续下去，人们对末日审判的预感越来越强烈。有违常理的天气和持续不断的炮击造成的恐怖让东正教信徒确信，末日将在爆炸和黑烟中降临。敌基督将以穆罕默德二世的形象逼近城门。城内广泛流传着预示未来的梦和征兆：有个小孩看见守卫城墙的天使抛弃了自己的岗位；有人打捞到了滴血的牡蛎；一条大蛇越来越逼近，蹂躏大地；对城市造成破坏的地震和冰雹清楚地宣示"全世界的毁灭越来越近"[3]。所有迹象都表明，时间已经不多了。在圣乔治修道院有一份预言文件，分割成方块，显示了历代皇帝，每个方块里有一位皇帝："随着时间流逝，方块逐个被填满，他们看到，只有一个方块仍然是空着的"[4]，也就是即将由君士坦丁十一世占据的那个方块。拜占庭人有一种观念，认为时间是环形循环和对称的。第二个关于皇室的预言更印证了这种观念：建立和丧失城市的皇帝都叫君士坦丁，他们的母亲都叫海伦娜。的确，君士坦丁一世和君士坦丁十一世的母亲都叫海伦娜。

在这种狂热的迷信气氛下，市民的斗志似乎在瓦解。城内各处不断举行代祷礼拜。不论白天黑夜，教堂内一直有人在持续不断地祈祷，只有圣索菲亚大教堂一直空空荡荡。涅斯托尔－伊斯坎德尔看到，"所有人都聚集在上帝的神圣教堂内，哭泣、抽噎、举起双臂向苍天呼吁，恳求上帝的恩典"[5]。对东正教徒来说，祈祷也是城防工作的关键部分，和每天夜里搬运石头和树枝去修补工事一样重要。祈祷能够支撑起环绕城市的神佑的能量场。更乐观的人记起了一系列相反的预言：圣母马利亚亲自保佑着君士坦丁堡，而且真十字架的遗迹就在城内，所以它永远不可能被攻破；就算敌人打进了城，他们也顶多能前进到君士坦丁大帝的柱廊前，天使就会手执利剑，从天而降，将他们驱散。

尽管有这样的心理安慰，威尼斯双桨帆船在 5 月 23 日带回的坏消息还是让大家对世界末日的恐慌更加强烈，这种恐惧在满月之夜持续增强。满月之夜可能就是第二天，即 5 月 24 日，但具体的日期无法确定。在君士坦丁堡市民的心中，月亮有着一个特殊地位。月亮会从圣索菲亚大教堂的铜制穹顶上升起，照耀着金角湾风平浪静的海面和博斯普鲁斯海峡。自古代以来，月亮就是拜占庭的标志。每天夜里，月亮就像是从亚洲群山上挖出的金币，高高悬挂；月圆月缺象征着城市的古老以及它曾经经历的无止境的时光轮回——波动沉浮、永恒而不祥。人们认为地球在最后 1000 年中将由月亮统治，"生命将转瞬即逝，财富变幻莫测"[6]。到 5 月底，人们有着一个特别的恐惧：在月亮渐满过程中，城市绝对不会失陷；但在 24 日之后，月亮要开始亏缺了，凶吉难卜。这个日期让群众心生恐惧。君士坦丁堡的整个预言的历史似乎即将抵达一个关键点。

因此，在等待 5 月 24 日黄昏来临时人们的心情是非常沉重和焦灼的。在一整天的狂轰滥炸之后，夜晚突然变得万籁俱寂。各方面的记载都同意，这是一个美丽的春夜，君士坦丁堡最美丽的时节，最后一缕暮光仍然在西方闪烁，远方传来海浪拍击城墙的声音。"空气清新，没有云彩，"巴尔巴罗回忆道，"天空纯净得像水晶。"[7]但在日落之后的第一个小时，月亮渐渐升起，城墙上的瞭望者看到了一幅非同寻常的景象。月亮原本应当是一轮完整的金盘，他们看到的却是"只有三天的新月，几乎看不见"[8]。一连四个钟头，月亮一直阴沉苍白，只露出极小的月牙，然后才"一点点艰难地恢复整个圆盘，夜间的第六个小时，才形成了完整的圆形"[9]。这次月偏食让守军感受到了预言的力量。新月难道不是奥斯曼人的标志吗？穆罕默德二世军营上空飘扬的旗帜上就有这个新月标志。据巴尔巴罗说，"皇帝以及所有的王公贵族对这个迹象都非常害怕，但土耳其人看到这个迹象，在营地内欢呼雀跃，因为胜利似乎属于他们了"[10]。对正在竭力维持民众士气的君士坦丁十一世来说，这是一个沉重的打击。

次日，君士坦丁堡朝廷（可能是在君士坦丁十一世的鼓动下）决定再一次直接向圣母求救，以鼓舞民众。人们对圣母的超自然神力笃信不疑。她的最神圣的一幅圣像——"指路圣母像"，被认为具有神力。据说福音书作者圣路加本人创作了这幅圣像，它在历史上曾多次在成功保卫君士坦丁堡的战争中扮演了光荣的角色。626 年，阿瓦尔人攻城时，守军就抬着这幅圣像在城墙上游行。据说在 718 年阿拉伯人兵临城下的时候，它再次拯救了城市。于是，在 5 月25 日早上，一大群人聚集在存放圣像的神龛处——科拉神圣救主教堂（就在城墙附近），向圣母求援。指路圣母像被放在木制托盘上，由圣像协会的成员扛在肩上。悔罪的游行队伍按照传统顺序从陡峭狭窄的街道走下：最前方的引路人举着十字架；然后是摇动香炉的黑衣教士，最后是俗家信徒，男女都有，还有儿童，大家很可能是赤着脚走路的。赞礼员引导大家咏唱圣歌。令人魂牵梦萦的圣歌的四一拍音律、人们的哀恸之声、焚香的烟雾以及向佑护世人的圣母发出的传统祈祷，都在这个清晨冉冉升起。市民们一次又一次重复对神力保佑的强烈恳求："请拯救你的城市，如你所知和所愿。你就是我们的武器、我们的壁垒、我们的盾牌、我们的统帅：为你的人民而战吧。"[11]据说这次游行的具体路线由圣像自己发出的力量决定，就像占卜法杖的牵引力一样。

在这种充满恐惧和虔诚的紧张气氛中，发生了一场突如其来的严重灾难。圣像突然间无法解释、"毫无缘由、不受任

**指路圣母像印章**

何有形力量干预地从人们手中脱落，掉在了地上"[12]。人们不禁毛骨悚然，狂喊着冲上前去，要把圣母像捡起。但它紧紧贴在地上，怎么也拿不起来，就像被铅块压在地上一样。教士和扛圣像的人叫嚷着、祈祷着努力了很长时间，想把圣像从泥地上捡起。最后圣像终于被捡了起来，但所有人都被这个不祥之兆震惊了。更糟糕的事情还在后面。人们战栗着重新组成了游行队伍，还没走多远，突然下起了雷暴雨。一时间电闪雷鸣，倾盆大雨和冰雹狠狠敲打着狼狈不堪的队伍，人们"既不能站直身子，也无法前进"[13]。圣像摇摇晃晃地停住了。洪流从狭窄的街道上猛冲下来，势头非常凶猛，几乎要把街上的孩童卷走："跟在后面的很多孩子都面临被可怕的洪水卷走和被淹死的危险，好在有人迅速抓住他们，艰难地把他们拖出了奔涌而下的洪水。"[14]人们不得不放弃游行。人群作鸟兽散，心里带着对此次困境的明白无误的解释。圣母拒绝听取他们的祈祷；暴雨"一定预示着万物迫在眉睫的毁灭，就像凶猛的洪水一样，它将把万物都彻底摧毁"[15]。

第三日，人们一觉醒来，发现城市被浓雾吞没了。一丝风也没有；空气沉寂，大雾全天笼罩着城市。一切都影影绰绰、沉默、无形。这诡异的气氛让人们更加歇斯底里。似乎天气也在和守军作对，消磨他们的意志。这样不合常理的大雾只有一个解释。它表明"上帝离开了城市，彻底背离和抛弃了它。因为上帝隐藏在云雾中，偶然露面，旋即再次消失"[16]。将近黄昏时，空气似乎越来越浑浊，"一片黑暗开始在城市上空聚集"[17]。还有人目睹了更奇怪的事情。最初，城墙上的哨兵看到君士坦丁堡被火光照亮，似乎敌人正在放火烧城。人们惊恐万状地跑去看个究竟，大声叫嚷，这时他们抬头去看圣索菲亚大教堂的穹顶，发现它屋顶上闪烁着一种奇怪的光。生性容易激动的涅斯托尔－伊斯坎德尔如此描绘他亲眼所见的景象："一大团火焰从窗户顶端喷涌而出；它环绕教堂的整个颈部很长时间。火焰成了一体；它发生了变化，其光亮无法描摹。它一下子飞向天空。看见它的人都惊呆了；他们开始哀号，用希腊语喊道：'上帝宽恕我们！光明飞向天堂了！'"[18]信徒们认为，上帝显然已经抛弃了君士坦丁堡。在奥斯曼军营，不自然的大雾和诡异的光亮对士兵们也产生了类似的影响。奥斯曼人看到这些奇异景象，同样手足无措、惊恐万状。穆罕默德二世在营帐内辗转反侧，无法入眠。他看到城市上空的光亮时，起初感到非常不安，于是召唤毛拉们阐释这个预兆。他们应召而来，宣称这些征兆对穆斯林的事业大吉大利："这是一个伟大的神迹：君士坦丁堡的末日快到了。"[19]

　　第三日（可能是 5 月 26 日），教士和大臣们派出一个代表团去觐见君士坦丁十一世，表达了自己的不祥预感。他们描述了神秘的光亮，试图劝说皇帝去寻找一个更安全的地方，对穆罕默德二世进行有效的抵抗："陛下，请考虑关于这座城市的所有传言。查士丁尼皇帝在位时，上帝给了我们这光亮，用来保护伟大的神圣教堂和这座城市。但在今夜，它离开了城市，飞往天堂。这表明，上帝的恩典和慷慨已经离我们而去：上帝想要将我们的城市交给敌人……我们恳请陛下离开城市，免得我们全都灭亡！"[20]君士坦丁十一世情绪非常激动，再加上过于疲劳，昏倒在地，失去知觉很长时间。他苏醒后，仍然坚持己见：离开城市将令他的名字永远蒙羞；如果形势无望，他宁愿留下，与臣民共存亡。此外，他还命令他们不得在群众中传播沮丧的言论："不要让他们陷入绝望、丧失斗志。"[21]

"上帝佑护之城"

## 12. 不祥之兆

其他人做出了不同的反应。5 月 26 日夜间，一位名为尼古拉斯·朱斯蒂尼亚尼的威尼斯船长（他与守军的英雄人物乔万尼·朱斯蒂尼亚尼没有亲戚关系）驾船从铁链处溜走，在夜幕掩护下逃走了。还有一些较小的船只从马尔马拉海的海墙沿线的几个小港出航，避开了奥斯曼人的海上封锁，驶往希腊人控制的爱琴海的港口。一些比较富裕的市民躲在金角湾内的意大利船只上，认为如果最后的浩劫降临，待在意大利人的船上能给他们最好的生存机会。还有的人在城内寻找安全的避难所。大多数人对战败的后果都不抱任何幻想。

在中世纪充满神秘主义的大环境下，天象的预兆和不合情理的天气变化沉重地打击了君士坦丁堡市民的斗志，被认为是上帝意志的清晰表现。其实，这些恐怖现象的真正原因在遥远的太平洋，能与人们对世界末日大决战的最骇人的想象匹敌。大约在 1453 年初，澳大利亚以东 1200 英里处一个叫作库威岛的火山岛发生了大爆炸。8 立方英里的熔岩被射入平流层，其爆炸力是广岛原子弹的 200 万倍。这是中世纪的喀拉喀托①，对全世界的天气造成了影响。火山灰被全球暴风裹挟到世界各地，造成气温下降，对从中国到瑞典的农业收成都造成了毁灭性打击。中国的长江以南地区的气候原

---

① 喀拉喀托是爪哇和苏门答腊之间巽他海峡中心一个岛上的火山。1883年喀拉喀托火山大喷发，造成历史上最严重的灾难。澳大利亚、日本和菲律宾都能听到爆炸声，大量的火山灰洒落到 80 万平方公里的地区。它引起海啸，浪高 36 米，造成爪哇和苏门答腊 3.6 万人死亡。喀拉喀托火山于 1927 年再次喷发，至今仍在活动。

本和佛罗里达一样温和，却连续下了40天的雪。在英格兰，当时对树木年轮的记录表明它们的生长严重受挫。来自库威岛的富含硫黄的颗粒物很可能就是1453年春季困扰君士坦丁堡的不合情理的寒冷以及反复无常的大雨、冰雹、浓雾和降雪的罪魁祸首。悬浮在空气中的颗粒物还造成了耀眼的落日以及奇怪的光学现象。在5月26日笼罩圣索菲亚大教堂铜屋顶的可怖的光带很可能就是火山灰颗粒物造成的，或许还有圣艾尔摩之火（大气放电造成的闪光）的影响。就是这个奇异现象让守军以为上帝抛弃了他们（1883年，喀拉喀托火山爆发导致的耀眼光芒令纽约人同样惊慌失措，但他们生活在一个科学更发达的时代，他们更容易误以为那是失火所致，所以去呼叫消防队）。

对预兆充满狂热的不仅仅是君士坦丁堡人。到5月最后一周，奥斯曼军营也面临着士气瓦解的严重危机。在伊斯兰的旗帜之间，人们小声地表达不满。按照阿拉伯阴历，此时是当年的第5个月份，他们从海陆两路攻打城市已经长达7周。他们忍受着春季的糟糕天气，在城墙下蒙受了惨重的损失。不知有多少惨遭踩踏的死尸被从几乎填满的壕沟处抬走。火葬柴堆的黑烟一天天在平原上空升起。但当他们从帐篷的海洋中仰望时，城墙仍然屹立；在被大炮摧毁的城墙地段，长长的泥土壁垒（顶端放置木桶）堵住了缺口，无言地嘲讽固执的敌人。拜占庭皇帝的双头鹰旗仍然在城墙上飘扬，皇宫上方的圣马可雄狮旗则表明，拜占庭得到了西方人的支持，援军很可能就在路上。没有任何一支身披坚甲的大

## 12. 不祥之兆

军能够像奥斯曼军队这样高效地维持一场漫长的围城战。他们对军营生活的基本规则的理解远胜于任何一支西方军队。迅速焚烧死尸、保护水源、以卫生的手段处理粪便，这在奥斯曼军队里都是关键的纪律。但他们面对的困难也越来越大。据估算，在中世纪，每天需要运来 9000 加仑的水和 30 吨草料，才能维持一支 2.5 万人的攻城军队（这规模是攻打君士坦丁堡的奥斯曼军队的三分之一）的生存。在 60 天的围城战中，这样一支军队还需要处理掉 100 万加仑的人畜尿液和 4000 吨固态生物垃圾。很快，夏日的酷暑将大大增加穆斯林在物质上的不便，疾病的威胁也会日益增长。奥斯曼人的决心也在一分一秒地软化。

事实上，在 7 周的激战之后，双方都已经疲惫不堪。人们认识到，是要决出胜负了。人们的神经已经达到崩溃的临界点。在此背景下，争夺君士坦丁堡的斗争已经演化为穆罕默德二世和君士坦丁十一世维持部下士气的对决。君士坦丁十一世目睹城内斗志逐渐瓦解的同时，奥斯曼军队也神秘地遭到了类似的打击。这些事件的具体顺序和日期已经无法确定。5 月 23 日，那艘威尼斯双桅帆船抵达城市，带回了没有任何救援舰队的坏消息；奥斯曼军队或许把这艘船当作了基督教救援舰队的前驱。次日，奥斯曼军营中迅速传播开了这个传言：一支强大的舰队正在接近达达尼尔海峡，而一支匈牙利十字军在匈雅提·亚诺什（"可怕的白骑士"）的率领下，已经渡过了多瑙河，正在向埃迪尔内进军。很可能是君士坦丁十一世把这个谣言散播了出去，希望借这最后的努力打击奥斯曼人的士气。这个谣言当即取得了很大成功。平原上蔓延着犹豫踌躇和惊慌失措的情绪。按照史学家的记载，奥斯曼士兵们想起，"很多国王和苏丹都曾有志于占领君士坦丁堡……并集结和装备了庞大的军队，但没人能抵达要塞的脚下。他们都带着满身伤痛心灰意冷地撤退了"[22]。灰心丧气的情绪笼罩着军营。如果希俄斯岛的莱奥纳德的说法真实可靠的话，"土耳其人开始大声疾呼，反对他们的苏丹"[23]。疑虑和危机感又一次扣紧了奥斯曼统帅们的心弦，关于围城战的旧分歧也开始再次浮出水面。

对穆罕默德二世来说，这是个危急关头。如果不能占领城市，他的威望将遭到致命打击，但他的军队的时间和耐心都已经所剩无几。他必须重新赢得部下的信任，当机立断。月食给他提供了一个提高部队士气的天赐良机。前来参战的毛拉和德尔维希们的宗教热情确保了对月食的乐观解释在军营中传播开来，但继续攻城的决定还不能轻易做出。苏丹依其固有的精明和狡猾，决定再一次向君士坦丁十一世劝降。

大约在 5 月 23 日前后，他派遣了一名使者，一个叛教的希腊贵族，名为伊斯玛仪，去向拜占庭人描绘他们可能面临的命运。他强调了他们处境的无望："希腊人，你们已经命悬一线。那么你们为什么还不派一名使者去和苏丹讲和？如果你们把这个使命托付于我，我会妥善安排，请他向你们提出讲和的条件。否则，你们的城市将遭受奴役，你们的妻儿将被卖为奴隶，你们自己会彻底灭亡。"[24]守军谨慎地决定对敌人的提议进行探察，但为了保险起见，他们派去了一个"身份并不高贵"[25]的人，而不是拿一名领袖的生命去冒险。这个倒霉的人被带到了金红两色营帐，匍匐在苏丹面

## 12. 不祥之兆

前。穆罕默德二世简明扼要地给出了两个选择：君士坦丁堡要么缴纳每年 10 万拜占特的巨额贡金；要么全城人都离开城市，"可以携带自己的财物，每个人想去哪里都可以"[26]。这个提议被转述给了皇帝和他的议事会。赤贫的君士坦丁堡显然无力支付如此巨额的贡金；放弃城市、乘船逃走的设想对君士坦丁十一世来说仍然是不可接受的。他的答复是，他愿意交出除了城市之外的一切财产。穆罕默德二世反驳说，他的选择只有这么几个：举手投降、死于非命或者皈依伊斯兰教。城内的人感觉到，穆罕默德二世的和平提议没有诚意，他派伊斯玛仪来"只是为了检验希腊人的精神状态……看看希腊人对自己的处境是怎么看的，他们的位置有多安全"[27]。但对穆罕默德二世来说，如果君士坦丁堡能够自己投降，就再好不过了。他是打算把这座城市当作自己的首都的，如果拜占庭人能主动投降，就能保全城市；如果通过武力占领了它，按照伊斯兰教法，他就必须允许士兵们对城市自由洗劫三天。

没有人知道，当时君士坦丁堡只差一点就自行投降了。有人提出，热那亚人（他们在加拉塔的殖民地也间接地受到了威胁）向皇帝施压，让他拒绝投降，但这似乎是不可能的，因为一向坚决主张抵抗的君士坦丁十一世是不大可能去认真考虑投降的。对双方来说，要议和已经太晚了。仇恨实在是太深了。在 50 天时间里，双方隔着城墙互相嘲讽和残杀，在对方面前屠杀战俘，和平解决已经不可能了。对奥斯曼人来说，要么撤军，要么征服城市。杜卡斯可能把握住了君士坦丁十一世的答复的深层意思："你尽可以索要贡金，不管数额多大都行，然后签署和约并撤军，因为你不知道自己能不能取胜。如果不这么做，你就只能失望了。我不会，任何一名市民都不会把城市交给你。我们全都宁愿死战到底，也不苟且偷生。"[28]

如果西方援军即将抵达的谣言确实是君士坦丁十一世散布出去的，这也是一把双刃剑。奥斯曼人颇为踌躇，但敌人援军的威胁令他们的决策大大加快。君士坦丁十一世的明确答复让奥斯曼军营内的争论达到了一个新高度。大约在次日，即 5 月 26 日，穆罕默德二世召开了作战会议来决定问题：要么放弃围城；要么继续下去，发动一场全面进攻。这次会议的争论焦点与 4 月 21 日海上战败之后的那次危机会议相似。年迈的土耳其裔维齐尔——哈利勒帕夏再次发言。他非常谨小慎微，担心年轻苏丹的草率之举会带来恶果，并刺激基督教世界采取联合行动。他曾目睹穆罕默德二世的父亲统治下的风云变幻，深知焦躁不安的军队的危险性。他激情洋溢地主张和平："陛下的权威已经雄霸天下，通过和平能够比战争更有效地增加陛下的权威。因为战争的结局是难以揣测的，与它相伴的往往是灾祸，而不是繁荣昌盛。"[29]他指出，匈牙利军队和意大利舰队都可能前来援救君士坦丁堡；他敦促穆罕默德二世向希腊人索取高额罚金，然后班师回朝。叛教的希腊人扎甘帕夏再一次坚决主张战争，指出双方兵力悬殊，而且守军力量日渐衰弱，已经接近彻底的精疲力竭。他对西方可能援救拜占庭的说法嗤之以鼻，表现出对意大利政治的了若指掌："热那亚人分裂成好多派系，威尼斯人正遭到米兰公爵的

攻击。他们都不会提供任何援助。"<sup>[30]</sup>他感召穆罕默德二世
对光荣的渴望，要求"发动一次短暂而猛烈的总攻，如果
仍然失败的话，再听从陛下的发落"<sup>[31]</sup>。其他将领，比如
欧洲军的指挥官图拉汗贝伊，仍然支持扎甘。以谢赫阿克
谢姆赛丁和毛拉古拉尼为首的强有力的宗教人士集团也支
持他。

辩论非常激烈。奥斯曼宫廷内两大派系之间激烈的权
力斗争已经持续了 10 年，在这一刻达到了一个关键点。
这场斗争的结果将对奥斯曼国家的未来产生巨大影响，但
双方也很清楚，他们也是在为自己的性命而斗争。一旦他
们的派系失败，他们就只有两条路：要么上绞架，要么被
刽子手用弓弦勒死。最终，穆罕默德二世决定追求军事上
的光荣，而刻意无视战败或者兵变的可能性。在最终做出
裁决之前，他很可能派遣扎甘去巡视军营，将官兵们的态
度报告给他。如果是这样的话，扎甘的报告自然是毫不含
糊的，他"发现"，军队斗志昂扬，摩拳擦掌地等待最终
的总攻。穆罕默德二世决定，前思后想的时刻已经过去
了："确定总攻的日期吧，扎甘。让军队做好准备，包围
加拉塔，让它不能帮助我们的敌人。准备工作要尽快展
开。"<sup>[32]</sup>

军营内迅速传播开了这个消息：近几天之内将准备总
攻。穆罕默德二世知道他必须紧抓机遇，鼓舞部队正在衰
竭的士气，为最后的总攻做好准备，并迷惑敌人。5 月 26
日黄昏时，传令官们在帐篷之间四处奔走，呼喊着发布苏
丹的命令。每座帐篷前都必须点燃 10 只火把和篝火。"军

营内所有帐篷处都点燃了两堆篝火，火势非常大，亮如白昼。"[33]守军从城垛上惊愕和迷惑地向下俯瞰，只见火光逐渐以圆形向外扩展，遮蔽了整个地平线，从城墙前的营地一直蔓延到加拉塔周围的山地，对岸的亚洲海岸上也火光冲天。火光非常明亮，甚至可以辨认清楚各个帐篷。"这奇特的景象着实令人难以置信，"杜卡斯记载道，"海面像闪电一样耀眼。"[34]特塔尔迪回忆说："似乎大海和陆地都着了火。"[35]在夜空被篝火照得通亮的同时，奥斯曼人敲响了战鼓和铙钹，这声响缓慢地逐渐增强，信徒们越来越快地不断重复"真主永远无处不在，穆罕默德是他的仆人"[36]。这呼喊震耳欲聋，似乎"苍穹也要被震裂"[37]。在奥斯曼军营内，人们欢呼雀跃，全心全意地投身于最后总攻。城墙上的有些守军起初过于乐观地以为敌营失了火。他们争先爬上城墙顶端去观看这盛景，然后才明白那火光冲天的地平线和疯狂呼喊声的真正含义。火光产生了预期的效果：它让守军魂飞魄散，"看似半死，既不能呼气，也不能吸气"[38]。他们起初对敌人的宗教狂热感到震惊，然后陷入了恐慌。基督徒们狂热地向圣母求救，持续不断地祷告："救救我们吧，上帝！"[39]很快，敌人以行动对这呼喊和火光的含义做了证实。在黑暗掩护下，苏丹大军中的基督徒士兵偷偷向城内射箭，箭上缚着的信件对即将开始的进攻做了概述。

奥斯曼军队在借着火光做总攻准备。蚂蚁般的人群冲上前去，将木柴和其他东西运到最前沿，准备将壕沟填平。大炮在此前一整天的时间内对里卡斯河谷的朱斯蒂尼亚尼的临时壁垒进行了猛烈轰击。那一天很可能就是浓雾笼罩的日

## 12. 不祥之兆

子，守军已经被这可怕的征兆吓破了胆。石弹如冰雹般一刻不停地落下。防御工事上开始出现裂口。"我无法描述大炮在这一天对城墙造成的破坏，"巴尔巴罗记载道，"我们受到了极大的摧残，心惊胆寒。"[40]夜幕降临了，朱斯蒂尼亚尼麾下精疲力竭的士兵们准备再去修补工事，但在明亮火光的照耀下，城墙被照得透亮，敌人的炮击一直持续到深夜。将近午夜时分，篝火和火把突然间全部熄灭了，奥斯曼人狂喜的呼喊声也骤然消失，炮击也停止了，令人丧失意志的沉默统治了这个 5 月的黑夜。这沉默和狂欢一样令守军呆若木鸡。朱斯蒂尼亚尼和市民们继续劳作，争分夺秒地利用所剩不多的黑夜时光，抢修城墙。

　　大约就在这个时间，城墙的逐渐崩塌迫使守军对城防安排做了一个新的小调整。过去他们常常从外围防御工事的门里杀出，发动突袭，以打乱敌人的活动。随着城墙逐渐被摧毁，被临时土木壁垒取代，从他们自己的战线发动偷袭越来越困难了。有些老人知道，皇宫下方有一个隐蔽的边门可供出击，目前是被木栅遮蔽了起来。那个地点就是狄奥多西城墙与较为不规则的科穆宁城墙相接形成的直角处。这个古老的城门被称为"竞技场门"或"木头门"，因为它曾经通向城外的一座木制竞技场。这座小城门被坚固的城墙遮蔽，但士兵们仍然能从这里出击，对外面台地上的敌人进行袭扰。君士坦丁十一世下令将这座门的通道清理干净，继续从这里突袭敌人。另外一个古老的预言似乎已经被大家抛在脑后。669 年，阿拉伯人第一次攻打君士坦丁堡时，出现了一本奇异的预言书，即所谓的《伪美多迪乌斯启示录》①。在该书的很多预言中有着这样一段："你，拜占庭，将蒙受灾祸，因为伊斯玛仪（阿拉伯）将占领你。伊斯玛仪的每一匹马都会到来，领头的那匹将在你面前搭起帐篷，然后开战，打破木竞技场门，一直走到公牛那里。"[41]

---

① 7世纪末出现的一本类似启示录的预言书，对中世纪基督教神学产生了很大影响。最早用古叙利亚语写成，对穆斯林对近东的征服做出评论。因为被错误地认为是4世纪的教士奥林匹斯的美多迪乌斯所作，所以被称为《伪美多迪乌斯启示录》。它预言了世界末日，包括一位类似救世主的罗马帝国末代皇帝的出现。

## 13. "铭记这一天!"

### 1453 年 5 月 27 ~ 28 日

> 这些磨难是真主有意为之。伊斯兰的利剑在我们手中。如果我们没有选择忍受这些磨难，我们就不配圣战者的名号，在最终审判日将会羞于站在真主面前。[1]
>
> ——穆罕默德二世

塞尔维亚史学家"近卫军战士"米哈伊尔讲述了一个关于穆罕默德二世征服手段的传说。按照他的说法，苏丹召集了王公贵族，命令"抬来一张巨大的地毯，铺在大家面前，然后在它的中心位置放了一个苹果，然后给大家说了一个谜语：'你们当中谁能够不踩到地毯就拿到苹果?'他们就商议起来，想这怎么能办得到呢，没有一个人能想出办法来。穆罕默德二世自己走到地毯前，双手抓住地毯，把它卷了起来，一边卷一边往前走；然后他拿到了苹果，又把地毯原样展开"。[2]

　　穆罕默德二世现在认为夺取胜利果实的时机已经成熟。双方都清楚地认识到，最后的斗争已经开始了。苏丹希望能够通过最后一次大规模进攻，一举将守军打垮，就像摇摇欲坠的城墙在炮火下终于倒塌一样。君士坦丁十一世通过间谍，或许还从哈利勒本人那里得知，如果他们能熬过这次攻势，奥斯曼军队一定会撤退，庆祝胜利的教堂钟声就一定会响起。双方的统帅都在为最后决战竭尽全力。

　　穆罕默德二世开始疯狂地忙碌。在战役的最后几天内，他似乎一刻不停歇地四处奔走，骑马在部队里穿梭，在金红两色营帐内接见部下，鼓舞士气，发布命令，许诺奖赏有功之臣，威胁严惩作战不力者，亲自监督最后的准备工作。最重要的是，要让全体将士都看到他。帕迪沙阿的亲临现场激励了士兵们的斗志，让他们准备好去战斗和死亡。穆罕默德二世知道，这就是他命运的关键时刻。光荣的梦想就要实现了；否则就是不可想象的失败。他决心亲自监督每一个细节，战备工作务必做到尽善尽美。

　　5 月 27 日（星期日）早上，他命令大炮再次开火。这次炮击很可能是整个战役中最猛烈的一次。一整天时间里，大炮持续轰击着城墙中段，目标是打开一个足够宽的缺口，以便发动大规模进攻，并阻止守军进行有效的维修。巨大的花岗岩炮弹锤击城墙三次，才将相当长一段城墙打倒。在光天化日之下，再加上奥斯曼人的火力非常凶猛，守军根本无法进行抢修，但奥斯曼人此时也没有尝试进攻。巴尔巴罗说，整整一天时间，"他们炮击可怜的城墙，把很多段城墙炸塌，有一半城墙严重受损。除了炮击之外，他们什么也没做"[3]。缺口越来越大，穆罕默德二世确保守军的抢修工作越来越困难，守军在总攻之前得不到任何喘息之机。

城市废墟：赛马场残迹与城市的空旷区域

白天，穆罕默德二世在他营帐外召集了军官会议。所有的各级指挥官都聚集在此，聆听苏丹的训示。"行省总督、将军、骑兵军官、军长、高级指挥官，以及千夫长、百夫长或五十夫长、近卫骑兵、船长、舰队司令，全都到场。"[4]穆罕默德二世向听众绘声绘色地描述了君士坦丁堡神话般的财富，现在这财富已经触手可及：皇宫和宅邸中藏匿的黄金，教堂内的还愿财物和"用黄金白银、宝石和无价珍珠制成的"[5]圣物，可供换取赎金、占为己有或者奴役的贵族、美女和男孩，还有美丽的高宅大院和花园将供他们居住和享用。他不仅强调了占领世界上最著名城市将带来的不朽荣耀，还指出了攻克它的必要性。只要君士坦丁堡还在基督徒的手中，就一直对奥斯曼帝国构成明显的威胁。将它占领之后，就可以把它作为新的征服战争的跳板。他认为，当前的任务是非常轻松的。陆墙已经严重受损，壕沟已经被填平，守军所剩无几而且士气低落。他还特意贬低了意大利人的决心，因为意大利人参加守城对他的听众来说仍然是个心理障碍。几乎可以肯定（尽管希腊史学家克利托布罗斯没有提及这一点），穆罕默德二世还强调了圣战的意义：伊斯兰世界对君士坦丁堡的长久渴望、先知的圣训以及殉教的诱惑。

然后他阐述了具体的战术安排。他相信，守军已经被持续不断的炮击和小规模厮杀拖得精疲力竭。事实的确如此。现在时机已经成熟，可以用兵力优势压倒对方了。部队将分成若干批，轮番进攻。一支队伍疲劳之后，另一支将迅速替换它。他们将用一波波的生力部队轮番猛攻，直到疲惫的守军支撑不住。需要打多久就打多久，一刻也不停歇："我们开战之后，战斗将一刻不停，不睡觉、不吃喝、不休息，不做任何停顿，持续地向敌人施压，直到战胜他们。"[6]他们将做好协调，从各个地段同时发起进攻，让守军无法调兵遣将去救援特别危险的地点。虽然苏丹作了慷慨陈词，但无休止的进攻是不可能做到的：在实践中，全面进攻是有限制的，压缩在几个小时之内。顽强的守军能够给猛冲上来的进攻方造成严重损失；如果进攻方不能迅速压倒守军，撤退就不可避免。

每位指挥官都收到了具体的命令。双柱港的舰队将包围城市，牵制住海墙上的守军。金角湾内的战船将协助架设金角湾上的浮桥。浮桥架好之后，扎甘帕夏的部队将从泉源谷开进,进攻陆墙的末端。卡拉加帕夏的部队将攻打皇宫附近的城墙。在陆墙中段,穆罕默德二世、哈利勒和近卫军将进攻里卡斯河谷的破损城墙和土木壁垒,很多人认为这个地段是整个战役的关键。在穆罕默德二世的右翼,伊沙克帕夏和马哈茂德帕夏将尝试攻打通往马尔马拉海的那段城墙。苏丹特别强调确保部队严守纪律。他们必须不折不扣地服从命令:"长官命令他们安静地前进时,他们必须一声不吭;命令他们呐喊时,他们必须发出令人毛骨悚然的怒吼。"[7]他重申了此次进攻如果取胜对奥斯曼民族未来的重大意义,并许诺将亲自指挥战役。于是,他解散了与会的军官们,让他们各自返回自己的部队。

随后,在头戴显眼的白头巾的近卫军卫兵护卫下,苏丹策马巡视了军营。传令官也伴随着他,大声宣布攻势即将发动。在帐篷的海洋中呼喊出的消息点燃了士兵们的激情。攻克城市后,士兵们将按照传统得到奖赏:"你们知道,在亚洲和欧洲还有很多空缺的总督职位。最好的职位将被赏赐给第一个冲过敌人木栅的人。我将给他应得的荣耀,用高官厚禄报答他,让他在我们这一代人中无比幸福。"[8]奥斯曼军队在发动所有主要战役之前都会向官兵们许诺等级不同的荣誉,以鼓励大家奋勇直前。同时还有相应的惩罚的威胁:"但如果让我看见有人躲在帐篷里,不去城墙下作战,一定会让他生不如死。"[9]奥斯曼军队在征服战争中的这种激励手段保证了特别英勇的表现会得到相应的荣誉和利益,以此激发士兵的斗志。苏丹的传令官们在战场上督战,直接向苏丹本人汇报,以执行奖惩制度。他们对某名士兵的英勇表现的记录能够使这个幸运儿当场得到晋升。士兵们知道，伟大的行为会得到奖励。

穆罕默德二世在这方面更进一步。他宣布，既然君士坦丁堡没有投降，那么按照伊斯兰教法，破城之后，士兵们可以自由劫掠三天。他以真主之名，"以四千先知，以先知穆罕默德，以他父亲与儿女的灵魂，以他佩戴的宝剑的名义起誓，他会把城市的一切赏赐给士兵们，包括所有男女市民，所有财物和地产。他将信守这个誓言，绝不违逆。"[10]

对象征着无尽财富和奇观的红苹果的憧憬，是游牧劫掠者灵魂的直接诉求，是马背上的民族对城市财富渴望的一个原型。在绵绵春雨中吃苦受累 7 周之后，士兵们一定已经对红苹果望眼欲穿。在很大程度上，他们想象中的富得流油的城市其实并不存在。穆罕默德二世描绘的无比富庶的君士坦丁堡早在两个半世纪前就被基督教十字军洗劫一空。它的神话般的财富、黄金饰品、镶嵌珠宝的圣物在 1204 年的灾难中大部分已经流失，被诺曼骑士们熔化或者和青铜骏马像一起被运到了威尼斯。1453 年 5 月的君士坦丁堡已经一贫如洗，先前的光辉只剩一个缩小的鬼影，主要的财富就是它的人民。"曾经是智慧之城，如今是废墟之城，"[11]真纳迪奥斯如此描述奄奄一息的君士坦丁堡。少数富人可能在自家宅邸藏匿了一些黄金，教堂内还有一些贵重物品，但奥斯曼士兵们仰望城墙时憧憬的阿拉丁传说般的巨大财富早已不复存在。

不管怎么说，苏丹的宣讲还是让聆听的士兵们陷入了狂热的兴奋。他们的高声呼喊传到了在城墙上观察的守军耳边。"哦,如果你听到他们的声音飞向天堂,"莱奥纳德记载道,"你一定会呆若木鸡。"[12]穆罕默德二世或许并不愿意承诺放纵士兵劫掠,但为了彻底赢得嘟嘟哝哝的士兵们的支持,他不得不这么做。他本人是希望避免城市遭到严重破坏的,如果议和的话就能够保护城市。对穆罕默德二世来说,红苹果不仅仅是可供劫掠的一堆战利品;它将成为他的帝国的中心,因此他特别希望把它完好地保存下来。因此,在许诺战利品的同时,他还发出了这样的告诫:城市的建筑物和城墙将成为苏丹本人的财产;大军进城之后,在任何情况下都不得破坏或摧毁这些建筑。占领伊斯坦布尔绝对不能像1258年蒙古人纵火焚烧和洗劫巴格达(中世纪最繁华的城市)那样。

总攻的日期定在第三天,即5月29日,星期二。为了激荡起士兵们的宗教狂热,消除任何负面思想,苏丹宣布,5月28日全天将被用作赎罪。人们将在白天斋戒,进行仪式化的沐浴,祈祷五次,并请求真主帮助他们占领城市。随后两夜将按照习俗点燃蜡烛。这火光、祈祷和音乐混合而产生的神秘和敬畏感对穆斯林和他们的敌人都产生了极大的心理震撼,这种心理效果在君士坦丁堡城墙外得到了最大限度的发挥。

与此同时,奥斯曼军营内在热情百倍地做最后的准备工作。他们收集了大量泥土和木柴,用来填平壕沟;制作了云梯;收集了成堆的箭矢;带轮子的防护盾被推到前沿。夜幕降临之后,城市再次被明亮的篝火环绕;对真主之名的有节律的呼唤声从营地里沉稳地升起，战鼓隆隆敲响，铙钹和唢呐齐鸣。据巴尔巴罗说，博斯普鲁斯海峡对岸的安纳托利亚海岸上也能听得见这喊声，"我们所有基督徒都战战兢兢"[13]。在君士坦丁堡城内，这一天是东正教的万圣节，但教堂也给不了慰藉，有的只是悔罪和持续不断的呼救祈祷。

这一天晚上，朱斯蒂尼亚尼和他的部下仍然着手抢修破损的外墙，但在火光照耀下，敌人的大炮仍然持续轰鸣。守军的身形在火光下非常暴露。按照涅斯托尔－伊斯坎德尔的说法，就在这个时候，朱斯蒂尼亚尼个人的幸运开始枯竭了。在他指挥行动的时候，一块石弹碎片，可能是一发跳弹，击中了这位热那亚指挥官，穿透了他的钢制胸甲，插入了他的胸膛。他当场倒地，被抬回家中床上。

朱斯蒂尼亚尼对拜占庭人的事业具有关键意义。从1453 年 1 月他率领 700 名身披闪亮铠甲的优秀士兵戏剧性地登上码头的那一天起，朱斯蒂尼亚尼就一直是防御战的标志性人物。他是自愿且自费前来参战的，"为的是基督教信仰的利益和全世界的荣耀"[14]。他精通守城技术，作战英勇无畏，在守卫陆墙的战斗中不知疲倦，只有他一个人同时受到希腊人和威尼斯人的忠诚爱戴，他们原先对热那亚十分仇恨，但在朱斯蒂尼亚尼身上是一个极大的例外。朱斯蒂尼亚尼指挥建造的土木壁垒是一项聪明绝顶的紧急措施，对奥斯曼军队的士气造成了很大打击。按照他的同胞希俄斯岛的莱奥纳德的说法（尽管这说法不太可靠），穆罕默德二世把朱斯蒂尼亚尼视为主要对手，对他火冒三丈又颇为敬佩，企图用一大笔钱贿赂他。但朱斯蒂尼亚尼不为所动。在这位鼓舞

## 13. "铭记这一天!"

人心的领袖负伤之后，守军一下子绝望起来。他们放弃了城墙的修补工作，任凭它一片狼藉。君士坦丁十一世得到消息后，"立刻丧失了决心，陷入沉思"[15]。

午夜时分，奥斯曼人的呐喊又一次突然停息，篝火也被熄灭。沉默和黑暗骤然间笼罩了帐篷、旗帜、大炮、马匹、战船、金角湾风平浪静的海面以及破败不堪的城墙。医治负伤的朱斯蒂尼亚尼的医生们"一整夜都在为他治疗，努力维持他的生命"[16]。市民们彻夜难眠。

5月28日，星期一，穆罕默德二世对总攻做了最后的安排。刚刚破晓他就起床，命令炮手们做好准备，瞄准城墙上已经破损的部分，当天晚些时候发布命令后，大炮就能对脆弱的守军开火。近卫骑兵和步兵部队的指挥官们应招前来接受命令，并被分为若干分队。在整个军营中，在喇叭声的伴奏下，命令被发布出去：所有军官都必须坚守岗位，准备第二天的攻势，擅离职守者格杀勿论。

按照巴尔巴罗的说法，炮火再次开始咆哮的时候，"如此猛烈，绝非尘世所能有，因为这是最后一次炮击"[17]。虽然炮火非常凶猛，但奥斯曼人没有发动进攻。守军可以观察到的敌人的另一项活动是收集成千上万的长梯（它们被抬到接近城墙的地方）以及大量木栅栏（它们将在士兵们爬上土木壁垒的时候为其提供防护）。骑兵的战马被从牧场带到了前沿。这是一个晚春的日子，阳光明媚。奥斯曼军营内，人们忙碌地做着准备工作：斋戒和祈祷、磨刀霍霍、检查盾牌和铠甲上的搭扣，或者休息。士兵们在准备最后攻势的时候，陷入了一种内省的思绪，所以安静了下来。这种宗教性的安静和严明的纪律让城墙上的观察者十分焦虑。有些人希望，敌人的安静说明他们在准备撤退；其他人则更为现实。

穆罕默德二世努力鼓舞部队的士气，在几天时间内通过狂热和思考的循环来调节他们的情绪，力图激发斗志，消除人们内心的疑虑。毛拉和德尔维希们在创建正确心态的工作中扮演了关键角色。成千上万的云游圣人从安纳托利亚高地的城镇和村庄来到君士坦丁堡城下，带来了狂热的宗教期望。他们满身尘土，在军营内来往穿梭，因为兴奋而目光灼热。他们背诵《古兰经》的相关诗节和圣训，讲述关于牺牲殉教和预言的故事。他们提醒士兵们，他们在追随阿拉伯人首次攻打君士坦丁堡时阵亡的先知友伴的脚步。这些烈士的名字被口口相传：哈兹莱特·哈菲兹、艾布·赛贝特·乌尔–安萨里、哈姆德·乌尔–安萨里，尤其是艾优卜，土耳其人称他为埃于普。圣人们低声提醒他们的听众，让先知预言成为现实的光荣使命落在了他们肩上：

先知对他的门徒们说："你们有没有听说过这样一座城市，它的一边是陆地，两边是海洋？"他们答道："我们听说过，真主的使者。"他说："在易斯哈格的七万个儿子占领那城市之前，最后审判不会降临。他们抵达那里时，不会用武器和投石机攻打城市，而是用这样的话语：万物非主，唯有安拉。安拉至大！"然后第一道海墙会坍塌，他们说第二遍的时候，第二道海墙会垮台，第三次的时候陆墙会崩塌。他们就会兴高采烈地进城。[18]

## 13. "铭记这一天！"

这些被认为是先知穆罕默德所说的话可能纯属捏造，但它蕴含的情感却是真切的。完成历史的弥赛亚式循环的使命被交给了奥斯曼大军，它将实现伊斯兰教诞生以来各个伊斯兰民族的恒久梦想，并赢得不朽荣耀。战死者也将成为有福的烈士，升入天堂："潺潺溪流浇灌的花园，他们将永远在那里生活，得到贞洁的配偶和真主的恩典。"[19]这种期望令人陶醉。但在军营里也有一些人，包括谢赫阿克谢姆赛丁自己，对士兵们的真正动机有着非常务实的理解。"陛下明察，"在战役早期他曾写信给穆罕默德二世，"大多数士兵其实都是被武力胁迫才改信伊斯兰教的。为了真主之爱甘愿抛头颅洒热血的人是极少数。但在另一方面，如果他们瞥见了夺得战利品的机遇，哪怕必死无疑他们也会一头冲过去。"[20]对于这些唯利是图的人，《古兰经》里也有鼓励的话语："真主以你们所取得的许多战利品应许你们，而将这战利品迅速地赏赐你们，并制止敌人对你们下手，以便这战利品作为信士们的一种迹象，以便真主昭示你们一条正路。"[21]

穆罕默德二世做了最后一次不知疲倦的巡视。他率领一支相当规模的骑兵部队前往双柱港，向哈姆扎下达关于海战的指令。舰队的任务是绕过城市，驶到海墙下的射击距离之内，牵制住该处守军。如果局势允许，可以让部分船只一直驶到滩头，派人尝试攀爬海墙，但由于马尔马拉海的海流湍急，这么做的成功概率不大。金角湾内的舰队也得到了类似的命令。在返途中，他还在加拉塔的主城门外稍事停留，命令城里的主要官员前来觐见。苏丹严厉地警告这些官员，次日不得向君士坦丁堡提供任何援助。

　　下午，他再次骑马巡视全军，走过两段海岸之间的 4 英里路程，鼓舞士兵，与一些军官交谈，呼唤他们的名字，激励他们奋勇作战。他重申了"胡萝卜和大棒"的承诺：英勇作战就能得到重赏，抗命不遵就要遭到可怕的惩罚。苏丹命令士兵们不折不扣地坚决服从军官们的命令，否则格杀勿论。最严厉的言辞可能是说给扎甘帕夏麾下被强迫参战因而很不情愿的基督徒士兵听的。他对各项准备工作感到满意，于是返回营帐休息。

　　在城内，守军也在做他们的准备工作。虽然君士坦丁十一世和医生们忧心忡忡，但朱斯蒂尼亚尼在这一夜顽强地活了下来。他对外墙的状况非常担忧，对它的防御几乎到了痴迷的程度，命人将他抬到城墙上，监督抢修工作。守军再次着手封堵城墙缺口，进展颇为顺利，直到被奥斯曼炮兵发现。很快，倾盆大雨般的炮火迫使他们罢手。朱斯蒂尼亚尼的伤情似乎恢复得不错，重新接管了关键的城墙中段的指挥权。

　　在其他地段，由于不同民族和宗教派别之间的摩擦，最后防御的准备工作很不顺利。不同利益集团之间根深蒂固的敌对关系和互相矛盾的优先目标、粮食的严重短缺、持续劳作带来的疲惫以及炮击的震撼，都严重影响了守军的团结。在长达 53 天的围攻之后，守军的神经已经紧绷到了快要崩溃的临界点，分歧恶化成公开的冲突。在为迎接即将到来的攻势而做准备的时候，朱斯蒂尼亚尼和卢卡斯·诺塔拉斯为了屈指可数因而弥足珍贵的大炮的部署发生争吵，几乎动手打起来。朱斯蒂尼亚尼要求诺塔拉斯把他指挥下的火炮交出，用于陆墙的防御。诺塔拉斯拒绝了这个要求，因为他相信海墙的防御也许会需要这些火炮。两人激烈争吵起来。朱斯蒂尼亚尼威胁要用剑把诺塔拉斯刺死。

关于陆墙的物资补给，守军内部也发生了争吵。需要在破损的城垛上堆积有效的防护物，以保护士兵免受敌人投射武器的袭击。威尼斯人开始在他们的住宅区（在金角湾附近）的木匠工坊里制作木栅。广场上收集了 7 辆大车的木栅。威尼斯市政官命令希腊人把这些木栅运到 2 英里外的城墙上。希腊人说，不给工钱就不干。威尼斯人控诉他们太贪婪。很多希腊人的家小都在挨饿，而且对傲慢的意大利人满腹怨恨。他们需要在天黑之前弄到食物或者可以购买食物的金钱。这场争吵越拖越久，导致直到天黑之后木栅才被送到城墙上，那时已经太晚了。

这些激烈的对抗有着很久远的历史。宗教分裂、第四次十字军东征期间君士坦丁堡遭洗劫、热那亚人和威尼斯人之间的商业竞争：这都导致各方用贪婪、奸诈、懒惰和傲慢这些罪名互相谴责，尽管城市的末日已经不远了。但在这纷争和绝望的表象之下，有证据表明，在 5 月 28 日，各方总的来讲都在为城防尽其所能。这一天，君士坦丁十一世一直在组织、恳求和鼓舞民众与来源混杂的守军（包括希腊人、威尼斯人、热那亚人、土耳其人和西班牙人），为了共同的事业精诚团结。一整天时间里，妇女儿童一直在忙碌，把石块搬上城墙，以便向敌人投掷。威尼斯市政官发出了真挚感人的恳求："所有自称是威尼斯人的人都去陆墙，首先是为了我们对上帝的爱，其次是为了城市的利益和整个基督教世界的荣誉。希望大家全都坚守岗位，视死如归。"[22] 在港口，守军检查了铁链，所有船只排成了作战队形。在对岸，加拉塔市民们注视着最后决战的准备工作，越来越担忧。加拉塔市长很可能向市民们秘密发出了最后一次召唤，请他们偷偷穿过金角湾去加入君士坦丁堡的守军。他现在认识到，他治理下的热那亚飞地的命运取决于君士坦丁堡的存亡。

　　和奥斯曼军营的平静形成鲜明对照的是，君士坦丁堡非常吵闹。一整天时间里，教堂钟声此起彼伏，锣鼓齐鸣，召唤人们做最后的准备工作。在前几天的可怕预兆之后，人们更加卖力地持续祈祷、举行礼拜仪式和向上帝呼救。5 月 28日早上，这些宗教活动达到了一个高潮。城内基督徒和城外平原上穆斯林的宗教狂热棋逢对手。这天清晨，由教士、男女群众和儿童组成的盛大游行队伍在圣索菲亚大教堂外集合。城里所有的最神圣的圣像都被从神龛和小教堂内取出。除了在上一次游行中遭遇凶兆的指路圣母像之外，他们还搬出了圣徒遗骨、包含真十字架碎片的镀金和镶嵌宝石的十字架，以及一系列其他圣像。身穿锦缎法衣的主教和教士们领头，普通信徒跟在后面，赤足行走以示悔罪，哭泣着，捶击自己的胸膛，请求宽恕他们的罪孽，并加入圣歌合唱。游行队伍穿过城市，沿着陆墙全线行进。在每一个重要阵地，教士们都诵读古老的祷词，恳求上帝保护城墙，把胜利赐予忠实于他的人民。主教们举起他们的权杖，为守军赐福，用捆扎成束的晒干的罗勒草向他们抛洒圣水。对很多人来说，这也是斋戒日，要一直坚持到日落。宗教是鼓舞守军士气的终极手段。

## 13. "铭记这一天！"

皇帝本人很可能也参加了游行。游行结束后，他召集了最重要的贵族和城内各个派系的指挥官，最后一次号召大家精诚团结、奋勇作战。他的演讲和穆罕默德二世的讲话很类似。莱奥纳德大主教在场聆听了皇帝的演讲，并做了记载。君士坦丁十一世轮流向每一个派别讲话，感召他们为了自己的利益和信仰而战。首先他向自己的人民——城内的希腊居民讲话。他赞扬他们在此前 53 天内为保卫家园而做的顽强斗争，并请求他们不要害怕"邪恶的土耳其人"未经训练的乌合之众发出的狂野呼喊；希腊人的力量在于"上帝的保佑"，但也在于他们优越的甲胄。他提醒他们，穆罕默德二世撕毁了先前的和约，在博斯普鲁斯海峡岸边修建要塞，同时"佯谈和平"，实际上却挑起了战争。他号召希腊人为了家园、宗教信仰和希腊的未来而战；提醒他们，穆罕默德二世妄图占领"君士坦丁大帝的城市、你们的家园、基督教难民和所有希腊人的避难所，还要把上帝的神圣教堂改为马厩，对它们进行可耻的亵渎"[23]。

接着，他先后向热那亚人和威尼斯人发表演说，赞扬他们的勇气和对城市的忠诚："你们的很多伟大和高贵的勇士给这座城市带来了光荣，你们把它视为自己的城市。现在斗志昂扬地迎接新的斗争吧。"[24]最后他向所有战士讲话，恳求他们坚决服从命令，最后用世俗和天堂的荣耀来鼓舞大家，几乎和穆罕默德二世做的一样："谨记在心，今天是你们的光荣之日，如果你们在这一天哪怕只洒了一滴血，也会得到烈士的冠冕和不朽的荣耀。"这些言辞对听众产生了预料之中的效果。在场的所有人都被君士坦丁十一世的演讲振奋起来，发誓坚决地抵抗即将到来的进攻，"若上帝开恩，我们或许能获胜"[25]。似乎他们都决心捐弃前嫌，携手为共同的事业而奋战。然后他们各自散去，返回自己的岗位。

事实上，君士坦丁十一世和朱斯蒂尼亚尼很清楚，他们的兵力已经非常稀少。在 7 周的消耗战之后，最初的 8000 名士兵现在可能锐减到了 4000 人，防线全长却足有 12 英里。穆罕默德二世告诉他的部下，在某些地段，"每座塔楼只有两三人防守，相邻两座塔楼之间的城墙上也只有两三人"[26]。这个说法很可能是正确的。金角湾海岸长约 3 英里，只有 500 名本领高强的弩手和弓箭手把守。而泉源谷处的奥斯曼战船以及从浮桥上调来的陆军部队都可以攻击这一地带。在铁链远方、海墙外围的防线有 5 英里长，每座塔楼上只有一名受过训练的弓箭手、弩手或火枪兵，负责支援的是一群未受过军事训练的市民和僧侣。海墙的某些地段被分配给了特定的人群：克里特士兵把守着某些塔楼，一小群加泰罗尼亚人防守着另外一些。觊觎奥斯曼皇位的奥尔汗王子（穆罕默德二世的叔叔）负责防守俯瞰马尔马拉海的一段城墙。他的部下肯定会死战到底，是无论如何不能投降的。但总的来讲，马尔马拉海的海流能够对海墙起到有效的保护，因此所有抽调出来的兵员都被送往陆墙的中段。所有人都洞若观火，奥斯曼人最集中最猛烈的攻击一定在里卡斯河谷、罗曼努斯门和查瑞休斯门之间，那里的部分外墙已经被炮火摧毁。总攻前的最后一天，守军对此处的土木壁垒尽可能做了抢修，并派遣部队来增援。朱斯蒂尼亚尼负责防守陆墙中段，他手下有 400 名意大利人和拜占庭军队的主力，一共有

## 13. "铭记这一天！"

2000 人左右。君士坦丁十一世的指挥部也设在这个地段，以确保全力支持。

到下午三四点钟，守军可以看见敌人在城墙外集结。这是一个天气晴好的下午。太阳正在西沉。在城外的平原上，奥斯曼军队开始排兵布阵，分为若干个团，不断旋转，升起战旗，遮蔽了两段海岸之间的地平线。在最前锋，士兵们继续填充壕沟；大炮被推到离城墙尽可能近的地方；士兵们还在继续收集登城器械。在金角湾内，被通过陆路搬运入海的80 艘奥斯曼战船正在准备将浮桥架设到接近陆墙的地方。在铁链之外，舰队主力正在哈姆扎帕夏指挥下包围城市，经过卫城，绕过马尔马拉海海岸。每艘船上都运载着士兵、投石机和长度与城墙高度相当的梯子。城墙上的人坐下来等待，因为他们还有一些时间。

下午晚些时候，寻求宗教慰藉的君士坦丁堡市民在 5 个月以来第一次聚集到了圣索菲亚大教堂。遭受东正教信徒抵制的光线昏暗的大教堂此时挤满了人，他们焦躁、懊悔、狂热。自 1064 年夏天以来，天主教徒和东正教徒第一次在城内共同祈祷。在这个万分危急的时刻，400 年的宗教分裂和十字军东征造成的仇隙被搁置到了一边，双方共同参加了求救的礼拜。查士丁尼建造的巨大教堂已经经历了 1000 年的风风雨雨，此时在神秘的烛光下，回荡着礼拜仪式此起彼伏的祈祷声。君士坦丁十一世亲自参加了礼拜。他坐在祭坛右侧的皇座上，满腹热诚地领取圣餐，"跪倒在地，恳求上帝大发慈悲，宽恕他们的罪过"。然后他向教士与群众道别，向四面八方鞠躬致意，离开了教堂。根据热诚的涅斯托尔－伊斯坎德尔的记载，"在场的所有教士和群众一下子全都哭喊起来。妇女儿童发出哀号和呻吟；我相信，他们的声音直达天堂"[27]。所有的指挥官都返回了自己的岗位。部分平民留在教堂内，参加守夜。还有的人躲藏了起来。有人躲进了地下巨型蓄水池的充满回音的黑暗之中，乘坐小船在柱廊间漂浮。在地面上，查士丁尼皇帝仍然骑着他的青铜马，霸气十足地指向东方。

落日之后，斋戒了一整天的奥斯曼士兵开始进食，为这一夜做准备。战前最后一餐是加强团结和视死如归精神的又一良机。士兵们围坐在集体大锅周围，点燃了篝火和蜡烛，火光比前两天夜里更大一些。传令官们在笛子和号角伴奏下又一次在军营中穿梭，重申许诺富足生活和幸福死亡的双重信息："穆罕默德的孩子们，欢乐吧，因为明天我们就会俘虏很多基督徒，我们会把他们全都卖作奴隶，两个奴隶卖1杜卡特，我们都会发大财，全身珠光宝气！我们要用希腊人的胡须做拴狗的绳子，他们的妻小都将成为我们的奴仆。鼓起勇气，准备好，为了对我们的穆罕默德的爱，视死如归！"[28]一种狂热的喜悦席卷了整个营地，士兵们兴奋的祈祷声缓缓地升起，力度渐渐增强，如同惊涛骇浪。这光亮和有节律的呼喊声让等待中的基督徒毛骨悚然。黑暗中，奥斯曼人又开始了一轮大规模炮击，如此猛烈，"在我们看来有如地狱"[29]。午夜时分，沉默和黑暗又笼罩了奥斯曼军营。士兵们"携带所有武器和堆积如山的箭"[30]，秩序井然地走向各自的岗位。即将到来的激战让他们兴奋不已，他们梦想着殉道的光荣和触手可及的黄金，一声不吭地等待着最后总攻的讯号。

万事俱备。双方都深知，次日将具有极其重大的意义。双方都做了精神上的准备。巴尔巴罗当然相信，基督教的上帝将最终决定战局发展。据他说，"双方都向自己的神祈祷胜利，他们向他们的神祈祷，我们向我们的神恳求。我们在天上的圣父和圣母一起决定，谁将在这场战役中取胜，这将在第二天揭晓"[31]。根据萨阿德丁（Sad-ud-din）的记载，奥斯曼军队"从黄昏到黎明，摩拳擦掌，殷切求战……将最值得嘉许的工作联合起来……彻夜祈祷"[32]。

这一天的故事还有一点补充。根据乔治·斯弗朗齐斯的一本史书，这天夜里，君士坦丁十一世骑着他的阿拉伯母马在昏暗的街道上奔驰，深夜才返回布雷契耐皇宫。他召集了所有佣人和内廷人员，恳求他们的宽恕。在得到谅解后，"皇帝再次上马，我们离开了皇宫，开始沿着城墙巡视，督促哨兵们提高警惕，不要睡觉"[33]。他们检查了所有的岗位，发现一切正常，所有城门都已经安全地封闭。在第一次鸡鸣时，他们爬上了卡里加利亚门处的塔楼（从这里可以居高临下地俯瞰平原和金角湾），观看敌人在黑暗中的准备工作。他们可以听到带轮子的攻城塔在黑暗掩护下嘎吱嘎吱地接近城墙，长长的梯子被拖过遭到炮击的地域，很多士兵在忙着填充破损城墙脚下的壕沟。在南面，闪闪发光的博斯普鲁斯海峡和马尔马拉海上，可以远远地看到大型桨帆船的轮廓，它们像幽灵一般驶往圣索菲亚大教堂巨大穹顶远方的阵地。在金角湾内，较小的弗斯特战船正在海峡上架设浮桥，并逼近城墙。这对经历了无数磨难的君士坦丁十一世来说是个百感交集和引发内省的时刻。这位高贵的皇帝和他的忠实朋友们站在外墙塔楼上，听着敌人为最后总攻紧张忙碌，周遭的世界一片黑暗，决定命运的时刻尚未降临。这幅图景令世人难忘。一连 53 天，他们的微弱兵力挫败了无比强大的奥斯曼军队；他们抵挡住了史上最大的大炮在中世纪发出的最猛烈的轰击（消耗了约 5000 发炮弹和 5.5 万磅火药）；他们击退了三次大规模进攻和十几次较小的突袭，杀死了成千上万奥斯曼士兵，摧毁了敌人的许多地道和攻城塔；他们在海上与敌人激战，进行突袭与和平谈判，并不懈地消磨敌人的斗志。他们或许不知道，其实他们已经非常接近胜利。

这幅景象在地理和具体细节上是准确无误的；最高城墙上的哨兵完全可以听得见城墙下奥斯曼军队在黑暗中的活动，也能够俯瞰范围广大的陆地和海洋，但君士坦丁十一世和斯弗朗齐斯是否真的在那塔楼上，我们无从得知。这段记述很可能是虚构的，在 100 年后由一位因擅长伪造史料而闻名的教士捏造。我们可以确定的是，在 5 月 28 日的某个时间，君士坦丁十一世和他的大臣们挥泪辞别，斯弗朗齐斯对这一天及其意义有着不祥预感。他和皇帝是一生的挚友。斯弗朗齐斯对他的主公忠心耿耿，这种忠诚在拜占庭帝国的最后岁月里围绕皇帝的那群人中是非常罕见的。23 年前，在帕特拉斯①的围城战中，他曾救过君士坦丁十一世的性命。

---

① 伯罗奔尼撒半岛西北部城市。

## 13. "铭记这一天!"

他曾负伤被俘，戴着脚镣在遍地虫豸的地牢里苦熬了一个月才被释放。31 年间，他为皇帝无数次出使外邦，包括花了 3 年时间在黑海周边为皇帝寻找一位妻子（最后徒劳无功）。作为回报，君士坦丁十一世任命斯弗朗齐斯为帕特拉斯总督；斯弗朗齐斯结婚时，皇帝本人担任他的傧相，还做了他的孩子们的教父。在围城期间，斯弗朗齐斯承担的风险比其他很多人都更大，因为他的家人还在城内。5 月 28 日，不管这两人是在何时道别的，斯弗朗齐斯心里一定是充满了不祥预感。两年前的这一天，他远离君士坦丁堡，曾经有过一个预感："1451 年 5 月 28 日夜里，我做了一个梦：我好像回到了城里；我匍匐在地，正要亲吻皇帝的脚时，他拦住了我，扶我起来，亲吻了我的眼睛。然后我就醒了，告诉睡在我身边的人：'我刚做了这样一个梦。铭记这一天吧。'"[34]

## 14. 紧锁的城门

### 1453 年 5 月 29 日凌晨 1 点 30 分

战争的胜负没有任何确定性，即便拥有了决定胜利的装备和兵力优势，也未必能取胜。战争中的胜利和优势取决于幸运和偶然。[1]

——伊本·赫勒敦，14 世纪阿拉伯史学家

5 月 28 日（星期一）天黑时，对陆墙的炮轰已经持续了 47 天。穆罕默德二世渐渐地将炮火集中到了三个地点：在北段，布雷契耐皇宫和查瑞休斯门之间；在中段，里卡斯河周围；在南段，朝向马尔马拉海方向的第三军用城门。这些地段的城墙都已经遭到了严重破坏，所以在战前动员的时候，苏丹能够夸张地对指挥官们说，"壕沟已经被填平，陆墙的三个地点已经被摧毁，不仅你们这样的轻重步兵，甚至马匹和全副武装的重骑兵也能轻易地冲杀进去"[2]。事实上，双方都早已心知肚明，集中攻势将会聚焦在一个地点，

也就是陆墙中段，圣罗曼努斯门和查瑞休斯门之间的低浅山谷处。这里是整个防御体系的阿喀琉斯之踵，穆罕默德二世的最强大火力就消耗在这里。

在总攻前夜，外墙上已经有九个较大的缺口，有的缺口长达 30 码，大部分缺口都在山谷处，朱斯蒂尼亚尼的部下用木栅一点一点地把这些缺口封堵了起来。朱斯蒂尼亚尼就是这样用临时拼凑的土木壁垒堵住城墙坍塌造成的漏洞的。这种临时壁垒的框架是连接在一起的木梁和倒塌的城墙的石填料，再加上所有手头能找得到的材料：木柴、树枝、成捆的芦苇和碎石，并用泥土填充空隙。与石制城墙相比，这种工事能够更好地吸收炮弹的冲击力。渐渐地，这种土木壁垒显然被堆砌到与原先的城墙一般高度，其顶端也足够宽阔，可以作为很好的作战平台。工事顶端放置装满泥土的木桶和柳条筐作为城垛，为守军提供防护，奥斯曼军队进攻时的首要目标就是拆除这些临时城垛。自 4 月 21 日以来，维护土木壁垒一直是守军的当务之急。士兵和平民都一刻不停地拼命劳作，对它进行修补和扩建。参加劳动的有男有女，有儿童，还有僧侣和修女，他们把石头、木料、成车的泥土、树枝和砍下来的葡萄藤搬运到前线。工事遭破坏和抢修显然是一个无休无止的循环，令人精疲力竭。在敌人的炮火和进攻下，他们不分昼夜，不管日晒雨淋，一发现缺口就立马去填补。临时壁垒代表着全城人的集体力量，在朱斯蒂尼亚尼的指挥下，它回报了人们的辛劳，阻挡住了敌人的每一次进攻，打击了敌人的士气。

5 月 28 日，春光明媚。下午晚些时候，守军的核心部

队在临时壁垒后摆开了阵势。根据杜卡斯的记载，此处有
"3000 名拉丁人和罗马人①"[3]，包括与朱斯蒂尼亚尼一同
前来的 700 名精锐意大利士兵的余部、威尼斯桨帆船上的水
手，以及拜占庭部队的主力。他们的总兵力很可能只有
2000 人左右。他们装备精良，身披链甲或板甲，戴着头盔，
装备了五花八门的武器：弩弓、火枪、小炮、长弓、剑和钉
头锤，既有从远距离扫射敌人的武器，也有在壁垒处近距离
作战的兵器。另外，市民们还把大量石块以及燃烧武器
（成桶的希腊火和装在罐子里的焦油）搬到了前线。士兵们
通过内墙的城门进入内外两道城墙的阵地，然后沿着临时壁
垒分散开来，部署到长约 1000 码的中墙上。内外两道城墙
之间的空地宽仅 20 码，背后就是较高的内墙和一道临时挖
出的壕沟（挖出的泥土被用来加强临时壁垒）。在据守工事
的士兵们背后，只有足够的骑兵沿着战线来回奔驰空间。整
段战线上，内墙只有四个出入口：圣罗曼努斯门和查瑞休斯
门旁边各有一个边门，分别在山头的左右两侧；在小山北坡
中央的位置通向空地的雄壮的第五军用门；还有一个边门位
置不详，朱斯蒂尼亚尼命令开凿了这个门，以方便进入城
市。所有人都很清楚，胜负将在临时壁垒处被定夺，从那里
无路可退。因此，守军决定在士兵们进入阵地之后，就把他
们背后的几个边门全都锁死，钥匙被托付给他们的指挥官。
官兵们将背靠内墙，死战到底。夜幕降临，他们安静下来等

---

① 此处"罗马人"是拜占庭人的自称，因为他们一直以罗马帝国自居，
尽管他们主要是希腊血统。

候敌人的进攻。黑暗中下起了瓢泼大雨，但奥斯曼军队仍然
在把攻城装备运往前线。后来，朱斯蒂尼亚尼进入了阵地，
然后是君士坦丁十一世和他最亲信的贵族们：西班牙人堂弗
朗西斯科·德·托莱多、皇帝的堂弟西奥菲勒斯·帕里奥洛
格斯和对皇帝忠心不二的战友约翰·达尔马塔。他们在临时
壁垒和城墙后等待敌人进攻的最初迹象。加拉塔市长曾宣称
"必胜无疑"[4]，虽然很少有人能像他那么乐观，但大家对
挡住这最后一次暴风骤雨还是颇有信心的。

凌晨时分，奥斯曼军队已经准备就绪。在营帐的黑暗中，
穆罕默德二世做了例行的小净和祈祷，恳求真主把城市交给他。
他本人的准备工作可能包括穿上一件有驱邪神力的衬衫，它上
面绣有《古兰经》的诗节和真主尊名，非常富丽堂皇，能够
保护他躲避噩运。他戴上头巾，穿上长袍，腰间佩带宝剑。
在主要指挥官的陪同下，他策马奔向前线，亲自去指挥攻势。

奥斯曼军队仔细地做好了从海陆两路同时进攻的准备，
并严格执行了这个计划。金角湾和马尔马拉海的战船已经就
位；重兵云集，准备攻打陆墙沿线的各个关键地点，焦点还
是里卡斯河谷。穆罕默德二世决定投入大量兵力进攻守军的
临时壁垒，各支部队按照其效用和战斗力从低到高轮番上
阵。他命令第一波攻击由非正规部队发起，包括征募来的普
通步兵和外籍辅助兵，即为了挣得战利品而应征的训练不足
的部队和被强征来的附庸国的士兵。按照巴尔巴罗的记载，
第一波部队中的很多人似乎是"被强迫参战的基督徒"[5]；
莱奥纳德则说他们包括"希腊人、拉丁人、德意志人、匈

牙利人——来自所有基督教国家的人"[6]。总之是种族混杂、信仰各异,而且装备也五花八门:有的人拿着弓箭、弹弓或火枪,但大多数人只有简单的弯刀和盾牌。这绝不是一支纪律严明、战斗力强大的作战部队,但穆罕默德二世的目标就是利用这些死不足惜的异教徒来消耗守军的力量,然后才向杀戮地带投入价值更高的部队。第一波部队从城墙北端前来,携带着云梯,准备沿着中墙全线发动进攻,特别重点进攻临时壁垒。成千上万人在黑暗中等待进攻的命令。

凌晨 1 点 30 分,号角、战鼓和铙钹齐鸣,宣告攻势开始。大炮开始轰鸣,奥斯曼军队从四面八方水陆并进。非正规部队接到了严格命令,必须稳步前进,不得喧哗。进入射程之后,他们开始射击,"弓箭手、弹弓手开始发威,大炮和火绳枪射出铁制或铅制弹丸"。在第二道命令发出之后,他们向前狂奔,跑过被填平的壕沟,一边大呼小叫,一边"手执标枪、长枪和长矛"冲向城墙。守军早已严阵以待。非正规部队尝试爬墙的时候,基督徒们把他们的云梯推开,向工事脚下拼命攀爬的敌人投掷火把、倾倒滚油。在黑暗和混乱中,只能看到不甚明亮的手执火把的闪光,听到"狂喊乱叫、亵渎神明的辱骂和诅咒声"[7]。朱斯蒂尼亚尼调集了他的人马,皇帝亲临战场也让大家斗志为之一振。守军占了上风,他们"从城垛上往下投掷大石块",向队形密集的敌群射箭和开枪,"很少有人能逃生"[8]。跟进的奥斯曼士兵开始动摇和后撤。但穆罕默德二世决心要把他的非正规部队用到极限。他在后方部署了一队宪兵作为督战队,他们用棍棒和皮鞭把后退的士兵驱赶向前。在宪兵的背后还有一队手执弯刀的近卫军，随时准备砍倒冲过了宪兵拦截线的人。悲惨的非正规士兵们被夹在前方的火力和背后的持续压力之间，发出了恐怖的呼号，"他们无论向前还是退后都是死路一条"。他们再次转身去进攻工事，顶着劈头盖脸的火力，绝望地拼命树立起自己的云梯，却惨遭屠戮。这些死不足惜的人虽然死伤惨重，但已经达到了苏丹的目的。两个小时内，他们大大消耗了城墙上守军的体力。这时穆罕默德二世才允许幸存者撤退、一瘸一拐地返回自己的战线。

战斗出现了一个间歇。此时是凌晨 3 点 30 分，天色仍然漆黑，但火光照亮了平原。在壁垒上，人们舒了一口气。他们获得了重组部队和抢修城墙的时间。在战线的其他地段，奥斯曼非正规部队的攻击没有这么猛烈；仍然完好的城墙令他们举步维艰。其他地段的进攻主要是牵制性的，让守军在前线都忙得不可开交，无法去接替在中墙承受极大压力的部队。守军兵力部署非常稀薄，在 1 英里外的使徒教堂附近的中央山岭上待命的预备队已经只剩 300 人。城墙上的人们向平原眺望，徒劳地希望敌人会到此为止、撤退下去，但敌人终究不会撤退。

猛力攻城的时刻到了。穆罕默德二世骑马来到他右翼的安纳托利亚部队，就在圣罗曼努斯门外不远处。这些部队是装备精良的重步兵，身披链甲，作战经验丰富，纪律严明，而且充满穆斯林的圣战热情。他虽然年仅 21 岁，但作为苏丹，完全可以用这样平白的父亲式口吻向部落子民讲话："前进，我的朋友和孩子们！证明你们是英雄好汉的时刻到了！"[9]他们沿着山谷边缘前进，转身面对壁垒，以密集队形逼近，"令人胆寒地呼喊着"[10]安拉之名。根据尼科洛·巴尔巴罗的记载，他们"就像被解开锁链的雄狮一般冲向城墙"[11]。这坚定的冲锋让守军高度紧张起来。全城教堂的钟声此起彼伏，召唤所有人到作战岗位上去。很多市民跑到城墙上去帮忙。其他人则在教堂内更加努力地祈祷。3 英里外的圣索菲亚大教堂门外，教士们也用他们自己的方式提供支持。"他们听到钟声后，取出了圣像，走到教堂前，站在那里祷告，用十字架向全城祝福；他们热泪盈眶地诵读着：'复活我们，天主，佑助我们，免得我们最终毁灭。'"[12]

安纳托利亚士兵奔跑着越过了壕沟，以紧密队形向前猛冲。守军用弩弓和火炮向他们猛烈射击，"杀死的土耳其人不计其数"[13]。但他们仍然继续推进，用盾牌抵挡冰雹般的石块和投射武器，努力强行冲到壁垒上。"我们向他们投掷致命的投射武器，"莱奥纳德大主教写道，"向他们的紧密人群中发射弩箭。"[14]安纳托利亚部队毕竟人多势众，成功地在壁垒上搭起了云梯。守军又把云梯推倒，很多攻击者被石块砸死，或者被滚烫的沥青烧死烧伤。有一阵子奥斯曼军队开始后撤，但很快又冲杀上来。壁垒后的守军被敌人的勇猛震惊了，这些敌人似乎被一种超越人类极限的力量驱使着拼命冲杀。这些士兵显然不需要额外的激励，按照巴尔巴罗的说法，他们"全都是勇士"[15]。"他们不断高声呐喊，更加急切地展开自己的大旗。你看到这样的野兽一定会无比震惊！他们的部队已经大部被歼，但他们仍然带着无限的勇气继续向壕沟冲锋。"[16]安纳托利亚部队人数太多，而且地上死尸遍地，因此每一波攻击都受到了很大阻碍。士兵们互相

# 14. 紧锁的城门

踏踏，在其他人身上爬行，形成一个人肉金字塔，拼命想爬到壁垒的顶端。有些人爬上了壁垒，向敌人疯狂地砍杀。泥土平台上爆发了肉搏战，人们互相残杀。那里空间狭窄，安纳托利亚士兵是能够击退守军，还是被抛下壁垒，取决于身体的撞击和近距离的厮杀。在壁垒脚下，人们跌跌撞撞地乱爬，呼喊着，诅咒着。遍地是死尸和垂死的人，到处都是被抛弃的武器、头盔、头巾和盾牌。

战局瞬息万变。"有时奥斯曼重步兵爬上了城墙和壁垒，硬往前挤，毫不动摇。有时他们又被凶猛地打退。"[17]穆罕默德二世骑马亲临前沿，呼喊着督促他们上前，有时向狭窄的缺口投入更多生力部队，以接替战死和动摇的人。他命令大炮开火。一轮轮石弹锤击着城墙，将守军和安纳托利亚士兵都打倒在地。在这个夏日的凌晨，周围一片黑暗，乱作一团，战斗的嘈杂震耳欲聋，战鼓、笛子、铙钹、教堂钟声此起彼伏，撕心裂肺，再加上羽箭掠过的嗖嗖声、奥斯曼大炮震动大地的巨响和火枪的低沉轰鸣声，"似乎空气都被撕裂了"[18]。刀剑狠狠地碰撞在盾牌上，发出脆响；刀锋割断喉管、箭头插入胸膛、铅弹打碎肋骨、石块砸扁头颅时的声音则低沉许多。在这些声音的背后还有更可怕的嘈杂的说话声：祈祷和战斗呐喊、鼓励的话语、诅咒、嚎叫、抽噎和濒死者的轻轻呻吟。狼烟和灰尘从前线飘过。奥斯曼士兵们充满希望地将伊斯兰旗帜在黑暗中高高举起。手持的火把冒着烟，火光照亮了布满胡须的脸庞和甲胄。大炮开火的几秒钟内，火光一下子照亮了炮手们的身形。火枪发出的较小的火舌狠狠地撕裂夜幕；成桶的希腊火呈一个弧线越过城墙，如同金雨一般泼洒而下。

　　黎明前的一个小时，一门大炮发射的石弹直接命中了临时壁垒，打开了一个缺口。烟尘和大炮的硝烟遮蔽了前线，但安纳托利亚士兵迅速做出反应，冲进了突破口。守军还没来得及反应，300 名士兵已经冲了进去。奥斯曼军队第一次突破了守军阵地。里面杀得昏天暗地。守军绝望地重新集结，在两道城墙之间的狭窄空间内直面安纳托利亚人。显然，突破口还没大到让一大群人涌入的地步，所以 300 名攻击者很快被包围起来。希腊人和意大利人有条不紊地把他们全都砍成肉酱。这 300 人无一生还。这个局部胜利令守军士气大振，他们把安纳托利亚部队击退了。奥斯曼军队感到沮丧，第一次发生了动摇，开始撤退。这时已经是早上 5 点 30 分。守军已经一刻不停地苦战了四个钟头。

　　到此时为止，在其他地段，奥斯曼军队也未能取得很大进展。在金角湾内，扎甘帕夏在夜间成功架起了浮桥，不少士兵通过浮桥抵达了陆墙末端附近的海岸。与此同时，他把轻型桨帆船调到城墙近处，让船上的弓箭手和火枪兵扫射城墙上的守军。他还把云梯和木制攻城塔送到这些城墙下，试着让他的步兵爬城，但是失败了。哈利勒在马尔马拉海岸边的登陆作战同样失败了。海流湍急，船只无法停稳，再加上海墙居高临下，俯视海面，所以没有前滩能够建立桥头阵地。尽管这里的城墙守军人数稀少，有些地段只有僧侣防守，但登陆部队还是被轻易地击退或俘虏并斩首。在中墙以南，伊沙克帕夏对守军施加了一些压力，但他最精锐的安纳托利亚部队被调走去对付临时壁垒了。在布雷契耐皇宫区域（穆罕默德二世早就认定从这个地方比较容易入城），卡拉加帕夏的部下发动了一次对守军威胁很大的进攻。"此处的防御摇摇欲坠"[19]，因为城墙破损严重。但负责防守此处的是来自热那亚的博基亚尔多三兄弟，他们都是本领高强的职业军人。据莱奥纳德大主教记载，"他们天不怕地不怕，无论被炮火炸塌的城墙还是炮弹的爆炸，都吓不倒他们……不分昼夜，他们始终高度警惕，用弩弓和可怕的火炮杀伐敌人"[20]。有时他们会从竞技场门这个边门出击，袭扰敌人。卡拉加的部下没能取得任何进展。圣马可的雄狮旗仍然飘荡在黑暗笼罩下的皇宫的上方。

激战四个小时，非正规部队和安纳托利亚部队都失败了，这似乎让穆罕默德二世非常恼火。不仅是恼火，他还非常焦虑。他只剩下一支生力部队了，那就是他自己的 5000名精锐卫队，"这些士兵装备极其精良，英勇无畏，比其他人经验丰富得多，也更勇猛。他们是陆军的精锐：重步兵、弓箭手和长枪兵，以及被称为近卫军的部队"[21]。他决定在敌人得到喘息之机、进行重组之前，立即把这支部队投入战场。一切都取决于这次行动；如果连他们也不能在几个小时内突破防线，战役的势头就丧失了，精疲力竭的部队将不得不撤退，围城战就算结束了。

在两道城墙之间的阵地上，守军没有任何停歇的时间。敌人的第二波攻击造成的伤亡更为严重，守军也越来越疲惫。但抵抗的斗志仍然很坚定。据克利托布罗斯说，他们心中没有一丝一毫的畏惧："饥饿、睡眠缺乏、持续不断的战斗、伤痛和残杀、亲人在自己眼前死去或是其他任何恐怖景象，都不能让他们屈服，或者削弱他们的积极性和使命感。"[22]事实上他们别无选择，只能死战到底；没有任何人接替他们，因为没有其他部队。但意大利人在朱斯蒂尼亚尼指挥下奋战，希腊人在皇帝的注视下拼杀，这两位领袖对部队的感召力就像苏丹对奥斯曼军队那样。

穆罕默德二世知道，在攻势停顿之前，他必须趁热打铁。领军饷的士兵们奋勇作战、报效苏丹的时刻到了。他骑马向前冲，催促士兵们证明自己是英雄好汉。明确的命令发布了出去，穆罕默德二世亲自率领士兵们稳步推进到壕沟边上。此时离天亮还有一个小时，但星光已经昏暗，"黑夜逐渐让位于黎明"[23]。他们在壕沟前停下。在那里，他命令"弓箭手、弹弓手和火枪兵站在一定距离之外，向守卫壁垒和破损外墙的守军士兵射击"[24]。烈火的风暴席卷城墙。"枪弹和羽箭数不胜数，遮蔽了天空。"[25]"箭雨和雪花般的其他投射武器"[26]迫使守军低头躲在壁垒后。另一个讯号发出后，奥斯曼步兵"发出响亮而恐怖的呐喊"，开始前进，"不像土耳其人，倒像是雄狮"[27]。他们在震天的鼓乐和呐喊声驱使下冲向壁垒。这声音是奥斯曼军队的终极心理战武器，震耳欲聋，甚至远在亚洲海岸（离他们的军营5英里）的人也能听得见。战鼓和笛子齐鸣，军官们发出呼喊和指令，大炮雷鸣般巨响，士兵们自己也发出撕心裂肺的呐喊，这些声音既鼓舞了他们自己的勇气，也震撼了敌人的神经，都收到了预想的效果。"他们大声呼喊着，夺走了我们的勇气，在全城散布了恐惧。"[28]巴尔巴罗如此写道。在全

## 14. 紧锁的城门

长 4 英里的陆墙全线，奥斯曼人同时发动了排山倒海的进攻。城内教堂再一次敲响警钟，非战斗人员加紧祈祷。

重步兵和近卫军"求战心切，而且状态极佳"[29]。他们在苏丹的注视下作战，既是为了荣耀，也是为了争夺第一个登上城墙的功勋。他们坚定不移地向壁垒进发，毫不犹豫，"似乎一心要进城"[30]，心意已决。他们用带钩的木棍拆掉壁垒顶端的木桶和木制炮塔，挖掘壁垒的框架，树立云梯，将盾牌举在头顶上，借此抵挡暴风骤雨般的石块和投射武器，同时努力往上爬。他们的军官站在后面，呼喊着发布命令。苏丹本人策马走来走去，喊叫着激励大家。

在他们的对面，疲惫的希腊人和意大利人再一次投入战斗。朱斯蒂尼亚尼和他的部下，以及君士坦丁十一世和他的"全体贵族、主要骑士和最勇敢的武士"[31]，手执"标枪、长枪、长矛和其他兵器"[32]向壁垒推进。第一批奥斯曼宫廷卫队士兵"遭到石块的打击，倒了下去，很多人当场毙命"[33]，但其他人冲上来接替他们。没有人动摇。很快，为了争夺壁垒，双方展开了面对面的肉搏战，各自都意志坚定：一方是为了荣誉、真主和重赏，另一方则是为了上帝和生存。在拥挤的近距离搏斗中，可怕的呼喊声此起彼伏，"他们互相嘲讽，有的人用长矛戳刺，有的人被戳，有人杀死敌人，有的被杀死，人们在怒火中互相残杀，场面极其恐怖"[34]。在后面，大炮在发射巨型炮弹，硝烟弥漫了整个战场，有时遮蔽双方士兵的视线，有时又让他们直面对方。巴尔巴罗记载道："这景象似乎来自另一个世界。"[35]

战斗持续了一个钟头，奥斯曼宫廷卫队进展甚微。守军寸土不让。"我们凶猛地打退了他们,"莱奥纳德记述道,"但我们的很多人现在负了伤,撤出了战斗。然而我们的指挥官朱斯蒂尼亚尼仍然屹立,其他指挥官也坚守着岗位。"[36]这时出现了一个迹象,起初还很难察觉,然后壁垒内的守军感到奥斯曼军队施加的压力轻了一点。这是一个关键时刻,扭转战局的瞬间。君士坦丁十一世把握住了这个机遇,敦促守军前进。根据莱奥纳德的记载,皇帝向士兵们喊道:"勇士们,敌人的军队正在削弱,胜利的冠冕属于我们。上帝站在我们这边,继续战斗!"[37]奥斯曼军队站不住脚,退却了。疲惫的守军找到了新的力量。

但这时发生了两件奇怪的事情,再一次扭转了战局。在战线北面半英里处,朝向布雷契耐皇宫的阵地,博基亚尔多兄弟在此之前成功地打退了卡拉加帕夏的部队,还不时地从竞技场门(隐藏在城墙一个拐弯角落里的边门)出击。这座城门将应验古老的预言。一名意大利士兵出击归来之后,忘了把背后的边门关上。天色越来越亮,卡拉加的一些士兵看到了这座敞开的城门,蜂拥而入。50名士兵通过阶梯冲上了城墙,把那里的守军打得措手不及。有些士兵被砍死,其他人则选择跳墙自杀。随后发生了什么事情,我们不太清楚。冲进城的奥斯曼士兵似乎没有来得及造成很大破坏,就被守军成功地隔绝和包围了起来,但他们已经从一些塔楼上扯下了圣马可的旗帜和皇旗,换上了奥斯曼旗帜。

在南面的临时壁垒处,君士坦丁十一世和朱斯蒂尼亚尼不知道发生了这些事情。他们仍然自信满满地坚守战线,这时噩运带来了更严重的打击。朱斯蒂尼亚尼再次负伤。对基督徒来说，这是因为上帝拒绝听取他们的祈祷；对穆斯林来说，这是真主听到了他们的祈祷。对爱读书的希腊人来说，这个瞬间简直是从荷马史诗里照搬来的：按照克利托布罗斯的说法，"邪恶而无情的命运"[38]导致了战局突然逆转，平静而无情的女神带着奥林匹斯诸神的冷漠与超然观战，这时决定拨动战争的天平，将英雄击倒在地，让他的心脏化为齑粉。

当时情况究竟如何，大家众说纷纭，但所有人都知道这意味着什么。他的热那亚士兵在那一瞬间惊恐万状。至于随后发生的事情，各方面的记述非常支离破碎和不一致：朱斯蒂尼亚尼"身披阿喀琉斯的铠甲"，受伤倒地的具体状况有十几种不同的说法。有人说他的右腿中箭；有人说他胸部被弩箭射中；或者说他在城墙上搏斗的时候腹部被人从下方刺中；又或者一发铅弹击穿了他的手臂后部，又穿透了他的胸甲；或者他的肩部被火枪击中；还有人说，一名友军从背后误伤了他，或者是故意刺杀他。最可能的情况是，他的上半身护甲被铅弹击穿，微小的伤口隐蔽了严重的内伤。

自围城战开始以来，朱斯蒂尼亚尼就在一刻不停地奋战，无疑已经筋疲力尽。他在前一天已经负了一次伤，第二次负伤似乎让他的精神彻底垮了。他站不住脚，伤势远比旁观者能察觉的情况要严重，于是命令士兵将他抬回到船上，接受医治。他们去找皇帝，向他索要其中一座城门的钥匙。君士坦丁十一世知道他的主要指挥官撤离将会带来多么大的危险，恳求朱斯蒂尼亚尼和他的军官们留在前线，直到危险过去，但他们不肯久留。朱斯蒂尼亚尼把指挥权交给两名军官，并许诺处理完伤口就回来。君士坦丁十一世不情愿地交出了钥匙。城门被打开了，朱斯蒂尼亚尼的卫兵们抬着他，来到他的停泊在金角湾的桨帆船上。这是个灾难性的决定。敞开的城门对其他热那亚人来说是个无法抵制的诱惑；他们看到指挥官已经撤离，潮水般涌过城门，也跟着撤退了。

君士坦丁十一世和他的扈从绝望地努力拦阻这人流。他们不准任何希腊人跟着意大利人离开阵地，命令他们排好队形，上前去堵住战线的缺口。穆罕默德二世似乎感受到了守军的松弛，集中兵力发动了又一次进攻。"朋友们，我们必胜！"他大喊道，"再努力一点，城市就是我们的啦！"[39]

一群近卫军在穆罕默德二世最宠信的军官之一贾费尔贝伊率领下，高呼"真主伟大！"，向前猛冲。苏丹向他们呼喊着："冲啊，我的雄鹰们！前进，我的雄狮们！"他们听到苏丹本人的激励，又记起了在城墙上首先插旗能够得到的重赏，便奋不顾身地冲向临时壁垒。在前线有个名叫乌鲁巴特的哈桑的巨人，他高举奥斯曼大旗，在30名战友护卫下前进。他用盾牌遮住自己的脑袋，冲上了壁垒，击退动摇的守军，稳稳站立在壁垒顶端。他站在那里，高举大旗，鼓舞近卫军士兵们前进。他在那里坚持了一会儿。这位近卫军的巨人终于把伊斯兰的旗帜插到了基督教城市的城墙上，这是彰显奥斯曼人勇气的激动人心的一刻，注定要成为奥斯曼帝国神话的一部分。但没过多久，守军重整旗鼓，猛烈地投射石块、羽箭和长矛，进行报复。他们打退了那30名士兵中的一部分人，然后把哈桑团团围住，把他打倒在地，剁成肉泥。但在周围，越来越多的近卫军士兵爬上了城墙，或者从壁垒的缺口冲了进去。成千上万人就像冲垮堤岸的洪水一般，开始涌入守军的阵地，凭借兵力优势无情地将守军击退。很快，守军就被推向内墙。内墙前方有一条壕沟，是挖土修建壁垒形成的。有些人被推进壕沟，困在那里。他们没法爬出来，全部惨遭屠戮。

奥斯曼军队沿着不断扩大的战线潮水般涌入守军阵地。守军从壁垒上轰击他们，很多奥斯曼士兵被打死，但此时这股洪流已经不可阻挡。据巴尔巴罗说，15 分钟内就有 3 万人冲进了守军阵地，"发出令人毛骨悚然的呼喊，如同地狱一般"[40]。同时，人们看见竞技场门附近塔楼上的奥斯曼旗帜（少数奥斯曼士兵冲到那里，插上了他们的旗帜），大喊起来："城市失守了！"守军完全陷入了盲目的恐慌。他们仓皇失措，转身逃跑，寻找道路逃离封闭的阵地，返回城内。与此同时，穆罕默德二世的士兵们已经开始攀爬内墙，从高处向逃窜的守军射击。

可供逃跑的道路只有一条：朱斯蒂尼亚尼撤离时经过的那座小小的边门。其他门都仍然紧锁着。溃败的守军争先恐后地聚集到边门处，个个都想赶紧逃命，互相踩踏，"门前的活人堆成了一座小山，导致大家谁也逃不掉"[41]。有些人不慎跌倒，被活活踩死。其他人则被从壁垒处以整齐队形横扫过来的奥斯曼重步兵屠杀。死尸堆积成山，更是把逃命的道路堵死。从壁垒上幸存下来的守军被斩尽杀绝。其他的每一座城门——查瑞休斯门、第五军用城门——同样是尸骨如山、血流成河，因为逃到那里的人也没办法逃离封闭的阵地。在这场令人窒息、惊慌失措、拼命挣扎的混战中，有人最后一次瞥见了君士坦丁十一世的身影，他最忠诚的随从仍然护卫在他身边：西奥菲勒斯·帕里奥洛格斯、约翰·达尔马塔、堂弗朗西斯科·德·托莱多。根据一位不可靠目击者（几乎可以肯定，此人当时并不在场）的描述，皇帝在最后的时刻仍然奋起拼搏，最后倒地，被人群踩踏在脚下，终于从历史中消逝，进入传奇的来世。

一队近卫军爬过死尸堆，强行打开了第五军用门。他们进入城内，一部分人转向左侧的查瑞休斯门，从内部将它打开；其他人向右前进，打开了圣罗曼努斯门。一座座塔楼接二连三地飘扬起了奥斯曼旗帜。"然后大军的其他士兵凶猛地冲进城……苏丹站在宏伟的城墙前（他的大纛和马尾旗就树立在那里）观看着周遭的景象。"[42]这时天已经亮了。太阳冉冉升起。奥斯曼士兵在死人堆之间前进，砍下死人和濒死者的头颅。大型猛禽在他们头顶上盘旋。不到五个小时的时间，君士坦丁堡的防御就土崩瓦解了。

## 15. 一捧尘土

### 1453 年 5 月 29 日早上 6 点

请告诉我，世界末日究竟是何时，又将是何等情形？人们如何才能知道，末日已经临近，已经到了门槛上？末日将有哪些迹象？这城市、新耶路撒冷将往何处去？屹立于此的神圣教堂、受尊崇的圣像、圣徒的遗迹和书籍都将何去何从？请告诉我。[1]

——埃皮法尼奥斯，10 世纪的东正教僧人，
如此询问圣愚安得烈①

奥斯曼军队潮水般涌入城市，他们的旗帜飘扬在塔楼上的时候，市民们陷入了莫大的恐慌。"城市陷落了！"的呼喊声在大街小巷此起彼伏。人们开始四散逃命。在竞技场门

---

① 圣愚安得烈（？~936），原为斯拉夫人，被卖作奴隶来到君士坦丁堡，因为虔诚、癫狂而被称为"圣愚"。据说他曾看到圣母保护君士坦丁堡、从敌人手中解救城市的幻象，后来被东正教会封为圣徒。埃皮法尼奥斯是他的弟子。

附近城墙驻守的博基亚尔多兄弟看到士兵们从他们的阵地旁逃过。他们纵身上马，向敌人冲杀，暂时把敌人打退了。但他们很快也认识到了局势的无望。壁垒上的奥斯曼士兵居高临下地向他们投掷武器，保罗·博基亚尔多头部负伤。他们意识到，自己很快就会被包围。保罗不幸被俘，后来被杀害，但他的两个兄弟杀出了一条血路，带领他们的人马返回了金角湾。在港口处，受伤的朱斯蒂尼亚尼得知防线已经崩溃，于是"命令他的喇叭手吹响讯号，召集他的部下"[2]。对其他人来说，一切都已经太晚了。威尼斯市政官米诺托、很多显赫的威尼斯人以及离开桨帆船参战的水手们被包围在布雷契耐宫，全部被俘虏。在陆墙南段接近马尔马拉海的地方，防御还很顽强，但那里的守军士兵很快发现自己腹背受敌。很多人被杀死；其他人，包括指挥官菲利普·孔塔里尼和德米特里·坎塔库泽努斯，都举手投降，被敌人俘虏。

　　一眨眼的工夫，全城就乱成了一锅粥。前线的瓦解如此惊心动魄又出人意料，很多人都手足无措。从陆墙逃走的部分士兵奔向金角湾，希望能登上那里的船只，其他人则跑向前线。一些平民被战斗的嘈杂声惊醒，主动前往城墙，去帮助部队防守，途中遭遇了第一波冲进城来、沿途烧杀抢掠的奥斯曼士兵。这些奥斯曼士兵"暴跳如雷地攻击他们"[3]，把他们全部砍倒。最初引发屠城的是奥斯曼士兵对拜占庭人的畏惧和仇恨。他们一下子身处迷宫般的狭窄小巷内，非常迷惑糊涂和惴惴不安。他们原本期待会遇到一支顽强抵抗的大军，而绝不会相信，在临时壁垒处被击溃的 2000 人居然就是全部守军。与此同时，一连好多周的苦难以及希腊人从

## 15. 一捧尘土

城垛上发出的嘲讽让奥斯曼人对敌人恨之入骨。君士坦丁堡曾经拒绝投降，现在必须付出代价了。奥斯曼人的大肆屠戮起初"是为了制造普遍的恐怖气氛"[4]。在一个短暂的时间内，"他们手执弯刀，见人就杀，不管男女老幼、健康或是伤残"[5]。有些市民进行了顽强抵抗，"从高处向他们抛掷砖块和铺路石……向他们投掷火把"[6]，这可能愈发激怒了奥斯曼人。大街上血流满地，走路都打滑。

陆墙的高高塔楼上飘扬的苏丹大旗把破城的消息迅速传遍了奥斯曼全军。在金角湾沿岸，守军开始逃窜，奥斯曼舰队加紧攻城，水手们将海墙上的一座又一座城门强行打开。很快，邻近威尼斯人住宅区的普拉泰亚门就被打开了，奥斯曼人的队伍开始深入城市中心。在海岸更远方，哈姆扎贝伊和马尔马拉海上的舰队也得到了消息。急于进城掳掠的水手们把战船重新开到岸边，在海墙上搭起梯子。

在一个较短的时期内，奥斯曼人进行了无区别的恣意屠杀。据哈尔科孔蒂利斯记载，"全城各处如同屠场，大开杀戒，死尸遍地"[7]。张皇失措的人们各投生路、寻求自保。意大利人逃往金角湾，登上船只，而希腊人则逃回家中，保护自己的妻小。有些人在半途被俘，还有人好不容易跑回家中，却发现"妻儿已经被绑架，财物被洗劫一空"。还有的人回家之后，"自己也被俘虏，和亲友妻子一起被捆缚起来、戴上镣铐"[8]。还有很多人抢在入侵者之前回到家中，意识到投降也不会有什么好下场，于是决定死战到底，保护家人。有人躲藏在地下室和蓄水池内，或者稀里糊涂地在城里游荡，等待被俘或者被杀。在金角湾附近的狄奥多西娅教堂的景象特别催人泪下。这一天恰好是圣狄奥多西娅的瞻礼日，对这位圣徒的尊崇礼拜仪式在几百年的热诚信仰中被忠实地传承了下来。教堂的正面装点着初夏的玫瑰。在教堂内的圣徒墓穴处，信徒们按照传统通宵守夜，烛光在短暂的夏夜中闪烁。第二天清晨，信徒的游行队伍向教堂走去，盲目地信任祈祷的神奇力量。他们携带着传统规定的礼物——"装饰华美的蜡烛和神香"[9]前往教堂，在路上被奥斯曼士兵拦住并掳走。全体信徒一个也没能逃脱。拥有祈祷者供奉的大量许愿财物的教堂也横遭掳掠。圣狄奥多西娅的骨骸被丢给了野狗。在城内其他地方，很多妇女一觉醒来，发现入侵者闯入了她们的闺房。

时间一分一秒地流逝，奥斯曼军队认识到了真相——城内已经没有任何有组织的抵抗，于是他们的屠杀变得更有针对性和选择性。根据萨阿德丁的记载，奥斯曼士兵遵循了教法的训令："屠戮他们的老人，俘虏他们的青年。"[10]现在的重点改为活捉俘虏，作为战利品。他们开始捕猎有价值的奴隶：年轻女人、美丽的儿童。"民族、风俗和语言"[11]五花八门的非正规部队（包括基督徒）冲在最前面，"烧杀抢掠、疯狂破坏、恣意侮辱，俘虏和奴役各色人等，不分男女老少，甚至包括教士和僧侣"[12]。对奥斯曼军队暴行的记述大多是基督徒写下的，奥斯曼史学家的描写比较隐晦，但毫无疑问，在这一天上午，君士坦丁堡成了一座人间地狱。史料中包含了一系列生动的记载，甚至总体倾向于奥斯曼帝国的希腊作家克利托布罗斯也描绘了"恐怖、凄惨、超过任何悲剧的惨景"[13]。妇女们被"凶暴地从卧室拖走"；儿童被从父母身边夺走；无力逃跑的老人以及"智障、麻风病人和体弱的人"惨遭"无情的屠杀"[14]。"新生婴儿被扔到广场上。"[15]妇女和男童遭到强暴。奥斯曼人将形形色色的成群俘虏捆成一串，"野蛮地拖走，对其大肆驱赶、厮打、羞辱、推搡，丑恶可耻地将他们驱赶到十字路口，不断侮辱和虐待他们"[16]。幸存者，尤其是"出身贵族富户、品行端正、习惯于足不出户而不抛头露面的年轻女子"[17]遭受的恐怖和折磨是无法想象的。有些少女和已婚女子不愿遭受这样的凌辱，宁愿投井自尽。为了争夺最美丽的少女，奥斯曼士兵发生了争斗，有人因此毙命。

奥斯曼人特别注意教堂和修道院。邻近陆墙的那些教堂或修道院，比如查瑞休斯门旁的圣乔治军用教堂、佩特拉的施洗者圣约翰教堂和科拉修道院，很快就被洗劫一空。被认为具有神力的指路圣母像被砍成四截，分给士兵们，因为它的框架非常值钱。教堂房顶上的十字架被砸倒；士兵们打开了圣徒墓穴，去寻找财物，墓穴内的骨骸被撕成碎片、丢弃到大街上。教堂的财物（圣餐杯、高脚杯，以及"神圣的工艺品和绣有金线、装饰着宝石与珍珠的珍贵而华美的长袍"[18]）全被抢走，贵金属制品被熔化。祭坛被拆毁，"为了寻找黄金……教堂和圣殿的墙壁被搜了个遍"[19]。据莱奥纳德说，"奥斯曼人在圣徒像前强暴妇女"[20]。奥斯曼人冲进女修道院，将修女们"掳到舰队那里，恣意蹂躏"[21]。僧侣们被杀死在各自的房间内，"在教堂内避难的僧侣被拖出去赶走，受尽种种羞辱"。奥斯曼人用铁棒撬开历代皇帝的墓穴，寻找隐藏的黄金。"暴行种种，不一而足。"[22]克利托布罗斯悲哀地记载道。仅仅几个小时的时间，延续 1000 年的基督教君士坦丁堡大体上就无迹可寻了。

**圣索菲亚教堂之门**

在这股汹涌洪流面前，拜占庭人手足无措，还有能力逃跑的人都想方设法逃走。很多人在本能和迷信的驱动下奔向圣索菲亚大教堂。他们记起了那古老的预言：敌人顶多能前进到君士坦丁大帝的柱廊前，也就是大教堂附近，复仇天使就会手执利剑，从天而降，激励城市守军将敌人赶出城市，从"西方世界和安纳托利亚驱逐出去，一直驱赶到波斯边境上一个叫做红苹果树的地方"[23]。在教堂内，大群教士、信徒（包括妇女儿童）聚集起来，准备做晨祷，将自己的命运完全托付给上帝。教堂的巨型青铜门被紧闭起来，并插上门闩。这时是早上 8 点。

城市的某些外围城区得以与敌人协商，进行集体投降。到 15 世纪中叶，由于君士坦丁堡外墙之内的人口急剧下降，城市的某些区域已经发展成了单独的村庄，各自有自己的城墙和木栅。其中的有些村庄，例如马尔马拉海边上的斯图狄翁和金角湾附近的渔村佩特里翁，主动献城投降，条件是奥斯曼人不得劫掠他们的住宅。每个村庄的村长被带去苏丹面前，正式投降。穆罕默德二世可能会派遣一队宪兵去保护这些村庄。根据伊斯兰的战争法则，敌人如此投降之后应当受到保护，因此一些教堂和修道院得以完好无损地保存了下来。在其他地方，仍然有小股守军进行了英勇或者说是绝望的抵抗。在金角湾沿岸，一群克里特水手顽强地据守三座塔楼，拒不投降。整整一个上午，他们都在抵抗试图驱逐他们的奥斯曼士兵。在远离陆墙的海墙上，很多人仍然在继续战斗，他们往往对真实局势一无所知，直到敌人突然从他们背后杀出。有些守军跳墙自杀，其他人则无条件投降。觊觎奥斯曼皇位的奥尔汗王子和他麾下的一小群土耳其人就没有任何选择了，他们只能死战到底。驻扎在牛狮宫①附近海墙上的加泰罗尼亚人也战斗到了最后一息。

在逐渐展开的屠城和劫掠中，奥斯曼水手们做出了一个关系重大的决定。他们看到陆军已经杀进城，害怕自己会失去抢劫的机会，于是把船开到岸边，弃船进城，"去搜寻黄金、珠宝和其他财物"[24]。他们急着登上金角湾的海岸，对从城墙迎面逃窜而来的意大利人视而不见。这对败退的意大利人来说是个千载难逢的机遇。

奥斯曼人在搜寻战利品的过程中越来越疯狂。金角湾岸边的犹太人区很早就被盯上，因为这里是传统的珠宝交易地；意大利商人也是被奥斯曼人高度"青睐"的目标。战利品的搜集渐渐变得更有组织。进入某座房屋的第一批士兵会在屋外竖起旗帜，表示这座房子已经被洗劫一空。其他士兵看到这旗帜，就会去其他地方寻找。"就这样，他们到处插旗，甚至修道院和教堂上也有。"[25]士兵们分成若干组，

---

① 这座宫殿前面曾经有一座小港，其入口处立有公牛和雄狮雕像，因此得名。

将俘虏和战利品运回营地或船上，然后回来继续抢劫。没有任何地方能够幸免："教堂、古老的地下墓穴和墓地、修道院、地下室、密室、墙壁裂缝和大小洞穴。他们还搜索了所有的隐藏角落，如果里面藏着人或者什么东西，就全都拖出来。"[26]甚至有人偷窃堆放在军营、无人看管的战利品。

与此同时，生存斗争仍然在继续。在上午，几百名市民吉星高照，得以逃生。基辅红衣主教伊西多尔在仆人的帮助下，脱掉了自己富丽堂皇的主教袍，换上了一名阵亡士兵的衣服，又给这名死者穿上自己的主教袍。奥斯曼士兵很快遇见了这具身着主教袍的尸体，砍下头颅，举着它在大街上胜利游行。年迈的伊西多尔也很快被俘，但敌人不知道他的高贵身份，而且他年老体衰，似乎不值得贩卖为奴。于是他当场花了一小笔钱，赎回了自己的自由，登上了停泊在港内的一艘意大利船只。奥尔汗王子就没有这么幸运了。他身穿普通士兵的衣服，而且会讲流利的希腊语，希望能够从海墙蒙混过关。但奥斯曼人认出了他，追了上去。他觉得自己只有死路一条，于是跳墙自杀。士兵们砍下了他的头颅，献给了穆罕默德二世。苏丹一直在如坐针毡地等待关于奥尔汗王子命运的消息。其他的主要贵族则被活捉。卢卡斯·诺塔拉斯和他的家人都被俘虏，可能是在他们的宫殿内被抓住的。乔治·斯弗朗齐斯和他的全家也被俘虏了。曾领导反对联合派的僧侣真纳迪奥斯在自己房间被抓获。加泰罗尼亚人一直坚持抵抗，直到全部阵亡或被俘。但奥斯曼人无法将死守金角湾附近塔楼的克里特人逐出。最后有人把这个情况报告给了穆罕默德二世。他做出了一个典型的堂吉诃德式的侠义姿态，允许他们乘坐自己的船只离去。犹豫一番之后，他们接受了这个提议，自由地逃离了君士坦丁堡。

对很多人来说，金角湾似乎是逃生机遇最多的地方。上午，成百上千的拜占庭士兵和平民潮水般涌过狭窄小巷，希望能登上停泊在港内的意大利船只。海墙大门处一片狼藉，乱成了一锅粥。很多人拼命逃窜，跳上拥挤的划桨船，导致船只倾覆沉没，船上的人都被淹死。有些守门人的决定更使得这悲剧场面愈发凄惨。他们看到自己的希腊同胞逃向海滩，又记起了那个预言（在君士坦丁大帝雕像处能够击退敌人），于是决定把门封闭，希望能够借此劝说同胞们回去作战。于是他们从城墙顶端丢弃了城门钥匙，阻止难民逃跑。抵达停泊在岸边的意大利桨帆船的途径已经彻底断绝，海岸上的景象越来越悲惨。"不分男女，甚至僧侣和修女都号啕大哭起来，捶胸顿足，哀求意大利人的船只来救他们。"[27]但桨帆船上的人也是惊慌失措，船长们左右为难，不知如何是好。前线崩溃两个小时之后，佛罗伦萨商人贾科莫·特塔尔迪逃到了岸边，此时只有两个选择，要么游泳去登船，要么坐等"土耳其人的狂暴"。他宁愿冒淹死的风险，于是脱去衣服，游向船只，被拉上了船。他来得正巧。回头望去，只见大约40名拜占庭士兵正在脱去铠甲，准备泅渡逃生，却被奥斯曼军队抓个正着。"愿上帝保佑他们，"[28]特塔尔迪写道。加拉塔市长营救了对岸的一些难民，让他们在相对安全的热那亚殖民地避难。"我冒着很大风险把木栅处的难民救到了加拉塔城内；如此恐怖的景象是闻所未闻的。"[29]

意大利船只上的人们手足无措，不知如何是好，简直像瘫痪了一样。清晨，他们听到宣示抵抗决心的教堂钟声渐渐消逝；当奥斯曼水手驾船抵岸，冲击金角湾海墙时，呼喊声传过了海面。难民们哀求意大利船长把船开到岸边来，或者游向船只，不少人因此淹死。威尼斯人也看到了这凄惨景象，但不敢开船靠岸。他们除了害怕被敌人俘虏外，还担心大群难民蜂拥上船，会让船倾覆。另外，桨帆船的很多船员已经被派去守城，船员严重不足。但奥斯曼水手抛弃了自己的战船，加入抢劫，这是一个天大的好机会，难民们得到逃生的一线希望，尽管这幸运不会持续多久。意大利桨帆船舰队必须在奥斯曼海军重整纪律之前当机立断。

加拉塔人也踌躇不决、忐忑不安。君士坦丁堡陷落的消息传来时，加拉塔市民陷入了恐慌。"我一直深知，一旦君士坦丁堡被攻破，加拉塔也就完了。"[30]加拉塔市长安杰洛·洛梅利诺后来写道。现在的问题是如何应对。穆罕默德二世认为热那亚人与拜占庭合谋（大部分身强体健的加拉塔人的确在金角湾对岸参加战斗，其中包括市长的侄子），现在对热那亚人的态度还不明朗。此时加拉塔城内只有600人。很多人想尽快逃走。一大群人抛弃了家园和财产，登上了一艘热那亚船只逃跑。另外一艘船（乘员大多是妇女）被奥斯曼战船俘获。但洛梅利诺决定给大家树立一个榜样，坚持留下。他推测，如果他也弃城逃跑的话，城市将不可避免地遭到洗劫。

在这些考虑的过程中，威尼斯舰队的指挥官阿卢威克

## 15. 一捧尘土

瑟·迪艾多在他的军械师和外科医生尼科洛·巴尔巴罗陪同下乘船来到加拉塔，与市长商议对策：热那亚和威尼斯的舰船是否应当联合起来对抗奥斯曼军队，两个意大利共和国共同向苏丹正式宣战；或者还是逃跑？洛梅利诺恳求他们先等一等，让他派遣一名使节去穆罕默德二世那里。但对威尼斯船长们来说，时间已经不多了。他们停船等待幸存者从遭到浩劫的城市泅渡上船，已经等了很长时间，考虑到准备出航还需要一定的时间，他们不敢再拖延下去了。迪艾多和他的伙伴们在加拉塔就能看到各艘桨帆船正准备离开金角湾，于是匆匆走过加拉塔的街道，打算返回船上。他们惊恐地发现，为了阻止市民大规模逃跑，洛梅利诺已经封闭了城门。"我们左右为难。"巴尔巴罗回忆道，"我们被关在了城里，桨帆船突然开始扬帆收桨，准备起航，要把他们的指挥官丢下。"[31] 他们可以看到自己的船只准备逃离，而穆罕默德二世一定不会善待敌方舰队的指挥官。他们苦苦哀求市长放他们走。最后他终于准许开门。迪艾多等人总算及时赶到前滩，登上战船。各艘桨帆船被纤夫缓慢地拖向仍然封锁着金角湾入口的铁链。两名船员手执利斧跳入海中，劈砍铁链的木制浮筒，直到把它们砍断。意大利船只一艘接一艘地驶入博斯普鲁斯海峡，而海岸上的奥斯曼指挥官们只能暴跳如雷，却无计可施。意大利舰队绕过了加拉塔，在已经空荡荡的双柱港（奥斯曼海军的基地）展开了队形。他们就在那里等待更多（在岸上作战的）船员和其他幸存者前来，但到中午时分，他们已经可以确定，岸上的人已经全部被杀或被俘，他们不能再等下去了。基督教舰队再次得到了命运的眷顾。4 月底曾经吹拂热那亚船只，让它们在海峡内得以快速北上的南风已经转为风速 12 节的强劲北风。巴尔巴罗承认，要不是幸运地刮起了北风，"我们全都会被俘虏"[32]。

于是，"正午时分，在我主上帝的佑助下，塔纳舰队的指挥官阿卢威克瑟·迪艾多大人乘坐他的桨帆船，扬帆起航"[33]。和他一起逃走的还有一小群来自威尼斯和克里特的各型船只。有一艘来自特拉布宗的大型桨帆船此前已经损失了 164 名船员，人手严重不足，所以起帆非常困难，但因为无人阻挡他们，还是顺利地在马尔马拉海南下，从漂浮在海面上的基督徒和穆斯林的尸体（"如同运河近岸处漂浮的西瓜"[34]）旁驶过，奔向达达尼尔海峡。他们既为自己的幸运感到庆幸，又为遇难的船员感到悲哀，"他们中有些人被淹死，有些人在敌人的炮击中牺牲，或者在战斗中捐躯"[35]，特里维萨诺本人也阵亡了。这些船只载着于最后混乱时刻逃生的 400 名幸存者，以及在城市陷落前就已经登船的很多拜占庭贵族（其数量相当惊人）。还有 7 艘热那亚船只也安全脱离，包括负伤的朱斯蒂尼亚尼乘坐的那艘桨帆船。在他们逃离的同时，哈姆扎贝伊把奥斯曼舰队重新集结起来，绕过金角湾入口，俘虏了仍然停泊在那里的 15 艘船只（分别属于拜占庭皇帝、安科纳和热那亚），其中有些船只满载难民，严重超载，无法航行。还有很多难民站在前滩，凄惨地号哭，向驶离的桨帆船哀求。奥斯曼水兵把这些难民围起来，驱赶到他们自己的战船上。

## 15. 一捧尘土

从陆墙到市中心的距离是 3 英里。黎明时分，一群群意志坚定的近卫军士兵已经从圣罗曼努斯门沿着通衢大道挺进，向圣索菲亚大教堂进发。除了红苹果的传说外，奥斯曼军营里还流传着另一个传说：圣索菲亚大教堂（在一连好多周徒劳无功的围城战中，他们都能够清楚地看到这座大教堂矗立在远方地平线上）的地下室里储藏着海量的金银和宝石。近卫军士兵们大踏步穿过一贫如洗的广场和空荡荡的大道，经过公牛广场和狄奥多西广场，沿着通往城市心脏的梅塞大道（意思是"中央大道"）前进。其他的士兵则穿过北面的查瑞休斯门，经过圣使徒教堂。这座教堂没有遭到抢劫，因为穆罕默德二世似乎在这里部署了警卫，以遏制士兵们对城市建筑物的全面破坏。近卫军一路上几乎没有遭受任何抵抗。他们抵达君士坦丁广场，城市的奠基者从宏伟的柱廊上俯视他们，但并没有天使从天而降，挥舞带烈火的利剑将他们逐退。同时，金角湾和马尔马拉海两支舰队的水手们蜂拥着冲过半岛北端的集市和教堂。到早上 7 点，近卫军和水手都抵达了市中心，潮水般涌入奥古斯都广场。拜占庭帝国仍然幸存的最恢宏的纪念碑就屹立于此，查士丁尼的骑马像仍然朝向初生的旭日；米利翁（帝国全境计算距离的基石）也坐落在这里。查士丁尼骑马像的一侧是赛马场和君士坦丁大帝当初的一些战利品，这些战利品把城市与更久远的古代联系了起来：来自德尔菲的阿波罗神庙的奇异的三头巨蛇铜像、公元前 479 年普拉蒂亚战役中希腊人大败波斯人留下的纪念品，甚至还有更古老的埃及法老图特摩斯三世时期的石柱。奥斯曼士兵第一次仰视这石柱时，它的打磨花岗岩表面上保存极好的象形文字已经有 3000 年的历史。在查士丁尼骑马像的另一侧就是圣索菲亚大教堂，它"直冲云霄"[36]。

在教堂内，晨祷仪式已经开始，九扇巨大的木门（表面镶有黄铜，顶端立有保护它的十字架）紧紧关闭。人数众多的信徒在祈祷天降奇迹，救他们免受门外敌人的伤害。女性信徒按照通常的规矩，在二层廊台祈祷，男人们则在一层。教士们在祭坛前主持礼拜。有些人躲藏在巨大教堂最隐秘的角落里，爬到检修管道里或者屋顶上。近卫军士兵冲进内院，发现大门紧闭，于是开始撞击最中间那扇门，即专供皇帝及其扈从进出的皇室之门。在斧子的持续猛击下，4 英寸厚的木门终于动摇，轰然打开，奥斯曼军队涌入宏伟的教堂。在他们头顶上，蓝金两色的马赛克基督像面无表情地注视着入侵者，右手举起，做出降福的动作，左手捧着一本书，上面写着"祝你平安，吾乃世界之光"的字样。

我们可以说，就在奥斯曼人最后砍倒圣索菲亚大教堂大门的那个瞬间，拜占庭彻底咽气了。圣索菲亚大教堂曾目击帝都的很多戏剧性场面。这个地点最早的教堂屹立了 1100 年，随后查士丁尼建造的伟大教堂又延续了 900 年。这座恢宏的建筑反映和亲历了这座城市风起云涌的精神生活和世俗生活。历代皇帝（除了末代皇帝，这的确是个不祥的例外）都在这里加冕。拜占庭帝国历史上很多决定命运的事件就在"由一条金链从天堂垂悬"[37]的巨大穹顶下上演。它的大理石地板上曾经有鲜血飞溅；这里曾经发生过暴乱；多位牧首和皇帝曾在这里避难，躲避暴民和阴谋作乱者，或者被从这里强行拖走。穹顶曾被地震摧毁过三次。教堂威风凛凛的门廊曾经目睹教皇特使手持绝罚诏书冲进来。维京人曾在它的墙壁上乱涂乱画。野蛮的法兰克十字军曾经无情地将它洗劫一空。就在这里，俄罗斯访客被东正教仪式的超脱凡俗之美深深震撼，以致整个俄罗斯民族都皈依了东正教。还是在这里，人们因宗教分歧而争吵不休，前来祈祷的普通信徒的脚将地板磨平。圣索菲亚大教堂（"索菲亚"的意思是"智慧"）的历史就是拜占庭的影子：既圣洁又世俗，既神秘又赏心悦目，既美丽又残酷，高度地不理性，既属神又属人。在 1123 年又 27 天之后，它的历史即将落幕。

士兵们破门而入时，畏缩的人群发出一声恐惧的哀号。人们向上帝祈祷，但无济于事。他们被"一网打尽"[38]，很少发生流血事件。少数抵抗的人，或许还有一些年老体衰的人被杀死，但大部分人"像绵羊一般"[39]束手就擒。奥斯曼军队的目标是战利品和利润。每名士兵都努力去控制自己的俘虏，对性别不同、年龄各异的俘虏的哭喊充耳不闻。在争夺最有价值奴隶的斗争中，一些年轻女人险些被撕碎。修女和大家闺秀、青年和老人、主人和奴仆被捆缚在一起，然后被拖出教堂。士兵们用女人们自己的面纱捆她们，用绳索捆缚男人。士兵们分成若干组，每个人都带领自己的俘虏走到"一个特定地点，把他们交给别人看管，然后返回教堂去抓第二批，甚至第三批俘虏"。不到一个小时，教堂内的全体信徒都被捆了起来。"无休无止的俘虏队伍，"杜卡斯记载道，"如同成群牛羊，涌出教堂和圣殿，那景象真是非同寻常!"[40]凄惨的哀恸之声在这个清晨回荡。

然后，士兵们把注意力转向教堂内的宝物。他们把圣像砍成碎片，拆下珍贵的金属框架，"一瞬间就夺走了保管在圣殿内的珍贵而神圣的圣物、金银器具和其他贵重物品"[41]。然后是其他各种装置和器皿，穆斯林认为它们既是冒犯真主的偶像，也是正当的战利品：金链、枝状大烛台、油灯、圣像屏、祭坛及其饰物、教堂家具、皇帝宝座。很快，所有的东西要么被抢走，要么被就地摧毁，教堂变得"空空如也，万分凄凉"[42]（这是杜卡斯的说法）。大教堂成了一个空壳。这个对希腊人来说的决定性时刻还产生了一个传说，典型地体现出了他们亘古不变的对奇迹的迷信，以及对圣城的渴望。根据这个传说，当士兵们走向祭坛时，教士们拿起了圣礼器皿，接近了圣殿，这时墙壁洞开，让他们进去，随后又封闭如初。教士们将停留在那里，直到将来有一位东正教皇帝恢复圣索菲亚大教堂。这个传说的基础可能是，教堂与其后方的牧首宅邸之间有一条古老通道，有些教士可能得以借此逃生。不过也发生了一件大快人心的事情。奥斯曼军队打开了备受拜占庭人仇恨的威尼斯执政官恩里科·丹多洛的墓穴，就是他在250年前洗劫了君士坦丁堡。他们在墓穴里没有找到财宝，于是将丹多洛的骨骸扔到了大街上，任凭野狗啃咬。

整个上午，穆罕默德二世一直留在城墙外的军营内，等待关于城市投降和遭劫掠的报告。他接到了一连串消息，还接见了多个战战兢兢的市民代表团。加拉塔市长的使节呈上礼物，希望苏丹保证加拉塔中立的条约仍然有效，但苏丹没

## 15. 一捧尘土

有给出明确的答复。士兵们献上了奥尔汗的头颅，但穆罕默德二世最想看的是君士坦丁十一世的首级。皇帝的最终命运和对他死亡的确认仍然扑朔迷离、不足凭信。很长一段时间里，一直没有关于皇帝结局的可靠报告。穆罕默德二世可能下令对战场进行了搜寻，寻找他的尸体。当天晚些时候，一些近卫军士兵（可能是塞尔维亚人）向苏丹进献了一枚首级。据杜卡斯的说法，卢卡斯·诺塔拉斯大公当时也在场，他确认这就是他主公的头颅。这枚首级被悬挂在圣索菲亚大教堂对面的查士丁尼石柱上，以向希腊人宣示，他们的皇帝已经殒命。后来，头颅的皮肤被剥去，在皮肤里面塞满稻草，然后送到伊斯兰世界的各个主要宫廷，在华丽的仪式中昭示天下，作为权威和征服的象征物。

皇帝的真实死因（当然，还有人怀疑，他根本就没有死）仍然无法确定。没有任何可靠的现场目击证人，因此众说纷纭，各种理论互相驳斥，均不足凭信。奥斯曼史学家都对皇帝之死做了贬抑但非常具体的描述，其中很多描述都是在事件发生很久之后才写下的，有可能是基于先前的记载。据他们的描述，"愚钝而盲目的皇帝"[43]看到大事不妙，企图逃跑。他带领随从，沿着陡峭的街道奔向金角湾或马尔马拉海，去寻找船只，途中遭遇了一群正在抢劫的土耳其步兵和近卫军。"随后爆发了一场绝望的激战。皇帝策马攻击一名负伤的土耳其步兵，不料马失前蹄，这名步兵站起身来，砍掉了皇帝的脑袋。其他拜占庭人看到皇帝已死，斗志顿时瓦解，大部分人都被杀死或者俘虏。皇帝随员携带的大量金钱和珠宝也被抢走。"[44]

　　希腊人的说法一般都是，在前线崩溃之时，皇帝率领一群忠实的贵族向城墙处的敌人冲杀，最后英勇牺牲。根据哈尔科孔蒂利斯的说法，"皇帝转向坎塔库泽努斯和还在他身边的少数人，说道：'那么，大家一起冲，杀掉这些野蛮人！'勇敢的坎塔库泽努斯不幸阵亡，君士坦丁十一世皇帝则被击退，遭到无情的追杀，肩膀负伤，随后被杀死"[45]。这个故事有很多版本，皇帝要么是在圣罗曼努斯门处的死人堆那里，要么是在一座紧锁的边门附近被杀死。所有的版本都为希腊人提供了一个关于皇帝的永不磨灭的传奇。"君士坦丁堡的皇帝被杀了。"贾科莫·特塔尔迪的记载非常简单直白，"有人说他的首级被砍下，有人说他死在冲击城门的拥挤人群中。这两种说法都很有可能是真的。""他被杀死后，首级被插在一根长矛上，献给土耳其苏丹。"[46]驻君士坦丁堡的安科纳领事本韦努托如此写道。奥斯曼人未能明白无误地辨认君士坦丁十一世的尸体，这说明他很可能在最后的鏖战中脱去了皇袍，像普通士兵一样阵亡了。很多死尸都遭到斩首，无头尸体是很难辨认的。离奇的传说比比皆是，有人说他乘船逃走了，但这种说法可以否定。还有人说，穆罕默德二世把他的尸体交给了希腊人，安葬在城市的某地（关于具体地点也有好几种说法），但可靠的地点无法确认。由于皇帝的结局无法确定，希腊人围绕着他编织出了越来越多的传奇，用谣曲和哀歌来寄托他们对往昔光荣的渴望：

　　　　哭泣吧，东西方的基督徒，为这可怕的毁灭流泪哭

# 15. 一捧尘土

泣吧。1453 年 5 月 29 日，星期二，夏甲①的子孙占领了君士坦丁堡……当君士坦丁·德拉伽塞斯……听到这消息，他抓起长枪，佩上利剑，纵身跨上他的白蹄母马，狠狠地打击土耳其人，那些不虔诚的野狗。他一连斩杀了 10 名帕夏和 60 名近卫军，但他的利剑裂口，长枪折断，他茕茕孑立，孤立无援……一个土耳其人击中了他的头部，可怜的君士坦丁坠下马来。他躺在尘土与鲜血中。他们砍下了他的首级，将它插在一根长矛的矛尖，将他的尸体埋葬在一株月桂树下。[47]

"不幸的皇帝"享年 49 岁。不管他的结局究竟如何，可以确信的是，为了维持拜占庭的香火，他竭尽全力奋斗到了最后一刻。"伊斯坦布尔②的君主英勇无畏，不肯投降"[48]，奥斯曼史学家奥鲁奇如此宣称。奥斯曼人是很少这样尊重敌人的，看来君士坦丁十一世的确是一位令人敬畏的对手。

当天晚些时候，城内的混乱渐渐平息，秩序有所恢复，穆罕默德二世胜利进入了君士坦丁堡。他骑马经过了查瑞休斯门（后来被土耳其人更名为埃迪尔内门），众位维齐尔、高级贝伊、乌理玛、指挥官、精锐部队、侍卫和步兵徒步前进，众星捧月地簇拥在他身旁，这个盛大场面后来被传说描

---

① 夏甲是《圣经·创世记》中记载的亚伯拉罕妻子撒拉的一名埃及使女。夏甲为亚伯拉罕生下了儿子以实玛利。伊斯兰教鼻祖穆罕默德自称是以实玛利的后裔，大部分穆斯林也视自己为以实玛利的后裔。
② "伊斯坦布尔"是土耳其语对君士坦丁堡的称呼。

313

绘得更加宏大。队伍叮当作响地穿过拱门的时候，旗手们展开了绿色的伊斯兰旗帜和苏丹的红色旌旗。穆罕默德二世入城的景象很可能是土耳其历史上仅次于凯末尔·阿塔图尔克①肖像的最著名的图景，并成为无数诗歌和绘画的主题，世代传扬。在 19 世纪的绘画中，蓄着络腮胡子的穆罕默德二世腰杆笔直地骑着骏马，无比自豪地前进，面庞转向一侧。他的两侧簇拥着蓄着小胡子、高大强健的近卫军（他们肩扛火绳枪、长枪和战斧）和胡须雪白的伊玛目们（他们的白胡须象征伊斯兰的智慧）。在背景中，迎风招展的大小旗帜以及森林一般密集的矛枪遮蔽了地平线。在图画左侧有一名黑人战士，肌肉结实得像健身运动员一样，他骄傲地屹立在那里，代表其他信仰伊斯兰教的民族，欢迎众位圣战者来接纳先知曾许诺的遗产。他的弯刀指向苏丹脚下的一堆基督徒的尸体，这些敌人的盾牌上都带有十字架，这是对十字军东征的回忆，也是伊斯兰教战胜基督教的象征。根据传说，穆罕默德二世停了下来，向真主感恩。然后他转向他的"7 万或 8 万名穆斯林英雄"[49]，表示祝贺，喊道："征服者

---

① 凯末尔·阿塔图尔克（1881～1938），现代土耳其共和国的创建者。少年时入军校受训，毕业时成绩优良，后来对帝国的政治渐生不满，加入了一个土耳其民族主义组织——统一与进步委员会。第一次世界大战期间，他为政府作战，在加里波利打败协约国军队。最后，协约国胜利，英国、法国和意大利军队进驻安纳托利亚；凯末尔被指派去维持秩序，他趁机鼓动人民反抗这些入侵者。拜奥斯曼帝国失败之赐而获有土地的希腊和亚美尼亚积极反对土耳其民族主义，但凯末尔击败了所有的反对势力，于 1932 年建立土耳其共和国。1934 年，他被尊为"阿塔图尔克"（意为"土耳其之父"）。凯末尔实施西化政策，不再强调宗教，解放妇女，强制使用姓氏，抛弃伊斯兰教的法律制度，以拉丁字母代替阿拉伯字母，把积贫积弱的奥斯曼帝国改革为一个现代化国家。

们，不要停步！赞美真主！你们是君士坦丁堡的征服者！"
就在这个代表性的时刻，他正式启用了"法提赫"（意为
"征服者"）这个称号，后来土耳其语中就一直用这个名字
称呼他。就在这个瞬间，奥斯曼帝国的霸业正式奠定。这一
年，他21岁。

然后，他策马进入城市中心，去查看那些他曾在远方清
楚地想象的建筑物，经过使徒教堂和宏伟的瓦伦斯高架水渠，
前往圣索菲亚大教堂。他或许并没有被看到的景象深深震撼，
而是严肃起来。君士坦丁堡更像是一座毁于人手的庞贝古城，
而不是黄金城市。放纵的军队忘记了不得破坏建筑的敕令。
根据克利托布罗斯的有些夸张的说法，奥斯曼军队"如同烈
火或者旋风一般向城市猛扑……全城空空荡荡，惨遭蹂躏，
似乎被火烧烤得枯焦……剩下的房屋全都遭到了严重破坏，
完全成了废墟，这巨大的破坏惨景让所有目睹它的人都心生
恐惧"[50]。虽然苏丹向军队许诺劫掠三天，但城市在一天之
内就被洗劫一空。为了阻止更多破坏，苏丹背弃了自己的诺
言，命令在第一天落日时就停止劫掠。传令官们能够确保官
兵们服从这道命令，这说明奥斯曼军队的纪律的确非常严明。

穆罕默德二世策马前行，沿途不时停下，去查看某些标
志性建筑。根据传说，他在经过德尔菲的巨蛇柱时，用钉头
锤砸断了其中一个蛇头的下颚。他经过查士丁尼雕像，来到
圣索菲亚大教堂的前门，翻身下马。他匍匐在地，将一捧尘
土倾洒在自己头巾上，向真主表示自己的谦卑。然后他走进
了惨遭洗劫的教堂。眼前的景象似乎让他既震撼又惊骇。他
穿过巨大的教堂空间，凝视穹顶，看到一名士兵在砸大理石

地面。他问这个士兵，为什么要拆毁地面。"为了信仰。"那人答道。穆罕默德二世见这人如此堂而皇之地违背保护建筑的命令，拔剑就砍。穆罕默德二世的侍卫们将这个被砍得半死的人拖了出去。一些躲藏在最深远角落的希腊人走了出来，跪倒在苏丹脚下。一些教士也走了出来，或许就是那些被墙壁神奇地"吞没"的人。性格反复无常、难以捉摸的穆罕默德二世大发慈悲，命令士兵保护这些人回家。然后他招来一名伊玛目，让他走到讲坛上，召唤众人祈祷。他自己则爬上祭坛，跪拜下来，向得胜的真主祈祷。

据奥斯曼史学家图尔松贝伊说，穆罕默德二世随后"在真主之灵升上第四层天堂"时，通过教堂的廊台登上了屋顶。从那里，他可以俯瞰教堂和这座基督教城市的古老心脏。他可以清楚地看到一个曾经无比辉煌和自豪的帝国的衰败惨景。教堂周边的很多建筑已经坍塌，包括赛马场地势较高的座位区的大部分，以及古老的皇宫。这座皇宫一度是皇权的中心，早已成为废墟，因为它在 1204 年被十字军彻底摧毁了。在他纵览下方的凄凉景象时，"他想到了这个世界的变幻无常，以及它的最终毁灭，"还记起了追忆阿拉伯人于 7 世纪灭亡波斯帝国的两行诗句：

在霍斯劳的皇宫，如今蜘蛛是卷帘人，

阿弗拉西亚布①的城堡中，猫头鹰发出换岗命令。[51]

① 阿弗拉西亚布是波斯神话传说中的英雄、国王、巫师和战士。土耳其人吸纳和改编了关于他的传说，使他成为土耳其民族的英雄。

# 15. 一捧尘土

这是幅哀伤的景象。穆罕默德二世的梦想都实现了；在这个奠定了奥斯曼帝国在当时的超级大国地位的光辉日子的末尾，他已经想到帝国的衰落。他骑马穿过惨遭蹂躏的城市，返回军营。长长的俘虏队伍被驱赶着进入壕沟外临时搭起的帐篷。全城 5 万居民的绝大部分都被押回了战船或者军营。当天可能有 4000 名基督徒在战斗中丧生。与家人分开的儿童呼喊着母亲，男人寻找妻子，"所有人都被这场浩劫惊得呆若木鸡"。在奥斯曼军营，人们点燃篝火，庆祝胜利，伴随着笛子和鼓点载歌载舞。士兵们给马匹披上教士的服装，嘲讽地举着戴有土耳其帽子的十字架在奥斯曼军营内游行。人们用战利品做交易，买卖宝石。据说有人"用几个铜板就能买到很多珠宝"[52]，"金银贱如锡"[53]，因此一夜暴富。

如果说这一天发生了可怕的大屠杀和其他暴行，这绝不是伊斯兰世界独有的。在中世纪，任何一支攻破敌城的军队都会大开杀戒、恣意劫掠。拜占庭历史上也有很多类似的例子，如果说是由于宗教原因，也纯属偶然。奥斯曼人对君士坦丁堡的洗劫并不比拜占庭人在 961 年对克里特岛上的撒拉森城市甘地亚的劫掠（当时，绰号"撒拉森人的白死神"的尼基弗鲁斯二世·福卡斯放纵他的军队，对甘地亚血洗了整整三天）更残暴；也并不比 1204 年十字军对君士坦丁堡的破坏更糟糕；奥斯曼人的行为比 1183 年拜占庭人毫无理性的排外暴行（拜占庭人当时屠杀了君士坦丁堡城内的几乎所有拉丁人，"包括妇女、儿童、老弱，甚至医院里的病人"[54]）更加有组织有纪律。1453 年 5 月 29 日的黑夜降临在博斯普鲁斯海峡和君士坦丁堡，潜入圣索菲亚大教堂穹顶的窗户，完全遮蔽了历代帝王和天使的马赛克肖像、斑岩廊柱、缟玛瑙和大理石地面、被砸碎的家具和地上的一摊摊血迹。拜占庭就这样消失了，永远地消失了。

马尔马拉海岸的何弥达斯（Hormisdas）宫殿残垣

# 16. 世界的梦魇
## 1453～1683 年

前狼后虎，左右为难。[1]

——加拉塔市长安杰洛·洛梅利诺写给

兄弟的信，1453 年 6 月 23 日

奥斯曼人破城不久之后，就开始论功行赏。次日，他们对战利品作了分配。根据传统，穆罕默德二世作为最高统帅，理应享有全部战利品的五分之一。他将自己分得的希腊奴隶安置在城市内靠近金角湾的法纳尔区，这个城区一直到现代都是个传统的希腊人聚居区。大部分普通市民，大约有3 万人，被送到了埃迪尔内、布尔萨和安卡拉的奴隶市场。其中有少数重要人物后来被赎买并重获自由，因此我们知道他们的命运。其中有马修·卡马里奥特斯，他的父兄均在围城中丧生，全家失散。他历经艰难险阻，拼命去寻找家人。"我从一个地方赎回了妹妹，从另一个地方赎回了母亲；然

后是我的侄子。让上帝欢欣的是，我让他们重获自由。"但总的来讲，他的经历仍然是十分凄惨的。除了亲人的遇难和离散之外，最让卡马里奥特斯伤心欲绝的是，"我的四个侄子当中有三个，历经磨难，由于青年人的脆弱，背弃了基督教信仰……如果我父亲和兄弟还活着的话，或许就不会发生这样的事情……所以我的生活，如果还能算得上生活的话，充满了痛苦和悲哀"[2]。基督徒改信伊斯兰教的事情并不罕见，因为他们曾经试图通过祈祷和圣物的力量挽救这座得到上帝保护的城市，不让它被伊斯兰世界征服，这样的努力都彻底失败了。更多的俘虏则融入了奥斯曼帝国的基因库，借用亚美尼亚诗人安卡拉的亚伯拉罕的哀叹，"如同尘土一般，四散到全世界"[3]。

幸存的君士坦丁堡显贵很快就受到命运的裁决。穆罕默德二世扣押了所有能找得到的重要人物，包括卢卡斯·诺塔拉斯大公及其家人。穆罕默德二世将威尼斯人视为自己在地中海的主要对手，因此对他们的惩罚特别严厉。威尼斯殖民地的市政官米诺托曾在城防作战中起到重要作用。他和他的儿子，以及其他威尼斯显贵全部被处决。还有 29 名威尼斯人被赎回了意大利。加泰罗尼亚领事及他的一些主要部下也被处死。奥斯曼人还四处搜寻两名联合派教士——希俄斯岛的莱奥纳德和基辅的伊西多尔，但他们都乔装打扮，安全逃走了。奥斯曼人还在加拉塔寻找幸存的博基亚尔多两兄弟，但也徒劳无功。他们藏匿起来，躲过了这场浩劫。

加拉塔市长安杰洛·洛梅利诺果断地采取行动，努力去拯救热那亚殖民地。加拉塔曾与君士坦丁堡并肩作战，因此很容易遭到苏丹的直接打击报复。洛梅利诺在给自己兄弟的信中写道，苏丹"说，我们竭尽全力去帮助君士坦丁堡的防御……他这么说当然是正确的。我们面临灭顶之灾，必须顺从他的意志，躲避他的怒火"[4]。穆罕默德二世下令立即摧毁加拉塔的城墙（海墙除外）、壕沟和防御塔，并命令他们交出火炮及其他所有武器。市长的侄子和一些拜占庭贵族子弟被送到苏丹的皇宫当差，作为人质。这项政策既能保障加拉塔人的俯首听命，也能为帝国的行政管理提供年轻而受过教育的人才。

就在这一背景下，苏丹对卢卡斯·诺塔拉斯大公的命运做出了定夺。诺塔拉斯是拜占庭贵族中等级最高的一位，他在围城战期间的角色颇具争议，意大利人一直对他大肆攻击。诺塔拉斯显然是反对东西方教会联合的；他常说："宁愿要苏丹的头巾，也不要红衣主教的冠冕"。意大利作家常用这个例子来证明东正教希腊人的顽固不化。穆罕默德二世最初似乎打算任命诺塔拉斯为城市的行政长官，这体现了苏丹对君士坦丁堡的筹划的深层次方略，但很可能被大臣们说服，改了主意。根据笔触始终生动鲜明的杜卡斯的记载，穆罕默德二世"酩酊大醉"，命令诺塔拉斯交出自己的儿子，以满足苏丹的欲望。诺塔拉斯拒绝了这个要求，穆罕默德二世就派刽子手去杀他全家。刽子手杀死诺塔拉斯家的所有男性后，"捡起首级，返回到宴会上，将它们献给那嗜血的野兽"[5]。更有可能的真实情况是，诺塔拉斯不愿意将他的孩子送去做人质，而穆罕默德二世感到，让拜占庭的头号贵族活下去的风险太大。

将圣索菲亚大教堂改建为清真寺的工程马上开始了。工匠们很快建起了一座木制尖塔，用于宣礼（召唤信众前来祈祷）；同时粉刷了墙壁，将华丽的马赛克图案遮盖，但保留了穹顶下的四幅守卫天使像。穆罕默德二世出于对此地魂灵的尊重，决定保留这四幅天使像。古老城市中的其他一些"异教"标志物也在一段时间内得以完好地保存：查士丁尼骑马像、来自德尔菲的巨蛇柱和埃及石柱。穆罕默德二世毕竟还是非常迷信的。6月2日，穆斯林第一次在今天所称的圣索菲亚清真寺进行周五祈祷，"宣读了伊斯兰祷文，诵读了圣战者苏丹穆罕默德汗的名字"[6]。按照奥斯曼史学家的说法，"全城都听得见重复五次的甜美的穆斯林信仰咏唱"[7]。在一个虔诚的时刻，穆罕默德二世为城市取了一个新名字——"伊斯兰堡"，这在土耳其语中是一个双关语，意思是"遍布伊斯兰"。但这个名字没能打动土耳其人的耳朵。谢赫阿克谢姆赛丁还奇迹般地很快找到了艾优卜的坟墓。这位先知的旗手在669年阿拉伯人首次攻打君士坦丁堡的战役中牺牲，他的死极大地激励了攻打这座城市的圣战。

　　穆罕默德二世虽然表现出了穆斯林的虔诚，但他对城市的重建工作在传统伊斯兰教义看来是非常有争议的。穆罕默德二世对君士坦丁堡遭到的严重破坏深感不安。据说在首次视察城市的时候，他曾说："我们劫掠和毁灭的是怎样一座城市啊。"[8]6月21日，他骑马返回埃迪尔内时，离开的无疑是一座空空荡荡的凄凉废墟。在他在位期间，对帝都的重建将是一项主要工作，但他仿效的模板却不是伊斯兰的风格。

　　于5月29日逃离君士坦丁堡的基督教船只把城市陷落

的噩耗带回了西方。6 月初，3 艘船只抵达了克里特，船上的水手曾经顽强地防守塔楼，迫使穆罕默德二世释放他们。他们带来的消息让全岛无比惊恐。"如此可怕的事情，前所未闻，将来也不会再有。"[9]一名僧侣写道。同时，威尼斯桨帆船群抵达了希腊外海的内格罗蓬特岛①，令岛民陷入恐慌。当地的市政官费尽九牛二虎之力才说服群众，阻止他们全部撤离岛屿。他向威尼斯元老院送去了十万火急的信件。随着船只在爱琴海上来往穿梭、传递消息，君士坦丁堡陷落的噩耗很快传遍了地中海东部的各个岛屿和海港，传到了塞浦路斯、罗得岛、科孚岛、希俄斯岛、莫奈姆瓦夏、莫东②、勒班陀。这消息就像一块巨石坠入地中海一样，掀起了恐慌的惊涛骇浪，一直席卷到直布罗陀海峡，甚至更远方。1453 年 6 月 29 日，这个消息抵达了欧洲大陆的威尼斯。当时元老院正在开会。一艘来自勒班陀的快速单桅帆船停靠在圣马可湾的木制栈桥旁，人们从窗户和阳台上探出身来，急切地询问关于君士坦丁堡、他们的亲属和商业利益的消息。当他们得知君士坦丁堡已经陷落时，"不禁号啕大哭，泪水四溅，呻吟不止……所有人都捶胸顿足，撕扯自己的脑袋和双手，哀悼自己的父亲或儿子或兄弟，或者为了自己财产的损失而伤心"[10]。元老们听到这消息时，目瞪口呆，投票被暂时搁置。大批信件被快马加鞭地送到意大利各

---

① 即希腊的优卑亚岛，是希腊仅次于克里特岛的第二大岛。威尼斯人将这个岛称为"内格罗蓬特"，这个名字在意大利语中的意思是"黑桥"。

② 希腊南部麦西尼亚州的港口城市，今称迈索尼。"莫东"是威尼斯人给它取的名字。

地，报告关于"君士坦丁堡和佩拉（加拉塔）两座城市恐怖而可悲的陷落"[11]的消息。噩耗于 7 月 4 日抵达博洛尼亚，7 月 6 日抵达热那亚，8 日抵达了罗马，随后不久又传到了那不勒斯。起初，很多人都不肯相信，固若金汤的君士坦丁堡居然也会被攻破；他们确信消息确凿无疑后，大街小巷上披麻戴孝、万分悲痛。恐怖气氛更使得各种飞短流长被大大夸张。有人说，君士坦丁堡年纪在 6 岁以上的人全被屠杀，有 4 万人被土耳其人戳瞎眼睛，所有教堂都被夷为平地，苏丹正在集结大军，即将入侵意大利。人们口口相传，特别强调土耳其人的野蛮残暴和他们对基督教世界的迅猛攻击。这些主题将在欧洲回响数百年。

如果说在中世纪的事件中也有一个瞬间蕴含着现代性的情感的话，那就是人们对君士坦丁堡陷落消息的反应。就像肯尼迪遇刺或者"9·11"事件一样，全欧洲的人都能清楚地记得，在最早听到消息的时候，他们自己在什么地方。"土耳其人占领君士坦丁堡的那天，天色阴沉。"[12]一名格鲁吉亚史学家写道。"我们听到的关于君士坦丁堡的消息是多么可憎！"恩尼亚·席维欧·皮可洛米尼①在给教皇的信中写道，"我写字的时候，手都在颤抖。"[13]消息传到德意志的时候，弗里德里希三世流下了眼泪。航船、快马和歌谣以最快的速度把这一消息传向欧洲的各个角落。它从意大利传向法兰西、西班牙、葡萄牙、低地国家、塞尔维亚、匈牙利、

---

① 即后来的教皇庇护二世（1405～1464，1458～1464 年在位），他同时也是一位人文主义者、诗人和历史学家。

波兰和更远方。在伦敦，一位史学家写道，"这一年，基督徒丢失了高贵的君士坦丁的城市，它被土耳其人的君主穆罕默德夺去了"[14]。丹麦与挪威国王克里斯蒂安一世将穆罕默德二世描述为《启示录》里从大海中崛起的野兽。欧洲各国宫廷之间的外交渠道持续回荡着消息、警告和对新的十字军东征的设想。在整个基督教世界，人们写下了数量惊人的信件、史书、预言、歌曲、哀歌和布道，被翻译成基督教世界的所有语言，从塞尔维亚语到法语，从亚美尼亚语到英语。不仅宫殿和城堡内在讲述君士坦丁堡的故事，十字路口、市场和客栈里也在大谈特谈这个话题。它传到了欧洲最遥远的角落和最贫贱之人的耳边：渐渐地，甚至冰岛的路德派祈祷书里也恳求上帝救助他们，避开"教皇的奸诈和土耳其苏丹的恐怖"[15]。新的反伊斯兰浪潮才刚刚开始。

在伊斯兰世界，虔诚的穆斯林欢欣鼓舞地迎接这个消息。10 月 27 日，穆罕默德二世的一名使节抵达开罗，带来了君士坦丁堡陷落的消息，还带来了两名希腊贵族俘虏，作为证据。据穆斯林史学家的记载，"埃及苏丹和所有人都为这伟大的征服而欢呼雀跃；每天早晨，都会高声宣布这一喜讯；开罗城张灯结彩两天……人们对商店和房屋做了极其奢华的装点，以此庆祝……我说，应当感谢真主，这了不起的胜利都属于他"[16]。对伊斯兰世界来说，这是一场意义极其重大的胜利。被认为是穆罕默德说出的古老预言终于实现了，伊斯兰信仰向全世界传播的前景一下子又乐观起来。奥斯曼苏丹赢得了超人的威望。穆罕默德二世还按照惯例向伊斯兰世界的主要君主送去了捷报，借此宣示自己作为圣战的真正领袖的地位，并启用了"征服者"的称号，"哈里发的呼吸之风"将他与伊斯兰早期的光荣历史紧密联系了起来。据杜卡斯的记载，君士坦丁十一世的"塞满稻草"的首级还被送到"波斯人、阿拉伯人和其他突厥人的领袖"[17]那里。穆罕默德二世给埃及、突尼斯和格拉纳达的统治者分别送去了400名希腊儿童。这不仅仅是礼物。穆罕默德二世这是在索取信仰捍卫者的地位以及与之相伴的最终战利品：对麦加、麦地那和耶路撒冷这三个圣地的保护权。他专横地训斥开罗的马穆鲁克苏丹："保持穆斯林朝觐道路的畅通，是你的责任；我们的义务则是提供圣战者。"[18]同时，他还自称为"两片大海与两块陆地的君主"、诸位恺撒的帝国的继承人。他的雄心是建立一个世界帝国，既是世俗的，也是宗教的："全世界只能有……一个帝国、一个信仰、一个君主。"[19]

在西方，君士坦丁堡的陷落没有带来任何实质性改变，但同时也造成了翻天覆地的变化。对那些了解局势的人来说，君士坦丁堡显然是不可能守得住的。它是一块被彻底孤立的飞地，被吞并是不可避免的。就算君士坦丁十一世击退了奥斯曼军队，城市也迟早会被攻破。对那些关心此事的人来说，君士坦丁堡的陷落（或者说是"伊斯坦布尔被占领"，这取决于不同的宗教角度）总的来讲是对一个既成事实的象征性确认：奥斯曼帝国已经是一个世界霸权，在欧洲站稳了脚跟。但很少有人对局势如此洞若观火。就连威尼斯人（他们通过间谍和发往元老院的持续不断的外交情报，对时局有相当准确的把握）也大体上不了解穆罕默德二世的军事实力。"我们的元老不相信土耳其人能有一支舰队，去攻打君士坦丁堡。"[20]马尔科·巴尔巴罗（Marco Barbaro）对威尼斯人援救努力的迟缓评论道。他们同样也未能认识到火炮的威力和穆罕默德二世的坚定意志与足智多谋。君士坦丁堡的陷落强调了地中海的权力平衡发生的巨大变化，并让基督教国家清楚地认识到了他们自己受到的严重威胁。在过去，由于有君士坦丁堡的缓冲，基督教国家自认为安全，因而对奥斯曼帝国的威胁视而不见。

在整个基督教世界，君士坦丁堡的灭亡在宗教、军事、经济和心理上都产生了极大影响。希腊人、威尼斯人、热那亚人、罗马教皇、匈牙利人、瓦拉几亚人和巴尔干各民族一下子清醒地认识到了穆罕默德二世的野心勃勃。欧洲人对土耳其苏丹的冷酷无情的形象，以及他渴望成为当代亚历山大的贪得无厌的欲望进行了癫狂的想象。有一份文献称，这位征服者在进入君士坦丁堡时说："我感谢先知穆罕默德，是他给了我们这次辉煌胜利；但我祈祷，希望他会允许我享有高龄，能够占领和征服旧罗马，就像我已经占有新罗马一样。"[21]这个说法并非没有根据。在穆罕默德二世的想象中，红苹果的位置已经向西移动了，从君士坦丁堡移到了罗马。奥斯曼军队虽然还远远没有入侵意大利本土，但在战斗中已经高喊："罗马！罗马！"西方世界将穆罕默德二世视为敌基督的化身。他一步一步、不可阻挡地继续蚕食基督教世界。在 1453 年之后的岁月里，他将逐个消灭热那亚和希腊人在黑海的各个殖民地：锡诺普、特拉布宗和卡法相继陷

落。1462 年，他入侵了瓦拉几亚，次年又进攻波斯尼亚。摩里
亚于 1464 年被奥斯曼人彻底征服。1474 年，他兵临阿尔巴尼
亚；1476 年又打到了摩尔达维亚。奥斯曼人滚滚前进的浪潮似
乎无法阻挡。在 1480 年的著名战役中，奥斯曼军队未能攻克罗
得岛，但这只是个暂时的挫折。威尼斯人受到的威胁最大。他
们与穆罕默德二世的战争于 1463 年爆发，一直持续了 15 年。
但这还只是一场宏大战争的序曲而已。在此期间，威尼斯人
丢失了重要的贸易据点内格罗蓬特。更糟糕的是，在 1477
年，奥斯曼劫掠者蹂躏了威尼斯城的腹地；他们离城市已经
非常之近，从圣马可广场的钟楼上都能看得见他们的篝火。
伊斯兰世界呼吸的热气已经直接吹拂到了威尼斯的脖颈。"敌
人兵临城下！"切尔索·马费伊在给执政官的信中写道，"斧
子已经逼近树根。除非上帝伸出援手，基督教之名必然遭到
毁灭。"[22] 1481 年 7 月，奥斯曼军队终于在意大利半岛的鞋跟
处登陆，进军罗马。他们占领奥特朗托①的时候，将该城的大
主教杀死在大教堂祭坛前，还处死了 1.2 万名市民。在罗马，
教皇考虑逃之夭夭，群众惊慌失措。但就在这时，穆罕默德
二世驾崩的消息传到了军中，于是意大利战役草草收尾。

在君士坦丁堡陷落的影响之下，教皇和红衣主教们又一
次努力煽动宗教圣战。这些宗教战争一直持续到 16 世纪。
1459 年，深感整个基督教文化受到严重威胁的教皇庇护二
世在曼托瓦召开了一次会议，力图将四分五裂的基督教世界
团结起来，给时局定了基调。他慷慨陈词两个钟头，把局势

---

① 意大利东南部港口城市，与阿尔巴尼亚隔海相望。

## 16. 世界的梦魇

描绘得极其灰暗：

> 我们放任东罗马帝国的都城君士坦丁堡被土耳其人征服。我们安闲怠惰地枯坐家中之时，这些野蛮人的大军正在进逼多瑙河和萨瓦河。在东罗马帝国的都城，他们屠杀了君士坦丁十一世的继承人和他的人民，亵渎了上帝的教堂，用穆罕默德的丑恶邪教玷污了查士丁尼的高贵建筑。他们毁坏了圣母和其他圣徒的画像，掀翻了祭坛，将殉道烈士的遗迹丢弃给猪，杀死教士，强暴妇女和少女，甚至踩蹦献身给上帝的处女们，在苏丹的宴会上屠戮君士坦丁堡的贵族，将受难的我主耶稣基督的圣像抢到他们的营地，对其大加嘲讽和讥笑，并高呼着"那就是基督徒的上帝！"，并用污泥和唾沫玷污它。这一切丑恶行径都发生在我们的眼皮底下，我们却呼呼大睡……穆罕默德二世要么取胜，要么被彻底打败，否则永远不会放下武器。每一次胜利对他来说都是通往新胜利的垫脚石，他的最终目标是征服西方的所有君王，然后消灭基督的福音，并将他的伪先知的律法强加于全世界。[23]

教皇虽然做了很多努力，但这样激情澎湃的言辞还是没能促使人们付诸实际的行动，就像救援君士坦丁堡的计划也以失败告终一样。欧洲各国互相嫉妒和猜忌，一盘散沙（有的国家则过于世俗化，对宗教不感兴趣），永远也不能再次以基督教之名联合起来。一直有传闻说，威尼斯人秘密帮助了奥斯曼军队在奥特朗托的登陆。但欧洲人对伊斯兰教的恐惧的确被煽动起来。直到 200 年后的 1683 年，在维也纳城下，奥斯曼军队在欧洲的前进步伐才被彻底阻挡住。在此之前，基督教和伊斯兰教这两个世界将进行一场旷日持久的战争，既有真刀真枪的热战，也有冷战，这场战争将在各种族的记忆中留下很深的印迹，并将两种宗教之间的碰撞的大小事件都串联起来。君士坦丁堡的陷落在伊斯兰世界和欧洲都唤醒了对十字军东征的深度回忆。奥斯曼帝国的危险被认为是伊斯兰教对基督教世界的攻击的继续；"土耳其人"取代了"撒拉森人"，成为欧洲人对穆斯林的统称。"土耳其人"这个词的言下之意就是一个残酷无情的对手。双方都认为自己在进行一场生存斗争，因为对手执意要毁灭世界。这是全球意识形态冲突的原型。奥斯曼人一直抱有圣战的精神，如今这精神与他们帝国霸业的使命感联系了起来。在穆斯林中心地带，人们又一次对伊斯兰教的优越性深信不疑。红苹果的传说非常流行。在罗马之后，布达佩斯和维也纳也先后被认为是红苹果的所在地。除了这些实际的目标之外，红苹果还象征着对伊斯兰信仰最终胜利的弥赛亚式的信念。在欧洲，"土耳其人"与毫无信义和残酷狠毒成了同义词。根据《牛津英语词典》，到 1536 年，"土耳其人"这个词在英语中已经有了"行为如同野蛮人或生番的人"的含义。一项了不起的发明（它是文艺复兴精神的典型例证）对这些观念火上浇油：印刷术。

君士坦丁堡陷落之时恰好是一场革命的巅峰时刻。在西方，科学探索这列失控的火车开始加速，而宗教却日渐衰落。其中一些力量已经在君士坦丁堡围城战中表现了出来：火药的威力、帆船的优势、中世纪攻城战的寿终正寝。在之

**16 世纪德意志印刷品中的奥斯曼骑兵**

后的 70 年中，欧洲将会涌现出很多新发明、新事物和新人，比如：黄金补牙术、怀表、星盘、航海手册、梅毒、《新约》的翻译、哥白尼和莱奥纳多·达·芬奇、哥伦布和路德，还有活字印刷术。

谷登堡的发明给大众传播带来了一场革命，并传播了关于针对伊斯兰教的圣战的新观念。在君士坦丁堡陷落之后的150 年中，欧洲的印刷机生产出海量的关于圣战和反伊斯兰教宣传的文字材料。保存至今的年代最早的现代印刷品之一就是 1451 年教皇尼古拉五世批准募款以抵抗土耳其人、援救塞浦路斯的特赦授权书。在全欧洲范围内，类似文件的成千上万个复本得以传播，另外还有对圣战的呼吁和大开本传单（现代报纸的前身）传扬的关于反对"异教徒的苏丹的可鄙威胁"的新闻。接踵而至的是书籍的爆炸：1480～1609年，仅在法兰西就出版了 80 种关于奥斯曼人的书籍，而同时期以美洲为主题的书籍仅有 40 种。1603 年，理查德·诺尔斯①撰写了他的畅销书《土耳其通史》，将土耳其人称为"世界的梦魇"。此时用英语写成的类似题材的书籍已经数量可观。这些著作的标题都很具暗示性：《土耳其战争史》《撒拉森人的著名历史》《论塞利姆苏丹输掉的血腥残酷的战争》《关于对土耳其人的一场著名胜利的真实消息》《土耳其压迫下基督徒的境遇》。信息的大潮是无止境的。奥赛罗参加的就是当时反对"公敌奥斯曼人"、"戴头

---

① 理查德·诺尔斯（约 1545～1610），英国史学家，他的《土耳其通史》是用英语写成的第一部关于奥斯曼帝国军政的史书。他的文笔也受到文豪塞缪尔·约翰逊的赞扬。

巾的恶毒的土耳其人"[24]的世界大战。居住地与伊斯兰世界相隔遥远的基督徒第一次能够通过一些影响极大的绘本中的木刻画了解到敌人的形象。一个典型的例子就是巴塞洛缪·杰奥尔杰维奇的《被迫向土耳其人称臣纳贡和被其奴役的基督徒的悲惨境遇和苦难》。这些图画表现了身披铠甲的基督教骑士与戴头巾的穆斯林之间的激战，以及非基督教徒的种种野蛮暴行：土耳其人将俘虏斩首，将一长队被俘的妇女儿童押走，长矛尖端插着婴儿，纵马疾驰。人们普遍将与土耳其人的冲突理解为一场更为漫长和久远的与伊斯兰的较量（持续 1000 年之久的为真理而进行的斗争）的延续。西方人对这场冲突的特征和起因做了详尽的研究。1644 年，托马斯·布莱特曼在著作中宣称，撒拉森人是"第一群蝗虫，大约在 630 年兴起"，继承他们的是"土耳其人，一群毒蛇，比他们的先祖更邪恶，彻底消灭了他们的祖宗撒拉森人"[25]。与伊斯兰的冲突一直是非同凡响的：更深刻，威胁更大，也更像是一场噩梦。

在君士坦丁堡陷落之后的 200 年中，欧洲的确有充足的理由去畏惧更富庶、更强大、组织也更得力的奥斯曼帝国。但欧洲人对这个强大对手的想象却非常偏颇，建立在宗教思维的基础上。而在当时的欧洲，基督教已经开始式微。奥斯曼世界的内部和外部完全是两个迥然不同的面貌，这一点在君士坦丁堡特别明显。

萨阿德丁宣称，在占领伊斯坦布尔之后，"城内教堂中的丑恶偶像和各种污秽腌臜被一扫而净"[26]，但事实并非如此。

穆罕默德二世重建的君士坦丁堡与基督教世界想象中的可怕的
伊斯兰堡垒迥然不同。苏丹自认为不仅是一位穆斯林统治者，
还是罗马帝国的继承人，因此着手重建了一座多元文化的都城，
所有的公民在这座城市都享有一定的权利。他以强制手段让
希腊基督徒和土耳其穆斯林都在城里安家，保障了在加拉塔
的热那亚飞地的安全，并禁止土耳其人在加拉塔居住。曾激
烈反对东西方教会联合的僧侣真纳迪奥斯在战后被变卖为奴，
但苏丹将他从埃迪尔内赎回，让他重返城市，担任东正教社
区的牧首。苏丹对他告诫道："去做牧首吧，愿你好运，并请
放心，我一定会对你友善相待。你将享有在你之前的历代牧
首曾享有的特权。"[27]基督徒居住在自己的社区内，并保留了
自己的一些教堂，尽管受到了一些限制：他们必须穿着显眼
的服装，并被禁止持有武器。这在当时可以算得上是非常宽容
的政策。作为对照，在地中海的另一端，天主教双王于 1492
年收复了西班牙全境，强迫所有穆斯林和犹太人皈依基督教，
否则就将他们驱逐出境。西班牙犹太人被鼓励移民奥斯曼帝
国——"世界的避难所"。根据犹太难民的经历，他们在奥斯
曼帝国总的来讲受到了友好的待遇。"在土耳其人的国度，我
们没有什么可抱怨的，"一位拉比写信给在欧洲的兄弟，"我
们拥有巨大的财富，手头有很多金银。我们没有被征收苛捐
杂税，我们的商业活动也非常自由，不受任何阻碍。"[28]穆罕
默德二世因为这些宽容政策，受到了伊斯兰世界的很多批
评。他的儿子，更为虔诚的巴耶济德二世宣称，他的父皇
"受到奸臣和伪善者的蛊惑"，"违反了先知的律法"[29]。

　　随着光阴流逝，君士坦丁堡的伊斯兰色彩越来越浓厚，

## 16. 世界的梦魇

但穆罕默德二世给这座城市确定了多元文化的基调（这的确令人吃惊），使它成为典型的黎凡特城市。对那些不受陈腐观念影响、愿意亲自观察的西方人来说，君士坦丁堡有很多让他们意外的地方。1499 年，德意志人阿诺尔德·冯·哈尔夫①访问了这座城市，在加拉塔吃惊地发现了两座方济各会修道院，那里仍然在举行天主教弥撒。有机会近距离观察异教徒的人们都很清楚他们的宽容。"土耳其人并不强迫任何人背弃自己的信仰，并不特别努力去劝说任何人改宗，而且非常鄙视叛教者。"[30]匈牙利的乔治在 15 世纪写道。这与宗教改革期间令欧洲四分五裂的宗教战争形成了鲜明对照。君士坦丁堡陷落之后的难民流动总的来讲是单方向的：从基督教国家逃往奥斯曼帝国。穆罕默德二世本人更热衷于建设一个世界帝国，而不是让全世界都皈依伊斯兰教。

**奥斯曼书法**

君士坦丁堡的陷落对西方来说是个巨大的伤痛。它不仅挫伤了基督教世界的自信，还被认为是古典世界的悲剧性终

---

① 阿诺尔德·冯·哈尔夫（1471～1505），出生于科隆的骑士和旅行家，他曾前往耶路撒冷朝觐，游历了近东很多国家，包括奥斯曼帝国。他在著作中记述了自己在这些国度的见闻。

结，"荷马和柏拉图的第二次死亡"[31]。但它的陷落同样也把这个地区从贫困、孤立和破败中解脱了出来。普罗科匹厄斯在 6 世纪称颂的被"水的花环"[32]围绕的城市摇身一变，成为一个富饶的多元文化帝国的首都，跨越两个世界和十几条贸易路线，再一次焕发了生机活力。西方人相信土耳其人是世界末日产生的长尾巴的怪物，"一半是人，一半是马"[33]。就是这些人建设了一座令人叹为观止的美丽城市，与黄金的基督教城市不同，但同样光彩照人。

君士坦丁堡城内带遮阳篷的集市和埃及市场的迷宫般小巷又一次开始经营来自世界各地的货物。骆驼商队和商船又一次把它和黎凡特的所有主要贸易据点联系起来。但对乘船从马尔马拉海接近城市的水手们来说，君士坦丁堡的地平线旧貌换新颜。在圣索菲亚清真寺身侧，城市的山坡上如雨后春笋般出现了很多清真寺的灰色铅皮屋顶。城市的地平线上还屹立着许多纤细如针或粗如铅笔的白色尖塔，这些尖塔带有凹槽，多层阳台上雕刻着精美的花饰。一连好多位才华横溢的清真寺建筑师在直冲云霄的穹顶下创作出了抽象而永恒的建筑空间：清真寺内部沐浴在安详的日光下，砖块上刻有精细复杂的几何图形、书法和花朵图案。这些图案的诱人色彩——鲜亮的番茄色、绿松石色和青瓷色，再加上大海深处的清澈碧蓝，制造出了《古兰经》中描摹的"无边无际的乐园的影像"[34]。

奥斯曼帝国治下的伊斯坦布尔是一座赏心悦目、莺声燕语的城市，遍布木屋和柏树，随处可见喷泉、花园、静穆优雅的墓园和地下集市，熙熙攘攘，摩肩接踵，工匠们忙得不可开交。每种职业和每个民族都有自己的聚集地，身着五花八门服饰、头戴形形色色帽子的黎凡特各民族在这里劳作或经商。从街角或者清真寺的平台上往往能够突然瞥见大海。十几座清真寺发出的召唤祈祷声从早到晚覆盖了城市的每个角落，就像当地小贩的叫卖声一样亲切。在托普卡帕宫森严的大墙之后，奥斯曼苏丹们建造了可与阿兰布拉宫①和伊斯法罕城②媲美的恢宏宫殿：一系列纤弱的砖砌楼台亭阁，更像是坚固的帐篷，而不是普通建筑物，坐落在五彩缤纷的御花园内。苏丹们从这里可以眺望博斯普鲁斯海峡和亚洲的群山。奥斯曼帝国的艺术、建筑和礼仪使伊斯坦布尔成了一个极具视觉震撼力的世界，就像之前的基督教君士坦丁堡一样，令西方访客叹为观止。"我目睹了这个小世界的景观，伟大的君士坦丁堡城，"爱德华·利思戈在 1640 年写道，"它的灿烂辉煌令观察者目瞪口呆……全世界的人对它赞不绝口，人间没有任何东西能与其媲美。"[35]

历代苏丹为庆祝自己的凯旋而命人制作的细密画中对奥斯曼帝国治下的伊斯坦布尔的旖旎风光进行了极其生动形象的描绘。图画中是一个由原色构成的欢欣世界，景致扁平，没有透视效果，就像砖块和地毯上的装饰图案。图画中有宫廷觐见和宴会、战役和围城、枭首、游行队伍和节庆、帐篷

---

① "阿兰布拉"的意思是"红色城堡"或"红宫"，位于西班牙南部的格拉纳达，是古代清真寺、宫殿和城堡建筑群。宫殿为原格拉纳达摩尔人国王所建，现在则是一处穆斯林建筑、文化博物馆。该宫城是伊斯兰教世俗建筑与园林建造技艺完美结合的建筑名作，是阿拉伯式宫殿庭院建筑的优秀代表，1984 年被选入联合国教科文组织世界文化遗产名录。

② 位于今伊朗，历史悠久，一度是伊斯兰世界辉煌和繁荣的名城。

新地平线：从海上看伊斯兰城市

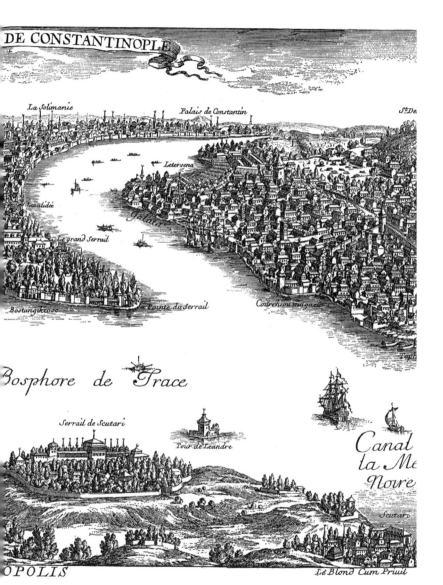

DE CONSTANTINOPLE

La Solimanie     Palais de Constantin     St De

Letersena

Lavalidée

Le grand Serrail

Bostangitvasse     Pointe du Serrail     Courchiou magazin

Bosphore de Trace

Serrail de Scutari

Tour de Leandre

Canal
la Me
Noire

Scutari

OPOLIS        Le Blond Cum Priuil

和旗帜、喷泉和宫殿、精美的长袍和甲胄，以及美丽的骏马。这是一个酷爱礼仪排场、鼓乐噪音和光彩的世界。图画中还描绘了斗羊比赛、杂技演员、做烤肉的厨师、烟火表演；成群的近卫军士兵敲锣打鼓，无声地在页面上行军；在金角湾，杂技演员从船只桅杆之间连接的绳索上走过；戴白头巾的骑兵队伍策马经过富丽堂皇的帐篷；有的图画就是城市的地图，色泽鲜艳得如同珠宝；所有图画都五颜六色、光彩夺目：鲜红色、橙色、品蓝色、丁香色、柠檬色、栗色、灰色、粉红色、碧绿色和金色。细密画展现的世界似乎表达了对奥斯曼帝国的成就（仅仅 200 年间，就从游牧部落一跃成为大帝国）的喜悦和骄傲。这也是塞尔柱突厥人曾经在科尼亚①圣城的一座门廊上写下的文字（"我所创建的，世间无人能及。"[36]）的回音。

1599 年，英格兰女王伊丽莎白一世向苏丹穆罕默德三世赠送了一台管风琴，作为友谊的象征。管风琴的制作者托马斯·达勒姆也亲自前往，为奥斯曼统治者演奏。这位大音乐家被人带领着穿过宫殿的连续多个庭院，最后来到苏丹面前。他被富丽堂皇的礼仪深深震撼，"这景象让我几乎以为自己已经身处另一个世界"[37]。自君士坦丁大帝于 4 世纪建立第二罗马和第二耶路撒冷以来，所有到访君士坦丁堡/伊斯坦布尔的访客都表达了同样的赞叹。法兰西人皮埃尔·吉勒在 16 世纪写道："在我看来，其他城市终有一死。而只要人类尚存，这座城市就将一直延续下去。"[38]

---

① 位于今土耳其西南部。

## 尾声：安息之地

　　死亡阻挡了凶悍而顽强的野蛮人，这对基督教世界和意大利来说真是大幸。[1]

　　　　——乔万尼·萨格雷多，17世纪威尼斯贵族

　　1481年春季，苏丹的马尾旗被插在了伊斯坦布尔对岸的安纳托利亚海岸上，表明这一年的征战将在亚洲进行。除了苏丹本人之外，没有任何人，包括他的主要大臣，知晓战役的真正目标，这对穆罕默德二世的一贯低调和保密来说是很典型的。新战争的目标很可能是要讨伐埃及的马穆鲁克王朝。

　　30年来，苏丹从不懈怠，努力去建设他的世界帝国，事必躬亲地处理国家大事：任命和处决大臣、接受贡礼、重建伊斯坦布尔、强制迁徙人口、对经济进行重新规划、缔结条约、对顽固不化的人进行残酷的惩罚、授予宗教自由，一年年地向东方和西方派遣军队，或者御驾亲征。这一年，他49岁，百病缠身。无情的光阴和自我放纵使得他的身体十分衰弱。根据当时的一份不甚恭

敬的报告,他颇为肥胖,"脖子短粗,面色蜡黄,肩膀过高,嗓门很大"[2]。像收集战役奖章一样收集了大量头衔("战争的雷霆""海洋与陆地的权力与胜利之王""罗马人和地球的皇帝""世界征服者")的苏丹有时几乎无力行走。他患有痛风和令身体畸形的肥胖症,深居托普卡帕宫,远离世人的视线。被西方称为"饮血暴君""尼禄第二"的苏丹的外貌已经非常可怕。法兰西外交官菲利普·德·科米纳①声称,"见过他的人告诉我说,他的两腿肿胀得可怕,快到夏天的时候,肿块有人的身体那么大,而且无法割破。然后肿胀消退了"[3]。在宫墙之后,穆罕默德二世从事着对暴君来说不寻常的活动:园艺、手工,以及向新近从威尼斯招来的画家真蒂莱·贝利尼订制淫秽的壁画。贝利尼的名作就是苏丹的最后一幅肖像,它被装裱在一座金色拱形结构下,顶端放置皇冠,暗示了苏丹的某些无法得到抚慰和满足的本质:世界征服者一直到最后都喜怒无常、高度迷信和惶惶不安。

4月25日,穆罕默德二世渡过海峡,抵达亚洲,准备发动这一年的战役,但几乎当即就患了严重胃病,卧床不起。在几天的痛苦折磨之后,他于1481年5月3日在盖布泽②驾崩。历史上的另外一个雄心勃勃要征服世界的人——汉尼拔就在此地服毒自尽。穆罕默德二世的结局笼罩在迷雾中。他极有可能是被自己的波斯御医毒死的。虽然许多年来,威尼斯人多次企图刺杀他,但嫌疑最大的人却是他的儿子巴耶济德。穆罕默德二世设定的兄弟相残的继承法则或许

---

① 菲利普·德·科米纳(1447~1511),勃艮第和法兰西政治家、外交官和作家。他的回忆录是15世纪欧洲历史的主要资料来源之一。
② 土耳其城市,位于马尔马拉海北岸,伊斯坦布尔以东约30英里处。

诱使这位王子先发制人，夺取皇位。他成功了。父子的关系并不亲近。虔诚的巴耶济德非常憎恶穆罕默德二世的非正统宗教观点。根据意大利某宫廷的流言，巴耶济德曾说，"他的父皇非常专横霸道，不信先知穆罕默德"[4]。30 年后，巴耶济德也被自己的儿子"恐怖的"塞利姆毒杀。有一句阿拉伯谚语说，"王公之间没有亲属关系"[5]。在意大利，人们听到穆罕默德二世的死讯，特别欢欣鼓舞。礼炮齐鸣，钟声敲响；在罗马，人们燃放烟火，举行感恩礼拜。将这消息送到威尼斯的信使宣称，"雄鹰已死"[6]。就连开罗的马穆鲁克王朝的苏丹也长舒了一口气。

今天，法提赫（征服者）穆罕默德二世的陵寝坐落于伊斯坦布尔一个市区的一座清真寺建筑群内，这个市区和建筑群均以他的称号"法提赫"命名。陵寝的选址不是偶然的。它取代了拜占庭最著名和历史最悠久的教堂之一：圣使徒教堂。城市的创建者君士坦丁大帝于 337 年被隆重地安葬在这座教堂中。穆罕默德二世无论生死都是罗马帝国的继承人。他的陵寝后来被地震摧毁，又得到了彻底重建，所以现在的皇陵内部就像 19 世纪的法国客厅一样金碧辉煌，配有老爷钟、巴洛克式的天花板装饰和悬挂的水晶枝形吊灯，简直就是一位穆斯林的拿破仑的安息之地。装饰华美的墓穴覆盖绿布，顶端有雕刻出来的头巾。墓穴的长度和一门轻型火炮相当。人们来这里祈祷、阅读《古兰经》，或者拍照留念。随着光阴流逝，法提赫逐渐被奉为圣人。对穆斯林信众来说，他渐渐有了圣人的特征，于是他有了双重身份，既是神圣的，又是世俗的。和丘吉尔一样，他既是整个国家最具代表性的品牌（卡车的品牌、博斯普鲁斯海峡上的一座大桥、纪念邮票或者学校建筑上特别显眼的纵马狂奔的英雄形象，都打起了穆罕默德二世的招牌），也是虔诚的象征。法提赫区是传统而新近自信昂扬起来的穆斯林伊斯坦布尔的中心地带。这是个安静平和的地区：祈祷结束后，戴头巾的妇女聚集在清真寺庭院内的悬铃木树下聊天，儿童在她们周围转着圈玩耍，流动小贩叫卖着芝麻卷、玩具汽车和动物形状的氦气球。在穆罕默德二世陵墓的门廊处摆放着一发石制炮弹，似乎是许愿的供奉。

这场围城战中的其他重要奥斯曼人物的命运告诉我们，伴君如伴虎。素来反对战争政策的哈利勒帕夏的末日来得很快。1453 年 8 月或 9 月，他在埃迪尔内被处以绞刑。接替他职位的是扎甘帕夏，那个热切支持战争的希腊叛教者。老维齐尔的命运标志着国家政策的一个决定性转折：从此以后，几乎所有的维齐尔都是改宗伊斯兰教的奴隶出身，而不是门阀贵族阶层的土生土长的土耳其人。至于对胜利贡献极大的铸炮大师乌尔班，有言之成理却无法证实的证据表明，他在战役中活了下来，从苏丹那里得到了赏赐：在占领伊斯坦布尔之后，城里有一个区叫作"炮手乌尔班区"，说明这个匈牙利雇佣兵可能在城里定居了，尽管此前他曾花了很大力气来摧毁它的城墙。在阿拉伯人第一次攻打君士坦丁堡的战役中阵亡的先知追随者艾优卜对圣战者来说是个极大的激励。奥斯曼人在金角湾北端风景宜人的郊区埃于普（即土耳其语中的"艾优卜"）的悬铃木树林中为他建造了专门的清真寺建筑群。这是朝觐的圣地，几百年来历代苏丹就在这里的清真寺加冕。

成功逃生的守军后来的命运五花八门，不一而足。希腊难民一般都经历了家园沦丧的难民的典型命运：在异邦忍受贫困，对失去了的城市无比思念。很多人在意大利勉强谋生（到 1478 年，仅在威尼斯就有 4000 个希腊人），或者在克里特岛，那里是东正教会的一个堡垒。他们散布到全世界，甚至到了遥远的伦敦。帕里奥洛格斯家族的血统逐渐被欧洲的较次要的贵族吸纳。帕里奥洛格斯家族的一两个后人由于思乡心切或者无以度日，返回了君士坦丁堡，寄希望于苏丹开恩。其中至少有一人，安德鲁，皈依了伊斯兰教，成了苏丹宫廷的一名官员，改名为穆罕默德帕夏。最能体现希腊人悲剧命运的或许就是乔治·斯弗朗齐斯夫妇的经历。他们在科孚岛的修道院了却残生。斯弗朗齐斯写下了一部简短而悲戚的编年史，记述了自己的一生。这部史书是这样开始的："我是命途多舛的乔治·斯弗朗齐斯，御橱首席总管大臣，现在作为修道士的法号是格列高利。我将讲述我这悲惨一生中发生的事件。如果我从来不曾降生到这个世界，或者在幼年就夭折，一定更好。但事实并非如此，因此，请诸位读者知晓，我出生于 1401 年 8 月 30 日，星期二。"[7] 斯弗朗齐斯以简明而哽咽的语调记录了奥斯曼帝国扩张带来的双重悲剧：他个人的悲剧，以及拜占庭国家的悲剧。他的两个孩子都被送入了苏丹后宫；他的儿子于 1453 年在后宫被处决。他对 1455 年 9 月的记述是："我美丽的女儿萨玛尔在苏丹后宫患传染病而死。她的凄惨的父亲是多么可怜！她享年只有 14 岁又 5 个月。"[8] 他一直活到 1477 年，目睹了希腊全境被土耳其占领，希腊人的自由彻底丧失。他在著作的结尾再次肯定了东正教关于"和圣子"（filioque）的观点，就是这个问题在围城期间带来了那么多周折。"我坚信，圣灵并非由圣父和圣子所共发，就像意大利人所称的那样，而是全无分隔，从圣父所发生。"[9]

从围城战中幸存下来的意大利人的命运也同样各不相同。负伤的朱斯蒂尼亚尼返回了希俄斯岛。根据他的热那亚同胞莱奥纳德大主教的说法，朱斯蒂尼亚尼不久之后就死去了，"要么是因为伤重不治，要么是因为失败的耻辱"[10]，因为几乎所有人都责怪他造成了最后的失败。他的墓志铭（现已遗失）上写着："乔万尼·朱斯蒂尼亚尼安息于此，他是一位伟人，热那亚与希俄斯岛的贵族。在君士坦丁堡被攻破时，拜占庭末代皇帝和东方基督徒的勇敢领袖——最尊贵的君士坦丁不幸阵亡。在此期间，朱斯蒂尼亚尼被土耳其君主穆罕默德打成重伤，于1453年8月8日逝世。"[11]莱奥纳德则于1459年在热那亚去世。基辅的伊西多尔红衣主教当初到君士坦丁堡的使命是促使希腊人与西方教会联合。教皇任命他为君士坦丁堡牧首（缺席），尽管教皇其实并没有这个权力。伊西多尔罹患老年痴呆，于1463年在罗马去世。

君士坦丁十一世本人的结局却始终无法确定，他也没有墓地。皇帝的阵亡宣示了拜占庭世界的彻底灭亡，以及土耳其对希腊的占领。拜伦①在有生之年也看不到土耳其统治的消亡。君士坦丁十一世的神秘命运成了希腊人灵魂深处对沦丧了的拜占庭光荣的渴望的焦点。随着光阴流逝，人们围绕他的名字编织了大量预言。在希腊大众文化中，他成了亚瑟

---

① 乔治·戈登·拜伦勋爵（1788~1824），英国浪漫派大诗人，曾赴希腊参加反对奥斯曼帝国统治的希腊独立战争，结果患热病而死，成为希腊的民族英雄。

## 尾声：安息之地

王一般的神奇英雄人物，往昔和未来之王，长眠在黄金门旁的坟冢内，有一天将会归来，穿过那城门，将土耳其人向东驱逐，一直到红苹果树那里，并收复君士坦丁堡。奥斯曼人对皇帝的神奇形象非常畏惧。穆罕默德二世小心谨慎地监视着君士坦丁十一世的兄弟们，另外还用砖石将黄金门彻底封闭。这些传奇故事使得在有生之年命运悲惨的君士坦丁十一世在死后有了一段新的悲剧生命。到 19 世纪末，他的遗产将与希腊的民族主义理想合二为一，即所谓"伟大理想"：将拜占庭的希腊居民重新收纳进希腊国家。这促使希腊人在第一次世界大战结束后出兵干预土耳其的安纳托利亚，却被凯末尔·阿塔图尔克于 1922 年击败，导致了灾难性后果。士麦那的希腊居民遭到屠杀，后来进行了人口交换。直到这时，重建拜占庭的梦想才彻底破灭。

如果说君士坦丁十一世的精神尚存，那么不是在伊斯坦布尔，而是在 1000 英里之外的伯罗奔尼撒半岛。他曾以中世纪小城米斯特拉斯为首府，统治摩里亚。200 年间，在别处均已衰败的拜占庭文化传统在米斯特拉斯却得以繁荣发展，令人惊异。它仍然是拜占庭灵魂的神龛：在现代，城堡下方的村庄内，每一根路灯柱都带有双头鹰徽记。在帕里奥洛格广场上矗立着君士坦丁十一世挥剑保卫基督教信仰的雕像，尽管他的最终结局无人知晓。雕像坐落在一座大理石柱基前方，柱基上刻有杜卡斯的言辞。在雕像头顶上张挂着拜占庭旗帜，那是一面带有黑鹰的鲜黄色旗帜，在希腊的蔚蓝天空中悬挂着，不起一丝涟漪。雕像后方就是中世纪的米斯特拉斯古城，芳草茵茵的山坡上有很多坍塌崩坏的宅邸、教堂和厅堂，之间有柏树。这是个令人心酸的地方。在这里，君士坦丁堡得以在缩小的规模上重建，成了希腊的佛罗伦萨，尽管只维持了很短的时间。在这里，艺术家们创作了光辉灿烂的壁画，展现了人文主义对福音的诠释；人们重拾亚里士多德和柏拉图的教诲，憧憬黄金的未来，直到奥斯曼军队将米斯特拉斯摧毁。君士坦丁十一世可能就是在圣德米特里大教堂（它其实只有英国的乡村教堂那么大）加冕的；他的妻子狄奥多拉则被安葬在圣索菲亚教堂。山顶屹立着摩里亚君主的宫殿，背后就是光秃秃的泰格图斯群山，下方则是延绵不绝的斯巴达台地。这座宫殿的建筑风格与君士坦丁堡城墙附近的皇宫相似。我们可以想象，皇帝当年曾经从通风良好的厅堂的窗洞俯视下方的碧绿平原。斯巴达重步兵曾经在这里操练，为温泉关战役做准备；拜占庭人则在这里种植橄榄和小麦，饲养蜜蜂和丝蚕。每年 5 月 29 日，土耳其人都会在埃迪尔内门举行战役重演，以庆祝攻克伊斯坦布尔；与此同时，克里特岛带有桶状拱顶的乡村小教堂和希腊诸多城市的大教堂内都会举行纪念君士坦丁十一世的活动，尽管在东正教眼中他至死都是个异端分子，因为他支持与西方教会联合。

在伊斯坦布尔，曾经的基督教城市没有留下多少遗迹，尽管人们仍然可以走过圣索菲亚大教堂的黄铜大门（这些大门在 1453 年 5 月 29 日被最后一次用武力打开），从举手降福的基督马赛克像下走过，走进教堂的大厅。这座大厅在今天和在 6 世纪一样，令人叹为观止。城市本身被包容在金角湾和马尔马拉海形成的两边之内，在外观上仍然保留了这决定

## 尾声：安息之地

历史走向的特殊形状。今天，渡船就像当年援救君士坦丁堡的 4 艘基督教船只那样，从西方稳步驶入博斯普鲁斯海峡入口，经过卫城（那里曾经爆发海战），然后和古代的航船一样转弯进入金角湾入口。今天的金角湾没有铁链，却建起了一座通往加拉塔的大桥。在金角湾北上的下一站，渡船可以在卡西姆帕沙（"泉源谷"）停歇，穆罕默德二世的战船曾翻山越岭，一艘接一艘地在那里入水。在博斯普鲁斯海峡岸边，如梅利堡（割喉堡）依然横跨那里地势奇特的山坡，水边的主塔（那是哈利勒建造的工程）上飘扬着一面鲜红的土耳其国旗。

城市的部分海墙，尤其是金角湾沿岸的海墙，今天已经只剩残垣断壁。但三角形的第三条边，宏伟的狄奥多西城墙依然威风凛凛。今天从机场出来的游客一下子就能够看到这一盛景。在近距离观察，就能发现 1500 个春秋留下的印迹：部分城墙残破坍塌，有些地方已经破败不堪，还有些地方新近做了修补，与古老的墙砖非常不协调；塔楼以奇怪的角度倾斜，被地震或炮弹破坏，或者被岁月磨损；曾给奥斯曼军队制造了很大麻烦的壕沟现在已经长满蔬菜，一派和平景象；主干道穿过了一些地段的防御工事，新的地铁体系对防御工事的破坏比当年的塞尔维亚坑道工兵更厉害。但总的来讲，虽然承受了现代世界的巨大压力，狄奥多西城墙的全段几乎都是完整无缺的。在城墙沿线，人们可以从一片大海走到另一片，沿着起伏的地势，走下里卡斯河谷倾斜的中段城墙，那里的城墙早已被中世纪的炮火摧毁；或者可以站在城墙顶端，想象下方的平原当年遍布奥斯曼大军的帐篷和招展旌旗的景象，如同"郁金香的花坛"[12]，而桨帆船无声地在闪闪发光的马尔马拉海或金角湾航行。围城战期间的几乎所有城门都保存至今，它们的沉重拱门的阴影仍然令人生畏。但黄金门早就被穆罕默德二世命令用砖石堵死了，这是为了防止君士坦丁十一世重返人间的预言成真。今天通过一条两侧摆放乌尔班大炮的石弹的林荫大道，可以走到黄金门。对土耳其人来说，最重要的城门是埃迪尔内门，也就是拜占庭时期的查瑞休斯门。这里安放着一块铭碑，记载了穆罕默德二世当年从此正式进入伊斯坦布尔的盛景。但在围城战中扮演更重要角色的几座城门都在北面靠近金角湾的地段，今天已经被彻底遗忘。

在这里，城墙突然转了一个90°的弯。在这拐弯处附近一块荒地的后方，君士坦丁十一世皇宫废墟的旁边，有一座不起眼的被砖石堵死的拱门，这是几个世纪以来的改建和修葺造成的典型例子。有人说，这就是预言中的竞技场门，在最后的战斗中被打开的小边门，第一批奥斯曼士兵就是从这里登上城墙的。或者，竞技场门其实在别的什么地方。关于这场伟大攻城战的事实很容易就演化成了神话。

在1453年春季的战役中居功至伟的大炮仍然可以在现代伊斯坦布尔城内找到。它们散布在全城，安睡在城墙旁边或者在博物馆庭院内。这些原始的带箍的管状火器大体上没有受到500年风吹日晒的影响。有的大炮旁边还摆放着它们曾发射的花岗岩或大理石球形炮弹。乌尔班巨炮如今已经无迹可寻，它可能在位于托帕内①的奥斯曼铸炮厂被熔化了。查士丁尼的巨

---

① 今天是伊斯坦布尔的一个区。

型骑马像也被送到那里熔化掉了。穆罕默德二世遵循占星家的建议，将这座雕像拆除，但它在广场上待了很长时间，最后才被拖去熔化。16 世纪，法兰西人皮埃尔·吉勒曾在那里看到雕像的一部分。"碎片当中包括查士丁尼像的腿，它的长度超过我的身高。还有他的鼻子，超过 9 英寸长。马腿躺在地面上，我不敢公然去测量它们，但偷偷量了其中一个马蹄，发现它的高度达到 9 英寸。"[13]这是世人对伟大皇帝的雕像，以及拜占庭的璀璨辉煌的最后一瞥。很快，它们就被熔炉吞噬了。

**被砖石堵死的黄金门**

资料来源

> 这场战争中发生了诸多事件，无法全部付诸笔端，口舌也不能尽述。[1]
>
> ——内希里①，15世纪奥斯曼史学家

君士坦丁堡的陷落，或者说是奥斯曼人占领伊斯坦布尔，是中世纪一个承前启后的时刻。这个消息以惊人的速度传遍了伊斯兰世界和基督教世界。人们对这个故事兴趣盎然，如饥似渴，这使得海量的文字资料得以保存下来。报道这起事件的文献汗牛充栋，这诚然是一种福气。但仔细分析就会发现，将各个部件组合起来并不能得到一个整体。事件的目击者其实是很少的，而且大部分是基督徒；本书的读者

---

① 奥斯曼史学家，生卒不详。其著作《世界大观》对史学贡献甚大，是奥斯曼帝国早期历史的重要资料来源，但关于其生平的资料极少。他可能叫作穆罕默德，在布尔萨居住。1481年苏丹穆罕默德二世驾崩时，他在宫廷任职。

一定已经熟悉了他们中很多人的名字：希俄斯岛的莱奥纳德大主教，他是个脾气火爆的天主教教士；随船医生尼科洛·巴尔巴罗，他写下了在日期记录上最为可靠的日记；佛罗伦萨商人贾科莫·特塔尔迪；俄罗斯东正教徒涅斯托尔－伊斯坎德尔；图尔松贝伊，他是奥斯曼帝国的一名官员；还有其他一两个人，比如乔治·斯弗朗齐斯，他的编年史让现代史学家非常头痛。在这些亲历者之后，有一小群人的生活年代与围城战相距不远，他们很可能在战役结束后不久就听到了二手的记述。其中包括情绪激动的希腊史学家杜卡斯，他的著作非常生动形象，然而不太可靠，充满了虚构的故事，但给故事注入了一种活泼的能量。另外一个希腊人克利托布罗斯是因布洛斯岛上的一名法官，他虽然是基督徒，著作却是倾向于奥斯曼帝国的，这非常独特。这位雄心勃勃的史学家的一个愿望是，"西方所有民族"都会阅读他的作品，包括那些居住在不列颠诸岛的人。随后几个世纪中又涌现了很多来自双方的文献，其中一些是直截了当的重述，有的则添加了一些道听途说、失落了的口头记述、神话以及基督教的或奥斯曼帝国的政治宣传，产生了大量无法证实、容易醉人的混杂信息。本书就是在这些叙述的基础之上写成的。

在处理这些原始资料时，我遇到了很多困难。当然，这些困难是历史研究中特有的，尤其是科学时代之前的历史。围城战的目击者在估测军队兵力和伤亡数字时倾向于给出很大的整数，对日期和时间的记录非常含糊，使用的是他们本地的度量衡系统（这让人非常恼火），而且常常为了哗众取宠而夸大其词。各个事件之间的时间顺序一般都是事后捏造

的，而事实、故事和神话之间的区别非常微妙。宗教迷信和
事件难解难分，因此对城市陷落的记述其实是真实事件与人
们的信念的混合。当然，记述者们根本没有客观报道的概
念。

　　每位作者都有自己的视角和动机，因此我必须小心谨慎
地分析每位作者的观点和特殊利益。作者常常在宗教、民族
和信仰的基础上做出评判。威尼斯人当然会大肆宣扬他们的
水手的英勇无畏，并诋毁热那亚人的奸诈。热那亚人也是这
么干的。意大利人控诉希腊人的怯懦、懒惰和愚蠢。天主教
徒和东正教徒在信仰鸿沟的两边互相指责。在基督教阵营
内，各派系都在为君士坦丁堡的陷落寻找神学上或者现实中
的原因，互相口诛笔伐、大肆攻击。当然，所有的基督教作
者都会辱骂嗜血暴君穆罕默德二世，只有克利托布罗斯是个
例外，他对苏丹极尽谄媚之能事。奥斯曼人自然对基督徒的
攻击以牙还牙。

　　这些目击者讲述的故事总是非常扣人心弦。他们深刻地
认识到，自己目睹和亲历的是一件惊天动地的大事。但各种
版本的故事却都有语焉不详的地方。1453 年对土耳其民族
的历史意义极其重大，但奇怪的是，很少有当时奥斯曼人对
攻陷城市过程的记述，没有目击者的叙述。除了谢赫阿克谢
姆赛丁（Akshemsettin）给穆罕默德二世的信件之外，几乎
没有对穆斯林士兵的情感与动机的描述。当时的奥斯曼社会
总体上还是不识字的，他们依赖口头传播，也没有将个人的
故事记录下来的传统。他们唯一的文字记载就是文字简练的
编年史，后来奥斯曼人对这些编年史做了重新加工，以帮助

构建奥斯曼皇朝的传奇。因此往往需要对基督徒记述的字里行间的东西进行仔细分析，才能解读出奥斯曼人的观点。1453 年事件的独特之处在于，它的历史主要是由失败者书写的。

同样令人惊讶的是，东正教希腊人也很少有文字记载流传下来。或许是因为很多地位显赫的拜占庭人在最后的洗劫中被杀，或者像乔治·斯弗朗齐斯一样过于悲痛，不肯执念于凄惨的往昔。基督教方面的故事主要是由意大利人和主张联合的希腊人写下的。他们对东正教守军，除了君士坦丁十一世之外，都毫不客气地大肆攻击。因此，故事中包含了很多或许永远无法揭开真相的谜团。土耳其史学家对奥斯曼军队究竟如何搬运战船进行了热烈的辩论。而君士坦丁十一世之死的真相始终笼罩在迷雾中，令人抓狂。不同派别都有自己的解释。事实上，焦躁而情绪激烈的穆罕默德二世在围城战期间似乎无处不在，在他身旁，君士坦丁十一世的形象则显得模糊而虚幻。

我重述"君士坦丁堡的故事"的目标是从这些互相矛盾、困难重重的文献中构建一个强有力的中间版本，对事实的把握尽可能做到万无一失。我在迷宫般的文献中谨小慎微地择路前行，有时不免显得笨手笨脚，但总是努力使各种资料协调起来，并寻找最有可能的解释。虽然巴尔巴罗的日记对围城战的过程一天天记录下来，但日期仍然是非常难以确定的。每一份文献在事情经过和事件发生日期的细节上都有自己的说法，很多研究过这个主题的学者在某些微妙细节上或许不会同意我。如果对本书做一番特别仔细的探究，就会发现事件的时间上有些小小的谜团。我保留了这些谜团，让它们作为无法确知、不可调和的东西的记录。总体上，我尽量选择在我看来可能性最大的时间顺序，并在我的叙述中尽可能避免使用"或许""可能""也许"这样可怕的词。如果不这样做，就会把普通读者拖到各种版本资料的泥沼中，那样对这个轮廓已经雄浑有力且五彩缤纷的故事并无助益。与此同时，如果地理、地形地貌、气候和时间的具体证据非常可靠，我就会走捷径，在某些细节上做大胆的推测。

我创作本书的第二个目标是捕捉人的声音：第一手地重建故事主要人物的言辞、偏见、希望和恐惧，并讲述"故事中的故事"，即历史人物相信的东西，以及可证实的真相。这些文献的作者往往都是极富个性的人物，几乎和他们讲述的故事一样具有异国风采和神秘感。有些人物，比如巴尔巴罗，只在自己的故事中存在，此外就完全沉默，在历史上没有留下任何痕迹。其他人，比如希俄斯岛的莱奥纳德和基辅的伊西多尔，在当时的教会史上还有更重要的角色要扮演。最令人着迷，同时也问题重重的文献包括俄罗斯东正教徒涅斯托尔－伊斯坎德尔的记述，他似乎是作为奥斯曼军队的一名士兵来到君士坦丁堡的。根据推理，他似乎在围城战早期就逃进了君士坦丁堡，目睹和参与了很多事件。他对炮击和城墙上发生的事件的记述特别生动鲜明。后来他逃脱了奥斯曼人的报复，可能是装扮成僧侣躲在一座修道院内。他把传奇、道听途说和第一手的观察混为一体，充满神秘主义气息，常常不可思议，把日期和时间顺序搞得一团糟，很多作家倾向于将他的著作完全摒弃，但它的确包含很多令人信服的细节。在争夺城墙的战斗和处理死尸（他本人可能参加了这项工作）的问题上，他的描述特别具体和细致，这在其他文献中是没有的。涅斯托尔－伊斯坎德尔的著作几乎是唯一一个写到希腊人战斗情况的资料来源，比如他写到了导致朗加比斯死亡的战斗。威尼斯人和热那亚人的记载中，似乎只有意大利人在战斗，希腊人在最好的情况下是消极厌战，最糟的情况下（由于宗教分歧）则是阻碍城防、牟取私利和胆小如鼠。

另外两部编年史，乔治·斯弗朗齐斯和杜卡斯的著作，也注定要在后世有着自己的五彩缤纷的历史。世人皆知，斯弗朗齐斯根据同一个故事写了两个版本，分别称为《小编年史》和《大编年史》。在相当长的一段时间内，人们都认为，《大编年史》只不过是对《小编年史》的扩充，因为后者对斯弗朗齐斯漫长一生中最重要（尽管非常悲惨）的事件——君士坦丁堡围城战几乎只字不提。《大编年史》文笔生动，细致具体，可信度很高，长期以来被广泛当作关于1453年事件的主要资料来源。但是，学者们已经明确无误地证明，《大编年史》其实是100多年后由一个名叫马卡里奥斯·梅里西诺斯的人假冒斯弗朗齐斯的名字，以第一人称捏造的，这的确是别出心裁的模仿。梅里西诺斯这人的履历可没法叫人放心。他是个教士，曾经为了赢得神学争端而伪造御旨。于是，《大编年史》的所有内容都受到了质疑。今天的史学家以不同方法小心对待这本书，因为任何人只要想写关于君士坦丁堡围城战的书，就必须决定好，如何对待《大编年史》。根据细致的文本分析，我们有理由相信，《大编年史》确实是基于斯弗朗齐斯的一部业已失传的较长的史书；它的细节非常具体，如果真的完全是虚构的话，那也说明梅里西诺斯是个非常了不起的历史小说家。斯弗朗齐斯在最后战斗前与君士坦丁十一世一起站在黑暗中塔楼上的那一幕就是梅里西诺斯写的；土耳其历史的一个代表性瞬间的故事——近卫军的巨人乌鲁巴特的哈桑率先将奥斯曼旗帜插上城墙——也源自梅里西诺斯。至少哈桑的故事非常具体和细致，不大可能是虚构的。

杜卡斯的编年史同样奇异——它是一部记录拜占庭陷落的悠长历史的著作。如果说杜卡斯并没有亲历围城战的话，他却目睹了与之相关的很多事件。他有可能目击了乌尔班大炮在埃迪尔内的试射，以及意大利船只在割喉堡被击沉后被俘水手被穆罕默德二世钉在尖木桩上的惨景。他的叙述栩栩如生、态度坚定不移，结尾却非常奇怪：在描述奥斯曼军队于 1462 年攻打莱斯博斯时，一个句子还没写完就戛然而止，作者的命运（和故事中的很多东西一样）都悬而不决。对莱斯博斯事件的生动描述给人很强烈的印象，作者本人就在那里，所以有人猜测，希腊守军的最后崩溃使得他无法把史书写完。他和其他守军一样遭受了可怕的噩运（被锯成两截，因为奥斯曼人许诺，不会将他们斩首），还是被贩卖为奴？他就这样一句话没说完就彻底消失了。

对君士坦丁堡故事的讲述也有着自己的丰富历史。本书构建在历史悠久的大量英语作品的基础之上；对这个故事的研究从 18 世纪的爱德华·吉本开始，然后由两位英国骑士接手，1903 年的埃德温·皮尔斯爵士和 1965 年的伟大拜占庭史学家史蒂文·朗西曼爵士，还有其他语言的大量著作。因布洛斯的克利托布罗斯早在 500 年前就发现了把故事讲好的困难之处，因此在给穆罕默德二世的献词中加入了一个聪明的免责声明。未曾亲历和目击史实的作者在给世界征服者献词时当然需要审慎。未来的新的史书都可以引用克利托布罗斯的话："我自己并非事件的目击者，因此，伟大的皇帝啊，我艰辛地劳作，去了解这些事情的确切真相。在撰写这部史书时，我有时咨询了那些了解真相的人，并准确地分析所有事情的经过……如果我的言辞无力描摹陛下的丰功伟业……在修史的问题上，我将甘愿让位于技艺比我更高超的人。"[2]

# 引文注解

引文的来源见参考文献。

**题词**

[1] quoted Stacton, p. 153

[2] Melville Jones, p. 12

**序言：红苹果**

[1] Procopius, p. 35

[2] Mansel, p. 1

**1. 燃烧的海**

[1] quoted Sherrard, p. 11

[2] quoted Akbar, p. 45

[3] Tell him that ⋯ ', quoted ibid. , p. 44

[4] Ibn Khaldun, vol. 2, p. 40

[5] Anna Comnena, p. 402

[6] quoted Tsangadas, p. 112

[7] quoted ibid. , p. 112

[8] Theophanes Confessor, p. 676

[9] ibid. , p. 546

[10] ibid. , p. 550

[11] ibid. , p. 550

[12] ibid. , p. 546

[13] quoted Wintle, p. 245

[14] Ovid, *Tristia*, 1. 10

［15］ quoted Sherrard, p. 12

［16］ quoted Mansel, p. 3

［17］ quoted Sherrard, p. 12

［18］ quoted ibid. , p. 51

［19］ quoted ibid. , p. 27

［20］ quoted Norwich, vol. 1, p. 202

［21］ quoted Clark, p. 17

［22］ quoted ibid. , p. 14

［23］ quoted Sherrard, p. 74

［24］ quoted Wheatcroft, p. 54

## 2. 伊斯坦布尔的梦想

［1］ quoted Lewis, *Islam from the Prophet*, vol. 2, pp. 207 – 8

［2］ Ibn Khaldun, vol. 2, pp. 257 – 8

［3］ Ibn Khaldun, quoted Lewis, *The Legacy of Islam*, p. 197

［4］ quoted Lewis, *Islam from the Prophet*, vol. 2, p. 208

［5］ quoted Cahen, p. 213

［6］ quoted Armstrong, p. 2

［7］ quoted Norwich, vol. 3, p. 102

［8］ quoted Mango, *The Oxford History of Byzantium*, p. 128

［9］ quoted Kelly, p. 35

［10］quoted Morris, p. 39

［11］ quoted Norwich, vol. 3, p. 130

［12］ quoted ibid. , vol. 3, p. 179

［13］ quoted Morris, p. 41

［14］ quoted Kinross, p. 24

［15］ quoted Mackintosh-Smith, p. 290

［16］ quoted Wittek, p. 15

［17］ quoted ibid. , p. 14

［18］ quoted ibid. , p. 14

［19］ Tafur, p. 146

［20］ Mihailovich, pp. 191 – 2

［21］ Brocquière, pp. 362 – 5

## 3. 苏丹和皇帝

［1］ quoted Babinger, p. 59

［2］ quoted ibid. , p. 418

［3］ Brocquière, p. 351

［4］ quoted Inalcik, p. 59

［5］ quoted Babinger, p. 24

［6］ Granville Brown, *A History of Ottoman Poetry*, vol. 2

［7］ Mihailovich, p. 171

［8］ Doukas, *Fragmenta*, p. 228

［9］ Khoja Sa' d-ud-din, p. 41

［10］ Doukas, *Fragmenta*, p. 227

［11］ quoted Babinger, p. 424

［12］ quoted ibid. , p. 112

［13］ Brocquière, pp. 335 – 41

［14］ Nestor-Iskander, p. 67

［15］ quoted Babinger, p. 47

## 4. 割断喉咙

［1］ quoted Freely, p. 269

［2］ quoted Babinger, p. 68

[3] Sphrantzes, trans. Philippides, p. 59

[4] Doukas, *Fragmenta*, p. 228

[5] Tursun Beg, p. 33

[6] Doukas, *Fragmenta*, pp. 234 – 5

[7] quoted Nicol, *The Immortal Emperor*, p. 52

[8] Khoja Sa' d-ud-din, p. 11

[9] Kritovoulos, *Critobuli*, p. 19

[10] Doukas, *Fragmenta*, pp. 237 – 8

[11] ibid. , p. 238

[12] ibid. , p. 239

[13] ibid. , p. 239

[14] ibid. , p. 245

[15] Kritovoulos, *Critobuli*, p. 21

[16] Mihailovich, p. 89

[17] Kritovoulos, *Critobuli*, p. 22

[18] ibid. , p. 22

[19] Tursun Beg, p. 34

[20] Kritovoulos, *Critobuli*, p. 22

[21] Doukas, *Fragmenta*, p. 245

[22] Kritovoulos, *Critobuli*, p. 22

[23] Pertusi, *La Caduta*, vol. 1, p. 311

[24] ibid. , p. 311

[25] Khoja Sa' d-ud-din, p. 12

[26] Doukas, *Fragmenta*, p. 248

## 5. 黑暗的教堂

[1] quoted Mijatovich, p. 17

[2] quoted in an article on the *Daily Telegraph* website, 4 May 2001

[3] quoted Ware, p. 43

[4] quoted ibid. , p. 53

[5] quoted Clark, p. 27

[6] quoted Norwich, vol. 3, p. 184

[7] quoted Mijatovich, pp. 24 – 5

[8] quoted Gill, p. 381

[9] quoted Runciman, *The Fall of Constantinople*, pp. 63 – 4

[10] quoted Nicol, *The Immortal Emperor*, p. 58

[11] Pertusi, *La Caduta*, vol. 1, p. 125

[12] quoted Gill, p. 384

[13] Pertusi, *La Caduta*, vol. 1, p. 11

[14] ibid. , p. 92

[15] quoted Stacton, p. 165

[16] quoted Sherrard, p. 34

[17] Doukas, *Fragmenta*, p. 254

[18] Kritovoulos, *Critobuli*, p. 30

[19] Kritovoulos, *History of Mehmet*, pp. 29 – 31

[20] Kritovoulos, *Critobuli*, p. 32

[21] ibid. , p. 37

［22］Doukas, *Fragmenta*, p. 257

［23］Barbaro, *Giornale*, p. 3

［24］ibid. , p. 4

［25］ibid. , p. 5

［26］ibid. , p. 13

［27］Doukas, *Fragmenta*, p. 265

［28］Kritovoulos, *History of Mehmet*, p. 39

［29］Sphrantzes, trans. Philippides, p 72

## 6. 城墙和大炮

［1］quoted Hogg, p. 16

［2］Kritovoulos, *Critobuli*, p. 40

［3］Kritovoulos, *Critobuli*, p. 37

［4］Gunther of Pairis, p. 99

［5］quoted Tsangadas, p. 9

［6］quoted Van Millingen, *Byzantine Constantinople*, p. 49

［7］quoted ibid. , p. 47

［8］quoted ibid. , p. 107

［9］quoted Mijatovich, p. 50

［10］quoted Hogg, p. 16

［11］quoted Cipolla, p. 36

［12］quoted DeVries, p. 125

［13］Doukas, *Fragmenta*, pp. 247 – 8

［14］Kritovoulos, *Critobuli*, p. 44

［15］ibid. , p. 44

［16］ibid. , p. 44

［17］Chelebi, *In the Days*, p. 90

［18］ibid. , p. 90

［19］ibid. , p. 91

［20］Kritovoulos, *Critobuli*, p. 44

［21］Doukas, *Fragmenta*, p. 248

［22］ibid. , p. 249

［23］ibid. , p. 249

## 7. 浩瀚如繁星

［1］Pertusi, *La Caduta*, vol. 1, p. 315

［2］Mihailovich, p. 177

［3］Doukas, *Fragmenta*, p. 262

［4］quoted Imber, *The Ottoman Empire*, p. 257

［5］ibid. , p. 277

［6］quoted Goodwin, Lords of the Horizons, p. 66

［7］Doukas, *Fragmenta*, p. 262

［8］Khoja Sa'd-ud-din, p. 16

［9］Chelebi, *Le Siège*, p. 2

［10］Kritovoulos, *Critobuli*, p. 38

［11］ibid. , p. 39

［12］Khoja Sa'd-ud-din, p. 17

［13］Doukas, *Fragmenta*, p. 262

［14］quoted Pertusi, *La Caduta*, vol. 1, p. xx

［15］Tursun Beg, p. 34

［16］Sphrantzes trans. Carroll,

p. 47

[17] quoted Goodwin, p. 70

[18] Pertusi, *La Caduta*, vol. 1,
p. 316

[19] Kritovoulos, *Critobuli*, p. 41

[20] Pertusi, *La Caduta*, vol. 1,
p. 176

[21] ibid. , p. 5

[22] ibid. , vol. 1, p. 130

[23] Mihailovich, p. 91

[24] quoted Pertusi, *La Caduta*,
vol. 1, p. xx

[25] quoted ibid. , p. xx

[26] Mihailovich, p. 175

[27] Pertusi, *La Caduta*, vol. 1,
pp. 175 – 6

[28] quoted Mijatovich, p. 137

[29] Sphrantzes,    trans. Carroll,
p. 49

[30] ibid. , pp. 49 – 50

[31] Sphrantzes, trans. Philippides,
p. 69

[32] Leonard, p. 38

[33] Pertusi, *La Caduta*, vol. 1,
p. 146

[34] Leonard, p. 38

[35] Sphrantzes, trans. Philippides,
p. 70

[36] Barbaro, *Giornale*, pp. 19

[37] Pertusi, *La Caduta*, vol. 1,
p. 148

[38] ibid. , p. 27

[39] Sphrantzes, trans. Philippides,
p. 110

[40] Pertusi, *La Caduta*, vol. 1,
p. 148

[41] Barbaro, *Giornale*, p. 19

[42] Pertusi, *La Caduta*, vol. 1,
pp. 152 – 4

[43] Barbaro, *Giornale*, pp. 19 –
20

[44] *The Koran*, p. 198

[45] Chelebi, *Le Siège*, p. 3

[46] Doukas,    trans. Magoulias,
p. 217

[47] Kritovoulos, *Critobuli*, p. 37

[48] ibid. , p. 40

## 8. 世界末日的恐怖号角

[1] Nestor-Iskander, p. 45

[2] Kritovoulos, *Critobuli*, p. 41

[3] ibid. , p. 46

[4] Doukas, *Fragmenta*, p. 266

[5] ibid. , p. 266

[6] Kritovoulos, *Critobuli*, p. 47

[7] ibid. , p. 48

[8] Pertusi, *La Caduta*, vol. 1,
p. 130

[9] Leonard, p. 18

［10］ Barbaro, p. 30

［11］ Nestor-Iskander, p. 43

［12］ Pertusi, *La Caduta*, vol. 1, p. 130

［13］ Pertusi, *La Caduta*, vol. 1, p. 15

［14］ Kritovoulos, *Critobuli*, p. 45

［15］ ibid. , p. 45

［16］ ibid. , p. 45

［17］ ibid. , p. 45

［18］ Pertusi, *La Caduta*, vol. 1, p. 130

［19］ Khoja Sa' d-ud-din, p. 21

［20］ Nestor-Iskander, pp. 33 – 5

［21］ ibid. , p. 35

［22］ Melville Jones, p. 46

［23］ ibid. , p. 47

［24］ Kritovoulos, *Critobuli*, p. 46

［25］ Sphrantzes, trans. Carroll, p. 48

［26］ ibid. , pp. 48 – 9

［27］ Doukas, *Fragmenta*, pp. 273 – 4

［28］ Melville Jones, p. 45

［29］ Sphrantzes, trans. Philippides, p. 103

［30］ Kritovoulos, *History of Mehmet*, p. 49

［31］ Leonard, p. 38

［32］ Doukas, *Fragmenta*, p. 266

［33］ Barbaro, *Giornale*, p. 22

［34］ Kritovoulos, *History of Mehmet*, p. 49

［35］ Pertusi, *La Caduta*, vol. 1, pp. 15 – 16

［36］ Nestor-Iskander, p. 37

［37］ ibid. , p. 39

［38］ ibid, p. 39

## 9. 上帝的神风

［1］ quoted Guilmartin, p. 22

［2］ Kritovoulos, *Critobuli*, p. 38

［3］ ibid. , p. 38

［4］ ibid. , p. 38

［5］ ibid. , p. 43

［6］ Pertusi, *La Caduta*, vol. 2, p. 256

［7］ Kritovoulos, *Critobuli*, p. 39

［8］ Pertusi, *La Caduta*, vol. 2, p. 256

［9］ Barbaro, *Giornale*, p. 19

［10］ Barbaro, *Diary*, p. 29

［11］ Barbaro, *Giornale*, p. 20

［12］ ibid. , p. 20

［13］ ibid. , p. 21

［14］ Pertusi, *La Caduta*, vol. 1, p. 15

［15］ Barbaro, *Giornale*, p. 22

［16］ Kritovoulos, *Critobuli*, p. 51

[17] ibid., p. 51

[18] Pertusi, *La Caduta*, vol. 1,
p. lxxvi

[19] Kritovoulos, *Critobuli*, p. 53

[20] ibid., p. 53

[21] ibid., p. 53

[22] Barbaro, *Giornale*, p. 23

[23] Kritovoulos, *Critobuli*, p. 53

[24] ibid., p. 53

[25] Doukas, *Fragmenta*, p. 269

[26] Leonard, p. 30

[27] Doukas, *Fragmenta*, p. 269

[28] Kritovoulos, *Critobuli*, p. 54

[29] Melville Jones, p. 21

[30] Pertusi, *La Caduta*, vol. 1,
p. 140

[31] Barbaro, p. 33

[32] Kritovoulos, *Critobuli*, p. 54

[33] Melville Jones, p. 22

[34] Barbaro, *Giornale*, p. 24

[35] Kritovoulos, *Critobuli*, p. 55

## 10. 鲜血的螺旋

[1] Lewis, *Islam from the Prophet*,
vol. 1, p. 212

[2] Leonard, p. 18

[3] Kritovoulos, *Critobuli*, p. 55

[4] Barbaro, *Giornale*, pp. 23 – 4

[5] Tursun Bey, quoted Inalcik,
*Speculum* 35, p. 411

[6] Pertusi, *La Caduta*, vol. 1,
p. 301

[7] ibid., pp. 301 – 2

[8] Barbaro, *Diary*, p. 34

[9] Sphrantzes, trans. Carroll, p. 56

[10] Barbaro, *Giornale*, p. 25

[11] ibid., p. 25

[12] Doukas, *Fragmenta*, p. 214

[13] Melville Jones, p. 4

[14] quoted Mijatovich, p. 161

[15] quoted Nicol, *The Immortal
Emperor*, pp. 127 – 8

[16] Pertusi, *La Caduta*, vol. 1,
p. 16

[17] ibid., p. 16

[18] Barbaro, *Diary*, p. 36

[19] ibid., p. 36

[20] Pertusi, *La Caduta*, vol. 1,
p. 17

[21] ibid., p. 17

[22] ibid., p. 16

[23] Doukas, trans. Magoulias,
p. 258

[24] Leonard, p. 28

[25] Pertusi, *La Caduta*, vol. 1,
pp. 134 – 6

[26] Kritovoulos, *Critobuli*, p. 56

[27] ibid., p. 56

[28] ibid., p. 56

［29］Barbaro, *Giornale*, p. 28

［30］Sphrantzes, trans. Carroll, p. 56

［31］Kritovoulos, *Critobuli*, p. 57

［32］Pertusi, *La Caduta*, vol. 1, p. 19

［33］Barbaro, *Giornale*, p. 29

［34］Sphrantzes, trans. Philippides, p. 111

［35］Barbaro, *Giornale*, p. 30

［36］ibid. , p. 31

［37］ibid. , p. 31

［38］ibid. , p. 32

［39］ibid. , p. 33

［40］ibid. , p. 33

［41］Barbaro, *Giornale*, pp. 31 – 2

［42］quoted Babinger, p. 429

［43］Melville Jones, p. 5

［44］Doukas, trans. Magoulias, p. 260

［45］Sphrantzes, trans. Carroll, p. 31

［46］Pertusi, *La Caduta*, vol. 1, p. 144

［47］ibid. , p. 144

**11. 恐怖的机械**

［1］*Siegecraft*: *Two Tenth-century Instructional Manuals by Heron of Byzantium*, ed. D. F. Sullivan, Washington DC, 2000, p. 29

［2］Leonard, p. 36

［3］Pertusi, *La Caduta*, vol. 1, p. 20

［4］ibid. , p. 142

［5］ibid. , p. 142

［6］ibid. , p. 23

［7］Barbaro, *Giornale*, p. 34

［8］Kritovoulos, *Critobuli*, pp. 51 – 2

［9］Leonard, p. 32

［10］Barbaro, *Giornale*, pp. 35 – 6

［11］ibid. , p. 36

［12］Leonard, p. 32

［13］Doukas, *Fragmenta*, p. 279

［14］ibid. , p. 278

［15］Barbaro, *Giornale*, p. 39

［16］Nestor-Iskander, p. 43

［17］ibid. , p. 45

［18］ibid. , p. 45

［19］Leonard, p. 44

［20］ibid. , p. 46

［21］ibid. , p. 44

［22］Pertusi, *La Caduta*, vol. 1, p. 152

［23］Tursun Beg, p. 36

[24] Nestor-Iskander, p. 49

[25] Nestor-Iskander, p. 53

[26] Barbaro, *Giornale*, p. 36

[27] Nestor-Iskander, p. 55

[28] ibid. , p. 57

[29] ibid. , p. 57

[30] Barbaro, *Giornale*, p. 39

[31] Nestor-Iskander, p. 47

[32] ibid. , p. 47

[33] quoted Wintle, p. 245

[34] Barbaro, *Giornale*, p. 37

[35] ibid. , p. 39

[36] Nestor-Iskander, p. 57

[37] ibid. , p. 59

[38] ibid. , p. 61

[39] quoted Mijatovich, p. 181

[40] Barbaro, *Giornale*, p. 40

[41] ibid. , p. 40

[42] ibid. , p. 40

[43] ibid. , p. 41

[44] ibid. , p. 41

[45] ibid. , p. 44

[46] Barbaro, *Diary*, p. 55

[47] Barbaro, *Giornale*, p. 43

[48] Pertusi, *La Caduta*, vol. 2, p. 262

[49] ibid. , vol. 1, p. 134

[50] Barbaro, *Diary*, p. 55

[51] Melville Jones, p. 5

[52] Barbaro, *Giornale*, p. 42

[53] ibid. , p. 43

[54] bid. , p. 43

[55] Leonard, p. 22

[56] Barbaro, *Diary*, p. 53

[57] Barbaro, *Giornale*, p. 42

[58] Nestor-Iskander, p. 51

[59] Leonard, p. 22

[60] Barbaro, *Giornale*, pp. 46 – 7

[61] Pertusi, *La Caduta*, vol. 1, p. 26

[62] ibid. , pp. 26 – 7

[63] Barbaro, *Giornale* , p. 35

## 12. 不祥之兆

[1] quoted Sherrard, p. 167

[2] Yerasimos, *Les Traditions Apocalyptiques*, p. 59

[3] Melville Jones, p. 129

[4] Leonard, p. 14

[5] Nestor-Iskander, p. 69

[6] quoted Yerasimos, *Les Traditions Apocalyptiques*, p. 70

[7] Barbaro, *Diary*, p. 56

[8] Pertusi, *La Caduta*, vol. 1, p. 26

[9] ibid. , p. 26

[10] ibid. , pp. 26 – 7

[11] quoted Tsangadas, p. 304

[12] Kritovoulos, *Critobuli*, p. 58

[13] ibid. , p. 58

[14] ibid. , p. 58

[15] ibid. , pp. 58 – 9

[16] ibid. , p. 59

[17] Nestor-Iskander, p. 81

[18] ibid. , p. 63

[19] ibid. , p. 81

[20] ibid. , p. 63

[21] ibid. , p. 65

[22] Pertusi, *La Caduta*, vol. 1,
p. 309 – 10

[23] Leonard, p. 50

[24] Melville Jones, pp. 47 – 8

[25] ibid. , p. 48

[26] ibid. , p. 48

[27] ibid. , p. 48

[28] Doukas, *Fragmenta*, p. 286

[29] Leonard, p. 50

[30] ibid. , p. 50

[31] Melville Jones, p. 6

[32] Leonard, p. 50

[33] Pertusi, *La Caduta*, vol. 1,
p. 27

[34] Doukas, *Fragmenta*, p. 281

[35] Pertusi, *La Caduta*, vol. 1,
p. 181

[36] Leonard, p. 54

[37] Barbaro, *Giornale*, p. 48

[38] Doukas,     trans. Magoulias,
p. 221

[39] Doukas, *Fragmenta*, p. 281

[40] Pertusi, *La Caduta*, vol. 1,
p. 27

[41] quoted     Yerasimos,     *Les
Traditions     Apocalyptiques*,
p. 157

## 13. "铭记这一天!"

[1] quoted Inalcik, *The Ottoman
Empire: The Classical Age*,
p. 56

[2] Mihailovich, p. 145

[3] Barbaro, *Giornale*, p. 49

[4] Kritovoulos, *Critobuli*, p. 59

[5] ibid. , p. 61

[6] ibid. , p. 62

[7] ibid. , p. 63

[8] Melville Jones, pp. 48 – 9

[9] ibid. , p. 49

[10] Leonard, p. 54

[11] quoted Babinger, p. 355

[12] Pertusi, *La Caduta*, vol. 1,
pp. 156 – 8

[13] Barbaro, *Giornale*, p. 49

[14] ibid. , p. 21

[15] Nestor-Iskander, p. 75

[16] ibid. , p. 77

[17] Barbaro, *Diary*, p. 60

[18] quoted Babinger, p. 85

[19] *The Koran*, p. 44

[20] Pertusi, *La Caduta*, vol. 1, p. 302

[21] *The Koran*, p. 361

[22] Barbaro, *Giornale*, p. 50

[23] Leonard, p. 56

[24] ibid. , p. 58

[25] Melville Jones, p. 35

[26] Kritovoulos, *Critobuli*, pp. 61 – 2

[27] Nestor-Iskander, p. 87

[28] Barbaro, *Giornale*, p. 49

[29] Barbaro, *Diary*, p. 56

[30] Barbaro, *Giornale*, p. 49

[31] Pertusi, *La Caduta*, vol. 1, p. 29

[32] Khoja Sa' d-ud-din, p. 27

[33] Sphrantzes, trans. Carroll, p. 74

[34] Sphrantzes, trans. Philippides, p. 61

## 14. 紧锁的城门

[1] Ibn Khaldun, vol. 2, p. 67

[2] Kritovoulos, *History of Mehmet*, p. 62

[3] Doukas, *Fragmenta*, p. 283

[4] Pertusi, *La Caduta*, vol. 1, p. 42

[5] Pertusi, *La Caduta*, vol. 1, p. 30

[6] Leonard, p. 16

[7] Kritovoulos, *Critobuli*, p. 66

[8] arbaro, *Diary*, p. 62

[9] Kritovoulos, *Critobuli*, p. 67

[10] Kritovoulos, *History of Mehmet*, p. 67

[11] Barbaro, *Giornale*, p. 52

[12] Nestor-Iskander, p. 60

[13] Barbaro, *Giornale*, p. 52

[14] Leonard, p. 60

[15] Barbaro, *Giornale*, p. 67

[16] Leonard, p. 60

[17] Kritovoulos, *Critobuli*, p. 67

[18] Barbaro, *Giornale*, p. 53

[19] Leonard, p. 40

[20] ibid. , p. 40

[21] Kritovoulos, *Critobuli*, p. 68

[22] ibid. , p. 68

[23] Pertusi, *La Caduta*, vol. 1, p. 158

[24] Kritovoulos, *Critobuli*, p. 68

[25] Melville Jones, p. 7

[26] Kritovoulos, *Critobuli*, p. 68

[27] Barbaro, *Giornale*, p. 53

[28] ibid. , p. 53

[29] ibid. , p. 53

［30］ ibid. , p. 53

［31］ bid. , p. 53

［32］ Kritovoulos, *Critobuli*, p. 68

［33］ Pertusi, *La Caduta*, vol. 1, p. 160

［34］ Kritovoulos, *Critobuli*, p. 69

［35］ Barbaro, *Giornale*, p. 53

［36］ Pertusi, *La Caduta*, vol. 1, p. 161

［37］ Leonard, p. 44

［38］ Kritovoulos, *Critobuli*, p. 68

［39］ ibid. , p. 70

［40］ Barbaro, *Giornale*, p. 54

［41］ Melville Jones, p. 50

［42］ Kritovoulos, *Critobuli*, p. 70

## 15. 一捧尘土

［1］ Sherrard, p. 102

［2］ Doukas, *Fragmenta*, p. 296

［3］ Kritovoulos, *Critobuli*, p. 71

［4］ ibid. , p. 71

［5］ Barbaro, *Giornale*, p. 55

［6］ Nestor-Iskander, p. 89

［7］ Melville Jones, p. 51

［8］ Doukas, *Fragmenta*, p. 295

［9］ Doukas, trans. Magoulias, p. 228

［10］ Khoja Sa' d-ud-din, p. 29

［11］ Melville Jones, p. 123

［12］ Kritovoulos, *Critobuli*, p. 71

［13］ ibid. , pp. 71 – 2

［14］ Leonard, p. 66

［15］ Doukas, *Fragmenta*, p. 295

［16］ Kritovoulos, *Critobuli*, p. 72

［17］ ibid. , p 72

［18］ bid. , , p. 73

［19］ ibid. , p. 73

［20］ Melville Jones, p. 38

［21］ Barbaro, *Diary*, p. 67

［22］ Kritovoulos, *Critobuli*, p. 73

［23］ Doukas, *Fragmenta*, p. 292

［24］ Pertusi, *La Caduta*, vol. 1, p. 34

［25］ Barbaro, *Diary*, p. 67

［26］ Kritovoulos, *Critobuli*, p. 74

［27］ Doukas, *Fragmenta*, p. 296

［28］ Pertusi, *La Caduta*, vol. 1, pp. 185 – 6

［29］ ibid. , p. 44

［30］ ibid. , p. 44

［31］ Pertusi, *La Caduta*, vol. 1, p. 36

［32］ ibid. , p. 37

［33］ Barbaro, *Giornale*, p. 58

［34］ Pertusi, *La Caduta*, vol. 1, p. 36

［35］ ibid. , p. 36

［36］ Procopius, quoted Freely, p. 28

[37] quoted Norwich, vol. 1, p. 203

[38] Kritovoulos, *Critobuli*, p. 74

[39] Doukas, trans. Magoulias, p. 225

[40] Doukas, trans. Magoulias, p. 227

[41] Doukas, *Fragmenta*, p. 292

[42] ibid. , p. 227

[43] Khoja Sa' d-ud-din, p. 30

[44] Tursun Beg, p. 37

[45] Pertusi, *La Caduta*, vol. 1, p. 214

[46] ibid. , pp. 184 – 5

[47] Legrand, p. 74

[48] quoted Lewis, *The Muslim Discovery of Europe*, p. 30

[49] quoted Freely, pp. 211 – 12

[50] Kritovoulos, *Critobuli*, pp. 74 – 5

[51] quoted Lewis, *Istanbul*, p. 8

[52] Pertusi, *La Caduta*, vol. 1, pp. 219 – 21

[53] ibid. , p. 327

[54] Norwich, vol. 3, p. 143

## 16. 世界的梦魇

[1] Melville Jones, p. 135

[2] Camariotes, p. 1070

[3] Pertusi, *La Caduta*, vol. 2, p. 416

[4] ibid. , pp. 44 – 6

[5] Doukas, trans. Magoulias, pp. 234 – 5

[6] quoted Lewis, Istanbul, p. 8

[7] Khoja Sa' d-ud-din, p. 33

[8] Kritovoulos, *Critobuli*, p. 76

[9] quoted Wheatcroft, *The Ottomans*, p. 23

[10] Pertusi, *La Caduta*, vol. 1, p. xxxviii

[11] quoted Schwoebel, p. 8

[12] ibid. , p. 4

[13] quoted ibid. , p. 9

[14] ibid. , p. 4

[15] Lewis, *The Muslim Discovery of Europe*, p. 32

[16] Ibn Taghribirdi, pp. 38 – 9

[17] Doukas, *Fragmenta*, p. 300

[18] Inalcik, *The Ottoman Empire*, p. 56

[19] quoted Schwoebel, p. 43

[20] Barbaro, *Giornale*, p. 66

[21] quoted Schwoebel, p. 11

[22] quoted Babinger, p. 358

[23] quoted Babinger, pp. 170 – 71

[24] *Othello*

[25] quoted Matar, p. 158

［26］ Khoja Sa' d-ud-din, p. 33

［27］ quoted Runciman, *The Fall of Constantinople*, p. 155

［28］ quoted Mansel, p. 15

［29］ quoted Mansel, p. 32

［30］ quoted Mansel, p. 47

［31］ quoted Schwoebel, p. 9

［32］ quoted Freely, p. 3

［33］ quoted Matar, p. 159

［34］ quoted Levey, p. 15

［35］ quoted *Istanbul: Everyman Guides*, p. 82

［36］ quoted Levey, p. 18

［37］ quoted Mansel, p. 57

［38］ quoted Freely, p. 14

## 尾声：安息之地

［1］ quoted Babinger, p. 408

［2］ quoted ibid. , p. 424

［3］ quoted ibid. , p. 424

［4］ quoted ibid. , p. 411

［5］ quoted ibid. , p. 405

［6］ quoted Babinger, p. 408

［7］ Sphrantzes, trans. Philippides, p. 21

［8］ ibid. , p. 75

［9］ ibid. , p. 91

［10］ Pertusi, *La Caduta*, vol. 1, p. 162

［11］ quoted Setton, p. 429

［12］ Chelebi, *Le Siège*, p. 2

［13］ Gilles, p. 130

## 资料来源

［1］ *La Caduta*, vol. 2, p. 261

［2］ Kritovoulos, *History of Mehmet*, pp. 4 – 6

# 鸣　谢

写作本书的设想已经酝酿了多年，要感谢的人也很多。如今能够成书，首先要感谢我的代理人 Andrew Lownie、Faber 出版社的 Julian Loose 和 Hyperion 出版社的 Bill Strachan，因为他们相信这个故事能够成功；然后还要感谢两家出版社的热情支持和高度的专业素养，促成本书的问世。

至于本书的深层次起源，我对伊斯坦布尔的捍卫者 Christopher Trillo 永远心存感激，是他在 1973 年说服我去了那里；我还要感谢一直给我出谋划策的一小群至交老友：Andrew Taylor、Elizabeth Manners 和 Stephen Scoffham，他们提了很多宝贵意见，并审读了手稿。Elizabeth Manners 还拍

# 鸣 谢

摄了罗马尼亚的摩尔多维查修道院的壁画，作为本书的封面照片。John Dyson 在伊斯坦布尔为我搜集书籍，对我帮助极大，还对我盛情款待。Rita 和 Ron Morton 在希腊也对我热情招待。Ron Morton 和 David Gordon - Macleod 带我去了阿索斯山，去一睹现存拜占庭传统的风采。Annamaria Ferro 和 Andy Kirby 帮助我做了翻译工作。Oliver Poole 拍摄了照片，Athena Adams - Florou 帮助我扫描了图片，Dennis Naish 提供了关于铸炮的信息，Martin Dow 在阿拉伯文方面给出了建议。对所有这些朋友，我都非常感激。最后，我还要永远感激 Jan，她不仅提出了宝贵意见并帮助审稿，还在土耳其忍受被狗咬的痛苦，多年来一贯深爱和支持着我。

我还要感谢下列出版社许可我在本书中使用了大量节选。本书的部分材料来自《涅斯托尔 - 伊斯坎德尔的关于君士坦丁堡的故事》，由 Walter K. Hanak 和 Marios Philippides 翻译和注解，由 Aristide D. Caratzas 出版社提供（Melissa International Ltd）；还有部分材料来自《征服者穆罕默德和他的时代》（普林斯顿大学出版社，1978 年版），作者 Franz Babinger，得到普林斯顿大学出版社授权许可。

## 译名对照表[*]

Abraham of Ankara 安卡拉的亚伯拉罕

Afrasiyab 阿弗拉西亚布

Akshemsettin, Sheikh 谢赫阿克谢姆赛丁

Ahmet 艾哈迈德

Ahmet Gurani 艾哈迈德·古拉尼

Ahmeti 艾哈迈迪

Al-Kashgari 喀什噶里（Mahmud al-Kashgari，麻赫穆德·喀什噶里）

Al-Rawandi 拉旺迪（Muhammad bin Ali Rawandi，穆罕默德·本·阿里·拉旺迪）

Alexios 亚历克赛（Alexios IV Angelos，亚历克赛四世·安格洛斯）

Alfonso of Aragon and Naples 阿拉贡和那不勒斯的阿方索

Alhambra 阿兰布拉宫

Alp Arslan, Sultan 艾勒卜·艾尔斯兰苏丹

---

[*] 译名对照表收入的是一些对全文的论据（因而不只是对文中的单一领域）有着重要意义的概念。

Amasya 阿马西亚

Anadolu Hisari 安纳托利亚堡垒

Andrew（Mehmet Pasha）安德鲁
（穆罕默德帕夏）

Andronikos 安德罗尼库斯
（Andronikos I Komnenos，安德
罗尼库斯一世·科穆宁）

Anemas 阿尼玛斯（地牢）

Anthemius 安特米乌斯

Antonio de Corfu 科孚岛的安东尼
奥

Apocalypse of Pseudo-Methodius 伪
美多迪乌斯启示录

Arrian 阿利安

Artevelde，Philip van 菲利普·
范·阿尔特维尔德

Asomaton 阿索马通

Asper 阿斯普尔

Aspron 阿斯普隆

Ataturk，Kemal 凯末尔·阿塔图
尔克

Attila 阿提拉

Avars 阿瓦尔人

Aya Sofya mosque 圣索菲亚清真寺

Ayyub 艾优卜（Abu Ayyub al-
Ansari 阿布·艾优卜·安撒里）

Bacon，Roger 罗吉尔·培根

Bactatinian Tower 巴克塔提尼安塔
楼

Baltaoglu 巴尔托格鲁

Barlaam of Calabria 卡拉布里亚的
巴尔拉姆

Barbaro，Marco 马尔科·巴尔巴罗

Barbaro，Niccolò 尼科洛·巴尔巴
罗

Battle of Agincourt 阿金库尔战役

Battle of Manzikert 曼齐刻尔特战
役

Battle of the Masts 桅杆之战

Bayburt 巴伊布尔特

Bayezit I 巴耶济德一世

Bedouins 贝都因人

Bektashi 拜克塔什派

Bellini，Gentile 真蒂莱·贝利尼

Benedict XII 本笃十二世（教皇）

Benvenuto 本韦努托（领事）

bey 贝伊

Bezant 拜占特

Blachernae 布雷契耐（皇宫）

Bocchiardo，Troilo 特罗伊洛·博
基亚尔多

Bourges 布尔日

Brankovic，George 杜拉德·布兰
科维奇（Durad Brankovic）

# 译名对照表

Dromon 德罗蒙战船

Dulle Griete 疯女格丽特（大炮）

Ebu Seybet ul-Ensari 艾布·赛贝特·乌尔－安萨里

Edirne 埃迪尔内

Edward III 爱德华三世（英格兰国王）

Eleutherii 埃莱夫塞雷

Epibatos 埃皮巴托斯

Epiphanios 埃皮法尼奥斯

Erzurum 埃尔祖鲁姆

Eugenius, Gate of 尤金尼乌斯门

Eugenius IV 尤金四世（教皇）

Faiuzo 法尤佐

Filelfo, Francesco 弗朗切斯科·菲莱尔福

Filomati "菲罗玛蒂"号

Firuz Bey 菲鲁兹贝伊

Flavius Constantinus 弗拉维乌斯·君士坦丁

Francisco of Toledo, Don 堂弗朗西斯科·德·托莱多

Friedrich Barbarossa 弗里德里希·巴巴罗萨

Friedrich III 弗里德里希三世（神圣罗马帝国皇帝）

Fulcher of Chartres 沙特尔的富歇

Galata 加拉塔

Gallipoli 加里波利

Ganga 甘噶

Gataloxa "加塔罗科萨"号

gazi 加齐

Gennadios（Scholarios）真纳迪奥斯（斯科拉里奥斯）

Geoffrey of Villehardouin 维尔阿杜安的若弗鲁瓦

George of Hungary 匈牙利的乔治

George of Trebizond 特拉布宗的乔治

Georgevich, Bartholomew 巴塞洛缪·杰奥尔杰维奇

Gepids 格皮德人

Gilles, Pierre 皮埃尔·吉勒

Giustiniani, Nicholas 尼古拉斯·朱斯蒂尼亚尼

Giustiniani Longo, Giovanni 乔万尼·朱斯蒂尼亚尼·隆哥

Golden Horn 金角湾

Grant, John 约翰·格兰特

Grezi, Troilo de 特罗伊洛·德·格雷齐

Grioni, Zacaria 扎卡里亚·格廖尼

Guro "古罗"号

379

# 译名对照表

Shihabettin Pasha 谢哈布丁帕夏

Sinop 锡诺普

Sivas 锡瓦斯

Soligo，Bartolamio 巴尔托拉米奥·索利戈

Sphendone 斯芬多恩

Sphrantzes，George 乔治·斯弗朗齐斯

St Elmo's fire 圣艾尔摩之火

St Mark Eugenicus 圣马可·尤金尼克斯

Steco，Andrea 安德烈亚·斯泰科

Struma 斯特鲁马河

Studion 斯图狄翁

Studius 斯图狄乌斯

Tafur，Pero 佩罗·塔富尔

Tamburlaine（Timur）帖木尔

Tana 塔纳

Tenedos 特内多斯

Tetaldi，Giacomo 贾科莫·特塔尔迪

Theodore of Karystes 卡里斯特斯的西奥多

Theophanes the Confessor 忏悔者狄奥法内斯

Theophilus 西奥菲勒斯

Therapia 希拉比亚

Thessaloniki 塞萨洛尼基

Timur 帖木儿

Tokat 托卡特

Trapezuntios，George 特拉布宗的乔治

Trebizond 特拉布宗

Trevisano，Gabriel 加布里埃尔·特里维萨诺

Turahan Bey 图拉汗贝伊

Tursun Bey 图尔松贝伊

Tutmose III 图特摩斯三世

ul-Ensari，Ebu Seybet 艾布·赛贝特·乌尔-安萨里

ul-Ensari，Hamd 哈姆德·乌尔-安萨里

ulema 乌理玛

Umayyad 倭马亚

Urban II 乌尔班二世（教皇）

Varna 瓦尔纳

Vladislas 瓦迪斯瓦夫

Wallachia 瓦拉几亚

Zaganos Pasha 扎甘帕夏

参考文献

## Collections of Sources

Jorga, N., *Notes et extraits pour servir à l'Histoire des Croisades au Xve siècle*, 6 vols, Paris and Bucharest, 1899–1916

Legrand, Emile, *Recueil de Chansons Populaires Grecques*, Paris, 1874

Lewis, Bernard, *Islam from the Prophet Muhammad to the Capture of Constantinople*, 2 vols., New York, 1974

Melville Jones, J. R., *The Siege of Constantinople 1453: Seven Contemporary Accounts*, Amsterdam, 1972

Pertusi, Agostino, *La Caduta di Costantinopoli*, 2 vols., Milan, 1976

## Individual Sources

Barbaro, Nicolo, *Giornale dell' Assedio di Costantinopoli 1453*, ed. E. Cornet, Vienna, 1856; (in English) *Diary of the Siege of Constantinople 1453*, trans. J. R. Melville Jones, New York, 1969

Broquière, Bertrandon de la, in *Early Travels in Palestine*, ed. T. Wright, London, 1848

Camariotes, Matthew, "De Constantinopoli Capta Narratio Lamentabilis," in *Patrologiae Cursus Completus, Series Graeco-Latina*, vol. 160, ed. J. P. Migne, Paris, 1866

Chelebi, Evliya, *In the Days of the Janissaries*, ed. Alexander Pallis, London, 1951

————, "Le Siège de Constantinople d'après le Seyahatname d'Evliya Chelebi," trans. H. Turkova, *Byzantinoslavica*, vol. 14, 1953

Comnena, Anna, *The Alexiad of Anna Comnena*, trans. E. R. A. Sewter, London, 1969

Doukas, *Decline and Fall of Byzantium to the Ottoman Turks*, trans. Harry J. Magoulias, Detroit, 1975

————, *Fragmenta Historicorum Graecorum*, vol. 5, Paris, 1870

Gilles, Pierre, *The Antiquities of Constantinople*, London, 1729

Gunther of Pairis, *The Capture of Constantinople: The Hystoria Constantinopolitana of Gunther of Pairis*, ed. and trans. Alfred J. Andrea, Philadelphia, 1997

Ibn Khaldun, *The Muqaddimah*, 3 vols., trans. Franz Rosenthal, London, 1958

Ibn Taghribirdi, Abu al-Mahasin Yusuf, *History of Egypt, Part 6, 1382–1469 A.D.*, trans, W. Popper, Berkeley, 1960

Khoja Sa'd-ud-din, *The Capture of Constantinople from the Taj-ut-Tevarikh*, trans. E. J. W. Gibb, Glasgow, 1879

Kritovoulos, *Critobuli Imbriotae Historiae*, ed. Diether Reinsch, Berlin, 1983; (in English) *History of Mehmet the Conqueror*, trans. Charles T. Riggs, Westport, 1970

Leonard of Chios, *De Capta a Mehemethe II Constantinopoli*, Paris, 1823

Mihailovich, Konstantin, *Memoirs of a Janissary*, trans. Benjamin Stolz, Ann Arbor, 1975

Nestor-Iskander, *The Tale of Constantinople*, trans. and ed. Walter K. Hanak and Marios Philippides, 1998

Procopius, *Buildings*, London, 1971

Pusculus, Ubertino, *Constantinopoleos Libri IV*, in Ellissen, *Analekten der Mittel- und Neugriechischen Literatur III*, 1857

Spandounes, Theodore, *On the Origin of the Ottoman Emperors*, trans. and ed. Donald M. Nicol, Cambridge, 1997

Sphrantzes, George, *The Fall of the Byzantine Empire: A Chronicle by George Sphrantzes 1401–1477*, trans. Marios Philippides, Amherst, 1980

————, *A Contemporary Greek Source for the Siege of Constantinople 1453: The Sphrantzes Chronicle*, trans. Margaret Carroll, Amsterdam, 1985

Tafur, Pero, *Travels and Adventures, 1435–1439*, trans. Malcolm Letts, London, 1926

Theophanes Confessor, *The Chronicle of Theophanes Confessor*, trans. Cyril Mango and Roger Scott, Oxford, 1997

Tursun Beg, *The History of Mehmet the Conqueror*, trans. Halil Inalcik and Rhoads Murphey, Minneapolis and Chicago, 1978

## Modern Works

Ak, Mahmut and Başar, Fahameddin, *Istanbul'un Fetih Günlüğü*, Istanbul, 2003

Akbar, M. J., *The Shade of Swords: Jihad and the Conflict between Islam and Christianity*, London, 2002

Armstrong, Karen, *Holy War: The Crusades and Their Impact on Today's World*, London, 1992

Atıl, Esin, *Levni and the Surname: The Story of an Eighteenth-Century Ottoman Festival*, Istanbul, 1999

Ayalon, David, *Gunpowder and Firearms in the Mamluk Kingdom*, London, 1956

Aydın, Erdoğan, *Fatih ve Fetih: Mitler ve Gerçekler*, Istanbul, 2001

Babinger, Franz, *Mehmet the Conqueror and His Time*, Princeton, 1978

Bartusis, Mark C., *The Late Byzantine Army: Arms and Society, 1204–1453*, Philadelphia, 1992

Baynes, Norman H., *Byzantine Studies and Other Essays*, London, 1955

Bury, J. B., *A History of the Later Roman Empire from Arcadius to Irene, 395–800*, 2 vols., London, 1889

Cahen, Claude, *Pre-Ottoman Turkey*, trans. J. Jones-Williams, London, 1968

Carroll, Margaret, "Notes on the authorship of the Siege Section of the Chronicon Maius," *Byzantion* 41, 1971

Chatzidakis, Manolis, *Mystras: The Medieval City and the Castle*, Athens, 2001

Cipolla, Carlo M., *European Culture and Overseas Expansion*, London, 1970

Clark, Victoria, *Why Angels Fall: A Journey through Orthodox Europe from Byzantium to Kosovo*, London, 2000

Coles, Paul, *The Ottoman Impact on Europe*, London, 1968

Corfis, Ivy A. and Wolfe, Michael (eds.), *The Medieval City under Siege*, Woodbridge, 1995

DeVries, Kelly, *Guns and Men in Medieval Europe, 1200–1500*, Aldershot, 2002

Dirimtekin, Feridun, *Istanbul'un Fethi*, Istanbul, 2003

Emecen, Feridun M., *Istanbul'un Fethi Olayı ve Meseleri*, Istanbul, 2003

*Encyclopaedia of Islam*, Leiden, 1960

Esin, Emel, *Ottoman Empire in Miniatures*, Istanbul, 1988

Freely, John, *The Companion Guide to Istanbul*, Woodbridge, 2000

Gill, Joseph, *The Council of Florence*, Cambridge, 1959

Goffman, Daniel, *The Ottoman Empire and Early Modern Europe*, Cambridge, 2002

Goodwin, Godfrey, *The Janissaries*, London, 1994

Goodwin, Jason, *Lords of the Horizons: A History of the Ottoman Empire*, London, 1999

Granville Browne, E. (ed.), *A History of Ottoman Poetry*, London, 1904

Guilmartin, John F., *Galleons and Galleys*, London, 2002

Haldon, J. and Byrne, M., "A Possible Solution to the Problem of Greek Fire," *Byzantinische Zeitschrift* 70, pp. 91–99

Hall, Bert S., *Weapons and Warfare in Renaissance Europe: Gunpowder, Technology and Tactics*, Baltimore, 1997

Hattendorf, John B., and Unger, Richard W., *War at Sea in the Middle Ages and the Renaissance*, Woodbridge, 2003

Heywood, Colin, *Writing Ottoman History: Documents and Interpretations*, Aldershot, 2002

Hogg, Ian V., *A History of Artillery*, London, 1974

Howard, Michael, *War in European History*, Oxford, 1976

Imber, Colin, "The Legend of Osman Gazi," *The Ottoman Emirate 1300–1389*, Rethymnon, 1993

———, "What Does Ghazi Actually Mean," *The Balance of Truth: Essays in Honour of Professor Geoffrey Lewis*, Istanbul, 2000

———, *The Ottoman Empire: 1300–1650*, Basingstoke, 2002

参考文献

Inalcik, Halil, "Mehmet the Conqueror and His Time," *Speculum* 35, pp. 408–427
————, *Fatih Devri üzerinde Tetkikler and Vesikalar I*, Ankara, 1987
————, *The Ottoman Empire: Conquest, Organization and Economy*, London, 1978
————, *The Ottoman Empire: The Classical Age 1300-1600*, London, 1973
*Istanbul: Everyman Guides*, London, 1993
Kaegi, Walter Emil, *Byzantium and the Early Islamic Conquests*, Cambridge, 1992
Kazankaya, Hasan, *Fatih Sultan Mehmet'in Istanbul'un Fethi ve Fethin Karanlık Noktaları*, 2 vols., Istanbul, 1995
Keegan, John, *A History of Warfare*, London, 1994
Keen, Maurice (ed.), *Medieval Warfare: A History*, Oxford, 1999
Kelly, Laurence, *Istanbul: A Traveller's Companion*, London, 1987
Khadduri, Majid, *War and Peace in the Law of Islam*, Baltimore, 1955
Kinross, Lord, *The Ottoman Centuries*, London, 1977
*Koran, The*, trans. N. J. Dawood, London, 1956
Levey, Michael, *The World of Ottoman Art*, London, 1971
Lewis, Bernard, *Istanbul and the Civilization of the Ottoman Empire*, Norman, 1968
————, "Politics and War" in J. Schacht and C. E. Bosworth (eds.), *The Legacy of Islam*, Oxford, 1979
————, *Islam from the Prophet Muhammad to the Capture of Constantinople*, 2 vols., Oxford, 1987
————, *The Muslim Discovery of Europe*, London, 1982
Mackintosh-Smith, Tim, *Travels with a Tangerine*, London, 2001
Mango, Cyril, *Studies on Constantinople*, Aldershot, 1993
————, (ed.), *The Oxford History of Byzantium*, Oxford, 2002
Mansel, Philip, *Constantinople: City of the World's Desire, 1453-1924*, London, 1995
Massignon, Louis, "Textes Prémonitoires et commentaires mystiques relatifs à la prise de Constantinople par les Turcs en 1453," *Oriens* 6, pp. 10–17
Matar, Nabil, *Islam in Britain 1558-1685*, Cambridge, 1998
Mathews, Thomas F., *The Art of Byzantium: Between Antiquity and the Renaissance*, London, 1998
McCarthy, Justin, *The Ottoman Turks: An Introductory History to 1923*, Harlow, 1997
McNeill, William H., *The Rise of the West: A History of the Human Community*, Chicago, 1990
Mijatovich, Chedomil, *Constantine Palaiologos: The Last Emperor of the Greeks, 1448-1453*, London, 1892
Morris, Jan, *The Venetian Empire: A Sea Voyage*, London, 1980
Murphey, Rhoads, *Ottoman Warfare 1500-1700*, London, 1999
Nicol, Donald M., *Byzantium and Venice*, Cambridge, 1988
————, *The Immortal Emperor: The Life and Legend of Constantine Palaiologus, Last Emperor of the Romans*, Cambridge, 1969
————, *The Last Centuries of Byzantium, 1261-1453*, London, 1972
Nicolle, David, *Armies of the Ottoman Turks 1300-1774*, London, 1983
————, *Constantinople 1453*, Oxford, 2000
————, *The Janissaries*, London, 1995

Norwich, John J., *A History of Byzantium*, 3 vols., London, 1995

Ostrogorsky, George, *History of the Byzantine State*, trans. Joan Hussey, Oxford, 1980

Parry, V. J., *Richard Knolles' "History of the Turks,"* ed. Salih Özbaran, Istanbul, 2003

Parry, V. J. and Yapp, M. E. (eds.), *War, Technology and Society in the Middle East*, London, 1975

Partington, J. R., *A History of Greek Fire and Gunpowder*, Cambridge, 1960

Pears, Edwin, *The Destruction of the Greek Empire and the Story of the Capture of Constantinople by the Turks*, London, 1903

Rose, Susan, *Medieval Naval Warfare, 1000–1500*, London, 2002

Runciman, Stephen, *The Eastern Schism: A Study of the Papacy and Eastern Churches during the 11th and 12th Centuries*, Oxford, 1955

———, *The Fall of Constantinople*, Cambridge, 1965

Schwoebel, Robert, *The Shadow of the Crescent: The Renaissance Image of the Turk, 1453–1517*, Nieuwkoop, 1967

Setton, Kenneth M., *The Papacy and the Levant (1204–1571), vol. II: The Fifteenth Century*, Philadelphia, 1978

Shaw, Stanford, *History of the Ottoman Empire and Modern Turkey, vol. I: Empire of the Gazis*, Cambridge, 1976

Sherrard, Philip, *Constantinople: The Iconography of a Sacred City*, London, 1965

Simarski, Lynn Teo, "Constantinople's Volcanic Twilight," *Saudi Aramco World*, Nov./Dec., 1996

Stacton, D., *The World on the Last Day*, London, 1965

Tsangadas, B. C. P., *The Fortifications and Defense of Constantinople*, New York, 1980

Vakalopoulos, Apostolos E., *The Origins of the Greek Nation: The Byzantine Period, 1204–1461*, New Brunswick, 1970

Van Millingen, Alexander, *Byzantine Churches in Constantinople*, London, 1912

———, *Byzantine Constantinople*, London, 1899

Vassilaki, Maria (ed.), *Mother of God: Representations of the Virgin in Byzantine Art*, Turin, 2000

Ware, Timothy, *The Orthodox Church*, London, 1993

Wheatcroft, Andrew, *Infidels: The Conflict between Christendom and Islam 638–2002*, London, 2003

———, *The Ottomans: Dissolving Images*, London, 1995

Wintle, Justin, *The Rough Guide History of Islam*, London, 2003

Wittek, Paul, *The Rise of the Ottoman Empire*, London, 1963

Yerasimos, Stephane, *La Fondation de Constantinople et de Sainte-Sophie dans les Traditions Turques*, Paris, 1990

———, *Les Traditions Apocalyptiques au tournant de la Chute de Constantinople*, Paris, 1999

## 译后记

　　《1453》是我和"甲骨文"合作的第一本书。我也就这样走进了克劳利的海洋世界。

　　我陆续翻译了他的四本历史著作《1453：君士坦丁堡之战》《海洋帝国：地中海大决战》《财富之城：威尼斯海洋霸权》《征服者：葡萄牙帝国的崛起》。这于我而言是一段愉快的旅程。克劳利的作品不是学术前沿，也没有高深的理论，却是精彩绝伦的叙述史，也是大众读者了解历史的绝佳窗口。

　　对我来讲，翻译是非常难得的深度学习的机会。人都有惰性，读书的时候，不太明白的地方经常就略过了，不影响理解大意就行。翻译却不容许偷懒，必须把每一个地方都完全弄懂。要对读者负责，首先得对自己负责。

"地中海史诗"三部曲相继出版之后，得到许多读者的热情支持，同时也有许多读者通过各种途径提出了具有建设性意义的批评。借这次精装版推出的机会，我重新审视和修改了自己的译文。修改历时近半年，我刻意做得很慢。首先是知识性错误的修正，比如将阿提拉的部族称为"匈奴"是不妥的，我以前没有注意到这一点，现在改为"匈人"；其次，修正了少量译名，希望能在"约定俗成"和"名从主人"之间达到更好的平衡；再次，修正了地图标示的一些瑕疵和少量错别字及前后不一致的问题；最后，我个人觉得最重要的，也是修改最多的，是删去冗字，提高密度，希望做到更精炼。当然，新版本最终需要的是读者的检验。我衷心希望，在过去的四年里我的水平有所提高；新版本会是一个更好的版本，是给克劳利先生的一份新礼物，也是给读者朋友的新礼物。

最后衷心感谢"甲骨文"品牌直接参与克劳利作品编辑出版的编辑们，没有他们的悉心帮助与辛勤工作，这几本书在中国不会取得今天的成绩。

陆大鹏

2017 年 7 月，南京

图书在版编目（CIP）数据

1453：君士坦丁堡之战 /（英）罗杰·克劳利
（Roger Crowley）著；陆大鹏译. -- 北京：社会科学
文献出版社，2017.9（2024.6 重印）
（地中海史诗三部曲：精装珍藏版）
ISBN 978 - 7 - 5201 - 0792 - 1

Ⅰ.①1… Ⅱ.①罗… ②陆… Ⅲ.①拜占庭帝国 – 战
争史 Ⅳ.①K134

中国版本图书馆 CIP 数据核字（2017）第 111706 号

# 1453
## ——君士坦丁堡之战

著　　者／〔英〕罗杰·克劳利
译　　者／陆大鹏

出 版 人／冀祥德
项目统筹／董风云　冯立君
责任编辑／段其刚　周方茹
责任印制／王京美

出　　版／社会科学文献出版社·甲骨文工作室（分社）（010）59366527
　　　　　地址：北京市北三环中路甲 29 号院华龙大厦　邮编：100029
　　　　　网址：www. ssap. com. cn
发　　行／社会科学文献出版社（010）59367028
印　　装／三河市东方印刷有限公司

规　　格／开本：889mm × 1194mm　1/32
　　　　　印张：13.375　插页：0.625　字数：279 千字
版　　次／2017 年 9 月第 1 版　2024 年 6 月第 8 次印刷
书　　号／ISBN 978 - 7 - 5201 - 0792 - 1
著作权合同
登 记 号　　／图字 01 - 2017 - 5950 号
定　　价／258.00 元（全三册）

读者服务电话：4008918866